| 年 | 王朝 | 出来事 | 文化 | 日本 |
|---|---|---|---|---|
| 202 | 前漢 | 鴻門《こうもん》の会、垓下《がいか》の戦い<br>高祖《こうそ》（劉邦《りゅうほう》）即位、漢を建国 | 司馬遷《しばせん》『史記《しき》』<br>劉向《りゅうきょう》『戦国策』 | 弥生 |
| 8 | 新 | 王莽《おうもう》、新《しん》を建国 | | |
| 25 | 後漢 | 光武帝《こうぶてい》、漢を再興<br>仏教伝来<br>紙の発明<br>黄巾《こうきん》の乱（184）<br>赤壁《せきへき》の戦い（208） | 班固《はんこ》『漢書』 | |
| 220 | 三国 | 曹丕《そうひ》（魏《ぎ》）、劉備《りゅうび》（蜀《しょく》）、孫権《そんけん》（呉《ご》） | 竹林《ちくりん》の七賢《しちけん》（清談《せいだん》の流行）<br>陳寿《ちんじゅ》『三国志』 | 古墳<br>卑弥呼《ひみこ》、魏に使者を送る（239）<br>大和《やまと》政権 |
| 265 | 西晋 | 武帝（司馬炎《しばえん》）、晋《しん》を建国<br>五胡《ごこ》十六国（304～439） | | |
| 317 | 東晋 | 南北朝の対立<br>仏教流行 | 陶潜《とうせん》（陶淵明《とうえんめい》）<br>范曄《はんよう》『後漢書』<br>昭明太子《しょうめいたいし》『文選《もんぜん》』 | |

東進ハイスクール
三羽邦美 著

# 漢文 ヤマのヤマ

共通テスト対応版

Gakken

# はじめに

漢文は中国の古文です。

日本の古文だって面倒なのに、なんで中国の古文なんかやらなきゃならないの、と思っている人もいるでしょう。もちろん、君たちが漢文をやらなければならないのは、さしあたって大学入試に漢文が出るからですが、勉強なんて、「なんでこんなことやらなきゃならないの?」と言ってしまえば、数学だって、英語だって、物理だって、音楽だって、無意味と思う人にとってはすべて無意味なものです。

私たちは、英語を勉強する場合、I am a boy. を「アイアムアボーイ」と読んでから「私は少年です」と訳しますね。ところが、「我少年也」という漢文（中国語の古文）は、「我は少年なり」と読んでしまえばもう日本語になっています。つまり、日本人は、外国語を直接日本語で読んでしまう「訓読」という驚くべき技術をあみだして、膨大な中国の文化をスムーズに受容してきたのです。日本語の半分近くは漢語ですし、日本文化から中国の文化の影響を切り離すことはできません。漢文を学ぶのは、先人が千何百年という長い年月にわたって血肉としてきたものを「温《たず》ね知る」ことといっていいでしょう。

入試のためとはいえ、勉強は自分を豊かにしてくれるものです。一年漬《づ》けで終わらない、いい勉強をしてください。「故《ふる》きを温《たず》ねて新しきを知る」ところまではいけなくても、「故《ふる》きを温《たず》ねて故《ふる》きを知《し》る」だけでも、亦《また》、人生はずいぶん楽しいものだと思います。

故きを温ねて故きを知るも亦楽し　三羽邦美

# 本書の構成と活用法

まず、**PART1**で、「漢文」を読み、かつ解くための五つのカギをキミのものに！解き方さえマスターすれば、「漢文」は、「現代文」や「古文」よりダンゼン得点しやすい科目です。「漢文」をやすやす読みこなすためのテクニックを身につけ、漢字の軍団に圧倒されない力をつけましょう。「漢文」はパターンを覚えれば、驚くほど〝ラク〟に解けます。

## 66の頻出句法を頭におさめる！

**PART2**では、右ページに句法（句形）の型と、例文・解説があります。必ず覚えてほしい重要なヤマを絞り、返り点の説明も含めて66にしました。

漢文の勉強は、**まず句法の知識を頭におさめる**こと。これなしには問題が解けません。それぞれに、短く覚えやすい適切な例文をつけ、**ヤマを講義**でその例文の背景をわかりやすく解説し、例文の理解の助けにしてあります。さらに、**もうひとヤマ**としてプラスα《アルファ》の知識も加えました。まずは、この66の句法をしっかり覚えてください。

## 演習ドリルの繰り返しで力の確認を！

右ページで句法を勉強したら、左ページの**演習ドリル**をやってみましょう。もとになる知識が頭にたまっても、かんじんなのはそれを**問題文の読解や設問の解答に生かせるかどうか**です。問題は、送りがなのない傍線部の書き下しや、返り点のつけ方など、単純な、しかし最もよく出る形にしてあります。一度でなく、何度か繰り返してください。何度目

かに「カンタン！」と感じれば、力がついた証拠です。

## 実戦的な試験問題に挑戦してみよう！

**PART3**には、**大学入学共通テスト**の試行調査問題と、近年の**センター試験**による実戦問題演習があります。

　センター試験の問題は、傾向も一定していてスタンダードな良問が多く、私大や国公立大二次で漢文が必要な人にとっても、まず第一段階としてクリアしたいレベルといえます。訓読や句法の力を、問題を解くうえでどれだけスムーズに頭から引き出せるかの訓練という意識を持って、**制限時間に従って**、**真剣勝負で挑戦**してください。

## 得点源になる知識を身につける！

　漢字の読みの問題や、語の意味の問題、文学史・思想史の知識を問う問題は、サービス点で、絶対に落としてはいけない点数です。準備さえしておけば必ず得点できるこれらの知識は、早い時期に身につけておきましょう。

**「読みのヤマ漢ベスト50」「意味のヤマ漢ベスト50」「漢詩のきまりと文学史のヤマ」「思想史のヤマ」**は、得点源のページです。

※原文の漢文のふりがなは歴史的かなづかいで、書き下し文のふりがなは現代かなづかいにしてあります。

目次


はじめに　3
本書の構成と活用法　4

PART 1
ヤマのぼりの前に
漢文はテクニックで満点がとれる！

学習の心得 1　漢文の受験勉強は「句法」がすべて　12
学習の心得 2　漢文は「鬼とあったら返れ」が鉄則！　13
学習の心得 3　用言と助動詞の文法力をつけよ！　14
学習の心得 4　ポイントをマークしながら読もう！　15
学習の心得 5　難に臨んで免れんとする勿かれ！　16

PART 2
漢文句法ヤマのヤマ
たった66個の句法で漢文が読める！

句法 1　返り点　レ点　18
句法 2　返り点　一二点・一二三点　20
句法 3　返り点　上下点・上中下点　22
句法 4　返り点　甲乙点・甲乙丙丁点・天地人点　24
句法 5　置き字　而・矣・焉・也　26

句法6 置き字 於・于・乎・兮 28
句法7 再読文字 未 30
句法8 再読文字 将・且 32
句法9 再読文字 当・応 34
句法10 再読文字 宜 36
句法11 再読文字 須 38
句法12 再読文字 猶・由 40
句法13 再読文字 盍 42
読みのヤマ漢ベスト50 44
句法14 否定形 不（弗）～ 46
句法15 否定形 無（莫・勿・毋）～ 48
句法16 否定形 非（匪）～ 50
句法17 禁止形 勿（無・莫・毋）～、不可～ 52
句法18 不可能形 不可～、不可勝～ 54
句法19 不可能形 不能～、無能～ 56
句法20 不可能形 不得～ 58
句法21 二重否定 無不～、無A不B 60
句法22 二重否定 無非～ 62
句法23 二重否定 非不～ 64

句法24　二重否定　非無～　66
句法25　二重否定　未嘗不～、未嘗無～　68
句法26　二重否定　不敢不～、不必不～　70
句法27　二重否定　不可不～、不得不～、不能不～　72
句法28　部分否定と全部否定　不常～、常不～　74
句法29　部分否定と全部否定　不復～、復不～　76
句法30　部分否定と全部否定　不倶～、倶不～　78
意味のヤマ漢ベスト50　80
句法31　疑問・反語　乎（也・哉・与・邪・耶・歟）　82
句法32　疑問・反語　何《ゾ》～、何為《レゾ》～　84
句法33　疑問・反語　安《クンゾ》～、安《クニカ》～　86
句法34　疑問・反語　誰《カ》～　88
句法35　疑問・反語　何《ヲカ》～　90
句法36　疑問・反語　何《ヲ》以《テ》～、何《ニ》由《リテ》～、何《ノ》故《ニ》～　92
句法37　疑問・反語　如《レ》A《ヲ》何《セン》　94
句法38　疑問形　何如　96
句法39　疑問形　孰《レカ》～、孰与《レゾ》　98
句法40　反語形　豈《ニ》～《ン》哉　100
句法41　反語形　独《リ》～《ン》哉　102

句法42 反語形 敢《ヘテ》〜《ン》乎 104
句法43 使役形 A使《ム》二B《ヲシテ》C《セ》一 106
句法44 使役形 A命《ジテ》レB《ニ》C《シム》 108
句法45 受身形 見・被・為・所 110
句法46 受身形 A為《ル》二B《ノ》所《ト》レC《スル》 112
句法47 受身形 A《ハ》C《セラル》二於B《ニ》一 114
漢詩のきまりと文学史のヤマ 116
句法48 比較形 A《ハ》C二於B《ヨリモ》一 118
句法49 比較形 A《ハ》不レ如《カ》レB《ニ》 120
句法50 比較形 A《ハ》無《シ》レ如《クハ》レB《ニ》 122
句法51 選択形 与《リハ》レA寧《ロ》B《セヨ》 124
句法52 選択形 寧《ロ》A《ストモ》無《カレ》レB《スルコト》 126
句法53 抑揚形 A《スラ》且《ツ》B、況《ンヤ》C《ヲ》乎 128
句法54 抑揚形 A《スラ》且《ツ》B、安《クンゾ》C《ン》乎 130
句法55 累加形 非《ズ》二唯《ダニ》A《ノミニ》一、B 132
句法56 累加形 豈《ニ》唯《ダニ》A《ノミナランヤ》、B 134
句法57 仮定形 如《シ》〜《バ》 136
句法58 仮定形 苟《シクモ》〜《バ》 138
句法59 仮定形 縦《ヒ》〜《トモ》 140

句法60 仮定形 雖《モ》二～《ト》一 142
句法61 比況形 如《シ》二～《ノ(ガ)》一 144
句法62 願望形 願《ハクハ》～、請《フ》～、庶《ハクハ》～ 146
句法63 限定形 唯《ダ》～耳 148
句法64 詠嘆形 嗚呼～矣 150
句法65 詠嘆形 何《ゾ》～也、豈《ニ》不レA哉 152
句法66 詠嘆形 不二亦～一乎 154
思想史のヤマ 156

# PART 3 共通テストヤマのヤマ

## 実戦的な試験問題に挑戦だ！

解法の心得 158
問題演習1 平成29年度共通テスト試行調査 164
問題演習2 平成30年度共通テスト試行調査 176
問題演習3 センター試験 西畬瑣録 188
問題演習4 センター試験 張耒集 198

本文デザイン＝**Malpu Design**（佐野佳子）
イラスト＝かわにしよしと
編集協力＝佐藤玲子　大橋直文（はしプロ）　たけうち編集事務所　岩崎美穂
データ製作＝株式会社ジャパンアート

PART
1

# ヤマのぼりの前に

## 漢文はテクニックで満点がとれる！

漢文は苦手だ！ と言ってるキミ。
本気で勉強したことありますか？
あんまりないでしょ。
そういうのは苦手とは言わない。
実は，漢文ほど短時間に力がつく科目はないのだ。
では，そのコツはというと……。

1
学習の心得

# 漢文の受験勉強は「句法」がすべて

漢文はたいへん勉強しやすい科目です。根《こん》をつめてやれば、二、三週間くらいで何とかなるといってもよい。

漢文は、返り点をたどりながら「訓読」できれば、ひとまず「読めた」とはいえます。しかし、返り点と送りがながついているものが読めるのは受験勉強としては前提で、かんじんなのは、**「読めた」ものが「わかる」力**、あるいは**送りがながなくても読める力**です。その力のもとになるのが「句法」の知識で、漢文の受験勉強は、とにかく、一にも二にも「句法」あるのみです。

たとえば、次のような傍線部の問題があったとします。

不㆓敢不㆒㆑告。

これをどう読むかと問われた場合、「不敢不——」という形を見て、すぐに、ア、これは「敢《あ》へて〜ずんばあらず」と読む二重否定の形だナ、と気づかなければ、絶対に答は出ません。「ずんばあらず」なんて読み方、考えて出てきますか？「敢へて告げずんばあらず」で、「告げないわけにはいかない」と訳します。

ですから、要は、そのことを**知っているか知らないかの勝負**なのです。**「句法」を徹底的に頭にたたきこむ**、それが第一です。

2
学習の心得

# 漢文は「鬼とあったら返れ」が鉄則!

漢文を読むときによく言われる「**鬼とあったら返れ!**」ということばがあります。

これは、実は「ヲ・ニ・ト（が）あったら返れ」ということで、送りがなに「ヲ」や「ニ」や「ト」があったら返り点で上へ返るということを言いたいのですが、これには、漢文の文の構造が関係しています。

漢文の構造の基本的な型は五つあって、これを**漢文の五文型**といいます。

**1　主語（S）—述語（V）**
**2　主語（S）—述語（V）—目的語（O）**
**3　主語（S）—述語（V）—補語（C）**
**4　主語（S）—述語（V）—目的語（O）—補語（C）**
**5　主語（S）—述語（V）—補語（C）—目的語（O）**

1文型はともかく、2〜5は、目的語や補語を読んでから、返り点で述語へ返ります。その場合、**目的語の送りがなは「ヲ」**、**補語の送りがなは「ニ」あるいは「ト」**（「ヨリ・ヨリモ」のこともあります）であることが多く、だから、「ヲニトあったら返る」ということなのです。4・5のように、目的語も補語も両方あるときは、両方とも「…ヲ…ニ」と読んでから述語へ返ります。

3
学習の心得

# 用言と助動詞の文法力をつけよ！

これを言うと「エーッ！」という声が聞こえてきそうですが、心を鬼にして言っておかなくてはならないことがあります。

漢文にも、**古文の文法の力が必要**である、ということです。

漢文は、昔の中国語ですが、われわれの祖先はそれを直接自国語で読む「訓読」という技術を発明して漢文を読んできました。ですから「訓読」したものは日本語であって、もう中国語ではありません。

漢文は、**訓読すれば古文**で、**文語文法**に従っています。

漢文が出る大学は当然古文も必須ですから、文語文法はもちろん勉強しているはずですが、だいじょうぶでしょうか。**大事なのは、用言**（**動詞**・**形容詞**・**形容動詞**）**の活用と、助動詞の活用・接続**です。

ただ、漢文訓読に用いる助動詞は、受身の「る・らる（**見**・**被**・**為**）」、使役の「しむ（**使**・**令**・**教**・**遣**）」、当然や可能の「べし（**可**）」、比況の「ごとし（**如**・**若**）」、打消の「ず（**不**・**弗**）」、断定の「なり（**也**）・たり（**為**）」と、送りがなに用いる、完了の「たり・り」、推量・意志の「ん」の十一語くらいで、助詞として読む字もごくわずかです。

自分で読み方を考える場合、この文法の力が非常に大事になってきます。

4

学習の心得

# ポイントをマークしながら読もう!

問題をやってみるときに、赤・青・黄・緑などのマーカーか色鉛筆を用意しましょう。**手を動かして作業をする**ことで、ものが片づいてゆく感じが得られますし、視覚的にも面白さが味わえます。

たとえば、

文侯与《と》㆓虞人《ぐじん》㆒期ス㆑猟ヲ。是ノ日飲ミテ㆑酒ヲ楽シム。天雨フル。文侯将ニ㆑出デント。左右曰ク、今日飲ミテ㆑酒ヲ楽シム、天又雨フル。公将《す》ニ㆓焉クニカ之カント㆒。文侯曰ク、吾与㆓虞人㆒期ス㆑猟ヲ。雖モ㆑楽シト、豈《あ》ニ可ケン㆑不ル㆓一タビ会セ㆒㆑期ニ哉。乃チ往キ、身自ラ罷《やム》㆑之ヲ。魏於イテ㆑是ニ乎《か》始メテ強シ。

**赤**(**句法のポイント**)…「将」(再読文字)「焉」(疑問)「豈…哉」(反語)

**黄**(**用法に注意する字**)…「与《と》」「雖」「乃」「之・往(ゆく)」

**青**(**重要語**)…「左右(側近)」「於是(そこで)」

**緑**(**主要な人物**)…「文侯」「虞人(猟場の役人)」

色はもちろん好みの色でかまいませんし、色がつくのがいやな人は□○△とかの印でもいいのですが、何らかの作業を取り入れるのは効果的だと思います。最初のうちはかえって面倒に感じるかもしれませんが、だんだん色分けにスピードが出てくるようになればしめたもの! 力がついてくるのが実感できます。

このやり方は、古文の勉強にも有効ですよ。

# 難《なん》に臨《のぞ》んで免《まぬか》れんとする勿《な》かれ!

漢文は、実はかなり面白く、且《か》つ、けっこうためになる科目です。

しかし、どんな科目でもそうですが、「面白い」と思えるのは「わかる」からで、「わかる」ためには、ある程度がまんしてやらなければならない段階があります。「**学問に王道《おうどう》なし**」ということばがあります。勉強に安易な方法というものはないという意味ですが、これはほんとうにそうだと思います。

勉強のしかたには性格や人格が出ます。まっとうなやり方で、堂々たる勉強をしましょう。受験生活が終わったらあっというまにパーッと消えてしまう一年漬《づ》けの勉強では、それこそ、いったい何のための勉強ですか。人生にとって血や肉になるような勉強をしてください。

「**難《なん》に臨《のぞ》んでは苟《いや》しくも免《まぬか》れんとする勿《な》かれ**」（困難から逃げようとするな）

「**艱難汝《かんなんなんじ》を玉《たま》にす**」（辛さや苦しさが君を磨かれた玉にする）

この本を作るにあたって、できる限り能率的に、勉強しやすいように、しかも必要にして十分な知識を提供できるように、ということを当然考えました。しかし、この本は特異な方法を述べた、いわゆる要領モノではありません。どんな新奇な方法よりも、まともな正攻法が、一番たしかで一番早いやり方です。

# PART 2

# 漢文句法ヤマのヤマ

## たった66個の句法で漢文が読める！

漢文の勉強で，まずやらなくちゃいけないこと、
それは句法だ。
句法は英語でいうところの英文法みたいなもの。
漢文を読める力の「モト」だ。
だから徹底してやろう。
少なくとも三回は繰り返そう!!

# 1 返り点

## レ点

少 年 易《やす》クレ老イ 学 難《がた》シレ成リ。（朱熹《しゅき》）

**読** 少年《しょうねん》老《お》い易《やす》く学成《がくな》り難《がた》し。

**訳** 若者はいつのまにか老いやすく、学問はなかなか成就《じょうじゅ》しない。

### ヤマを講義

**返り点は片づけながら下へ**

⬇**レ点は、レ点をはさんだ下の字から、上へ一文字返ります。**左下にレ点のある字にさしかかったら、その字は読まずにとばして、一字下の字を先に読んでから、左下にレ点のある字へ、一字返ります。

⬇右の例文は、まず「少年」は何も印がありませんからそのまま読みます。次の「易」の左下にレ点がありますから、下の「老」を読んでから返り、「老い易く」です。**このレ点はもうそれで役目は終わりで、次へ行きます。**

次、「学」のあと、また「難」にレ点がありますから、下の「成」を読んでから返り、「成り難し」です。

**返り点は、あったら片づけながら下へ行くことが大切**で、たとえば、何もついていない字を「少年老い学…」のように先に読んで行ってはいけません。

⬇こうして読んだとおりに、日本語の漢字かなまじりの文にしたものを「**書き下し文**」といいます。

⬇例文は、宋《そう》の時代の大学者**朱熹**の詩の一節で、このあと次のような句が続きます。

一 寸ノ光 陰 不《ず》レ可《べ》カラレ軽ンズ。

レ点が二つ重なっていますが、この場合は「軽んず」→「べから」→「ず」と、一つ一つ上へ返ります。書き下し文は、「一寸《いっすん》の光陰軽《こういんかろ》んずべからず」（わずかな時間もむだにしてはいけない）ですね。

「べから」も「ず」も助動詞で、**書き下し文では、助詞、助動詞にあたる字は必ずひらがなにします。**

## 演習ドリル

**1 次の漢文を書き下し文にせよ。**

(1) 春眠不レ覚エレ暁《あかつき》ヲ。（孟浩然《もうこうねん》）

(2) 不レ可ベカラレ不ルレ語《つ》ゲ。（史記《しき》）

(3) 知リレ彼ヲ知ラバレ己《おのれ》ヲ、百戦不レ殆《あやふ》カラ。（孫子《そんし》）

**2 次の漢文に、書き下し文のように読むための返り点をつけよ。**

(1) 一《いち》を聞《き》いて以《もっ》て十《じゅう》を知《し》る。

聞一以知十。（論語《ろんご》）

(2) 瓜田《かでん》に履《くつ》を納《い》れず、李下《りか》に冠《かんむり》を正《ただ》さず。

瓜田不納履、李下不正冠。（文選《もんぜん》）

**【解答】** 1 (1)春眠《しゅんみん》暁《あかつき》を覚《おぼ》えず。（訳春の眠りの心地よさは、夜の明けたのにも気づかない。）(2)語《つ》げざるべからず。（訳告げなくてはならない。）(3)彼《かれ》を知《し》り己《おのれ》を知《し》らば、百戦殆《ひゃくせんあやう》からず。（訳敵の力を知り、自軍の力を知っていれば、百回戦っても敗れることはない。）

2 (1)聞レ一以知レ十。 (2)瓜田不レ納レ履、李下不レ正レ冠。

**【解説】** 1 (1)孟浩然の有名な五言絶句《ごごんぜっく》「春暁《しゅんぎょう》」の第一句。**レ点は、重なっていれば、下から一つ一つ上へ**、「不↑覚↑暁」と返る。(2)三つ重なっていても同じ。「不↑可↑不↑語」と一つ一つ上へ返る。「不・可・不」は、いずれも助動詞なのでひらがなにする。(3)レ点が三カ所あるが、これは重なっているのではないから、それぞれ、下の字から上の字へ返ればよい。兵法家**孫子**の有名なことばで、このあと「彼を知らずして己を知れば一勝一負《いっしょういっぷ》す。彼を知らず己を知らざれば戦ふごとに必ず殆《あやう》し」と続く。

2 (1)「一を聞いて」と、「十を知る」の部分、どちらも「聞↑一」「知↑十」と一字返るので、いずれもレ点。訳一つのことを聞いて十のことを理解する。(2)前半と後半とは同じ形（**対句**《ついく》）である。「瓜田に」「李下に」はそのまま。あとはそれぞれ下からレ点レ点で返る。訳瓜の畑ではくつをはき直さない、すももの木の下では冠をなおさない。疑われるような行為をつつしめということ。

## 2 返り点

# 一二点・一二三点

懸《かケテ》二羊《やう》頭《とうヲ》一売《ル》二狗《く》肉《にくヲ》一。（恒言録《こうげんろく》）

**読** 羊頭《ようとう》を懸《か》けて狗肉《くにく》を売《う》る。

**訳** 店先に羊の頭をかけて、実は犬の肉を売っている。

### ヤマを講義　一二点は二字以上上へ返る

⬇**一二点は、二字以上**（**何字でもOK**）**上へ返る場合に**使います。左下に二のついている字にさしかかったら、その字は読まずにとばして、**左下に一のついている字まで読み進んでから、二のついていた字に返ります。**

⬇右の例文は、一字目の「懸」の左下にさっそく二がついていますから、とばして「羊頭を」と左下に一のついているところまで読んで、そこから返ってきて「懸けて」と読みます。「羊頭を懸けて」ですね。この一二点の役目はこれで終わりです。

　次に四字目に行こうと思ったら、また前半と同じ一二点の形ですから、「狗肉を売る」でいいでしょう。

⬇「看板にいつわりあり」「レッテルと中身が違う」という意味の「**羊頭狗肉**《ようとうくにく》」という四字熟語のもとです。

⬇一二と返ってきて、そこからさらに二字以上返る場合は**一二三点**を、三からまたさらに二字以上返る場合は**一二三四点**を使います。最短で次のようになります。

[5]三 [1] [4]二 [2] [3]一。

[7]四 [1] [6]三 [2] [5]二 [3] [4]一。

### もうひとヤマ　一二点とレ点の組合せの形

典型的な三つのパターンを示してみましょう。

① [4]二 [2]レ [1] [3]一。

② [4]レ [3]二 [1] [2]一。

③ [4]二 [1] [3]レ [2]一。

実際にはこれらがさらにいろいろ組み合わさります。

## 演習ドリル

**1 次の漢文を書き下し文にせよ。**

(1) 送ル三元《げん》二《じ》ノ使《つか》ヒスルヲ二安《あん》西《せい》ニ一。（王《おう》維《い》）

元二＝人名。安西＝地名。

〔　　　　〕

(2) 君《くん》子《し》ハ不二以テレ言ヲ挙《あ》ゲレ人ヲ。（論《ろん》語《ご》）

〔　　　　〕

(3) 吾《われ》日ニ三-二省ス吾《わ》ガ身ヲ一。（論語）

三省＝何度も反省する。

〔　　　　〕

**2 次の漢文に、書き下し文のように読むための返り点をつけよ。**

(1) 人事《じんじ》を尽《つ》くして天命《てんめい》を待《ま》つ。

尽 人 事 待 天 命。（読《とく》史《し》管《かん》見《けん》）

(2) 虎穴《こけつ》に入《い》らずんば虎子《こじ》を得《え》ず。

不 入 虎 穴 不 得 虎 子。（後《ご》漢《かん》書《じょ》）

**【解答】** 1 (1)元二《げんじ》の安西《あんせい》に使《つか》ひするを送《おく》る。（訳 元二が安西に使者として旅立つのを見送る。）(2)君子《くんし》は言《げん》を以《もっ》て人《ひと》を挙《あ》げず。（訳 君子はことばだけで人を挙用したりしない。）(3)吾日《われひ》に吾《わ》が身《み》を三省《さんせい》す。（訳 私は一日に何度も自分を反省する。）

2 (1)尽二人事一待二天命一。(2)不レ入二虎穴一不レ得二虎子一。

☆

**【解説】** 1 (1)**一二三点は一と二の間、二と三の間がいずれも二字以上の返り方をする。**左下に三・二がついている「送」と「使」はとばして、残りの字を一がついている、「西」まで行ったら、順に二・三のついている字に返る。(2)**「レ」の印は、レ点から先に読み、一→二と返る。**「二レ」や「三レ」のような形になることは絶対にない。一二点の間にはさんだレ点も先に読む。(3)**二字の熟語に返る場合は**「三-省」のように**間に「-」線を入れ**、熟語の頭の字の左下に二や三をつける。この「-」**は熟語に返る場合にだけ用いる。**たとえば「君子」を「君-子」としたりはしない。

2 (1)「人→事→尽→天→命→待」の順で読む。「尽二人事一」と「待二天命一」の一二点は別個のもの。訳 人間としてできることはすべてやって、あとは運を天にまかせる。(2)「虎穴に」から「入ら」へは一二点、「入ら」から「ずんば（＝不）」へは一字上だからレ点。後半も同じ。訳 虎の穴に入らなければ虎の子はつかまえられない。

## 3 返り点

# 上下点・上中下点

有《リ》下能《よク》為《なス》二狗《く》盗《たうヲ》一者上。（史記《しき》）

読　能《よ》く狗盗《くとう》を為《な》す者有《ものあ》り。

訳　こそどろの得意な者がいた。

### ヤマを講義

### 上下点は一二点をはさんで返る

**⬇上下点は、一二点のついている部分をはさんで、そこよりさらに上の字へ返る場合に用います。**

⬇右の例文は、「能《よ》く狗盗《くとう》を為《な》す者有《ものあ》り」と読むわけですが、「者」から「有り」への返り方そのものは、

有《リ》二能為狗盗者一。

のように一二点の返り方です。

しかし、間の「狗盗を為す」のところで一二点が使ってありますから、「者有り」にも一二点を用いると、

有二能為二狗盗一者一。

となって、読み方が混乱します。

そこで、**一二点をはさむ場合は、記号を変えて、上下点を用いる**ことにしたわけです。

⬇戦国時代の斉《せい》の孟嘗君《もうしょうくん》にまつわる「鶏鳴狗盗《けいめいくとう》」のエピソードの一文です。「鶏鳴狗盗」というのは、ニワトリの鳴きまね上手やこそどろのようなくだらない技量（人物）のことをいいますが、そんなものでも役に立つことがあるというたとえにも用います。

⬇一二点をはさんで、一二三のように返る場合には、上下ではなく**上中下点**を使います。

[7]下[3]二[1][2]一[6]中[4][5]上。

左下に下や中がついている字はとばして、はさんだ一二点などを読み、**左下に上のついている字までたどりついたら中へ、そして下へ返ります。**

## 演習ドリル

**次の漢文を書き下し文にせよ。**

(1) 非《あらザルニ》下悪《にくミテ》二其《その》声《ヲ》一然《しかスルニ》上也《なり》。

其声＝悪いうわさ。然＝そうする。

（孟子《もうし》）

[　　　　]

(2) 不下為《ニ》二児孫《ノ》一買《ハ》中美田《ヲ》上。

美田＝よく肥えた田。大きな財産。

（西郷隆盛《さいごうたかもり》）

[　　　　]

(3) 楚《そ》人《ひとニ》有《リ》下鬻《ひさグ》二盾《たてト》与《とヲ》レ矛《ほこ》者上。

楚＝国名。鬻＝売る。商売する。

（韓非子《かんぴし》）

[　　　　]

(4) 勿《なカレ》下以《テ》二悪《ノ》小《ナルヲ》一為《なスコトヲ》上レ之《ヲ》。

（三国志《さんごくし》）

[　　　　]

**【解答】** (1)其《そ》の声《こえ》を悪《にく》みて然《しか》するに非《あら》ざるなり。（訳悪いうわさがたつのを恐れてそのようにしたのではない。） (2)児孫《じそん》の為《ため》に美田《びでん》を買《か》はず。（訳子孫のために大きな財産を残さない。） (3)楚人《そひと》に盾《たて》と矛《ほこ》とを鬻《ひさ》ぐ者有《ものあ》り。（訳楚の国の人で盾と矛とを売っている者がいた。） (4)悪《あく》の小《しょう》なるを以《もっ》て之《これ》を為《な》すこと勿《な》かれ。（訳悪いことがささいなことであるからといってそれをしてはいけない。）

☆

**【解説】** (1)左下に下がついている「非」はとばして、「其の声を悪みて」と一二点を読んだあと、「然するに」まで行ったら、下のついている「非」に返る。文末の「也」はひらがなに。 (2)左下に下や中がついている「不・買」はとばして、「児孫の為に」と一二点を読んだあと、「美田を」まで行ったら、中のついている「買」、下のついている「不」に返る。西郷隆盛の有名な「偶成《ぐうせい》」という七《しち》言絶句《ごんぜっく》の一節。 (3)「レ」の印はレ点が先で一→二。「与《と》」は「A《ト》与レB（AとBと）」のように用いる返読文字で、ひらがなにする。「盾と矛とを鬻ぐ」を読んだあと、外側の上下点で「者有り」。「矛《む》盾《じゅん》」の故事の冒頭文。「楚」のような国名の下に「人」を用いる場合は「そじん」ではなく「そひと」と読む。 (4)「上レ」は「一レ」と返り方の理屈は同じ。**レ点が先で上↓下と返る。**三国時代の蜀《しょく》の劉備《りゅうび》が子の劉禅《りゅうぜん》に言ったことば。

4 返り点

# 甲乙点・甲乙丙丁点・天地人点

有《リ》乙一言《ニシテ》可《ベキ》下以《テ》解《キ》二燕《えん》国《こく》之《の》患《うれヒヲ》一報《ユ》中将軍之仇《あだニ》上者甲。（史記《しき》）

**読** 一言《いちげん》にして以《もっ》て燕国《えんこく》の患《うれ》ひを解《と》き将軍《しょうぐん》の仇《あだ》に報《むく》ゆべき者有《ものあ》り。

**訳** たった一言で、燕国の心配事をとりのぞき、将軍の仇を報ずることのできる方法がある。

**ヤマを講義**

## 上下点をパスする甲乙丙丁？

⬇**甲乙点《こうおつてん》**は、原則的には**上下・上中下点のついている部分をはさんで、さらに上の字に返る場合に用います。**一二点や上下点なども含めて、すべての字を読み進めて左下に甲のついている字まで行ったら、左下に乙のついている字に返ります。

最短の形は次のようになります。

7乙 5下 3二 1 2一 4上 6甲

⬇甲乙点は、**甲乙丙丁《へいてい》**まで用いることがありますが、ほとんどの例は次のようなものです。

9丁 1 8丙 4二 2 3一 7乙 5 6甲

一二点をはさむ場合は、次は上中下点のはずですが、右のようなケースでは、上中下点では9のところまで返れません。

× 9 1 8下 4二 2 3一 7中 5 6上

そこで、**上中下点をパスして甲乙丙丁点を使う**わけです。

⬇甲乙点もはさむ場合は、**天地《てんち》点**あるいは**天地人《てんちじん》点**を用いますが、そこまでの例を目にすることはめったに無いと思います。

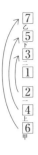

## 演習ドリル

**次の漢文を書き下し文にせよ。**

(1) 君子ハ不乙以テ下其ノ所‐以《ゆゑん》ノ二養フレ人ヲ者ヲ上害セ甲レ人ヲ。（孟子《もうし》）

「　　　　」

(2) 知ル丁陛《へい》下《か》ノ不ルヲ丙惑《まど》ヒテ二於仏《ほとけ》ニ一作《な》シ二此ノ崇《すう》奉《ほう》ヲ一、以テ祈ラ乙福《ふく》祥《しやう》ヲ甲。（韓愈《かんゆ》）

「　　　　」

(3) 使メバ人籍ヲシテ誠ニ不ず乙以テ下畜《やしな》ヒ二妻子ヲ一憂フルヲ中飢寒ヲ上、乱サ甲レ心ヲ、有リテ二銭財一以テ済《なさ》地医薬ヲ天、（後略）

籍＝人名。誠＝もし。銭財＝財力。（韓愈）

「　　　　」

【解答】 (1)君子《くんし》は其《そ》の人《ひと》を養《やしな》ふ所以《ゆえん》の者《もの》を以《もっ》て人《ひと》を害《がい》せず。（訳 君子は、人を養ってくれるもののことで争って人をそこなってしまうようなことはしない。） (2)陛下《へいか》の仏《ほとけ》に惑《まど》ひて此《こ》の崇奉《すうほう》を作《な》し、以《もっ》て福祥《ふくしょう》を祈《いの》らざるを知《し》る。（訳 陛下が仏に惑ってこのように崇拝してお仕えし、幸せを祈っているのではないことはわかっております。） (3)籍《せき》をして誠《まこと》に妻子《さいし》を畜《やしな》ひ飢寒《きかん》を憂《うれ》ふるを以《もっ》て、心《こころ》を乱《みだ》さず、銭財《せんざい》有《あ》りて以《もっ》て医薬《いやく》を済《な》さしめば、…（訳 張籍《ちょうせき》に、もし妻子を養って飢えやこごえを心配して心を乱すことなく、医薬をととのえる財力があるならば、…）

☆

【解説】 (1)「君→子→其→人→養→所→以→者→以→人→害→不」の順に読む。「レ」から「一」のある二字の熟語「所以」に返る部分、「甲レ」の部分がポイント。「甲レ」は「レ」や「上レ」と同じことで、レ点を先に読んで甲→乙と返る。「人を養ふ所以の者」は土地のこと。 (2)**上中下点をパスしての甲乙丙丁点の例。**「陛→下→仏→惑→此→崇→奉→作→以→福→祥→祈→不→知」の順に読む。唐《とう》の韓愈の「仏骨《ぶっこつ》を論ずる表」という有名な文章の一節。 (3)「籍→誠→妻→子→畜→飢→寒→憂→以→心→乱→不→銭→財→有→以→医→薬→済→使」の順で読む。韓愈が後輩の張籍への学費の援助を、ある人物に頼んだ手紙文の一節。**天地人点**の例は非常に珍しい。

5 置き字

# 而《ジ》・矣《イ》・焉《エン》・也《ヤ》

樹欲スレドモレ静カナラント而風不ずレ止マ。（韓詩外伝《かんしがいでん》）

**読** 樹《き》静《しず》かならんと欲《ほっ》すれども風《かぜ》止《や》まず。

**訳** 樹が静かにしていようと思っても、風が止まない。

## ヤマを講義 置き字は読まない、書かない！

➡文中や文末にあって、いろいろな働きはしているのですが、**訓読上は読まない字**を、「**置き字**」といいます。

➡右の例文では、四字目の「而」は直前の「欲すれども」の「ども」にあたります。その送りがなで用が足りているので、わざわざ「而」は読まないのです。

➡「**而**」は**接続助詞**にあたり、直前の送りがなが右の例のように「**ドモ**」であれば**逆接**、「**テ・デ・シテ**」などであれば**順接**になります。

➡「**而**」は、**接続詞**として、**順接**で、「**しかして・しかうして**」とか、**逆接**で、「**しかも・しかるに・しかるを**」のように読むことがあります。また、「汝」などと同じく「**なんぢ**」と二人称に読んだりもし、置き字としてではない用法もありますから、注意しましょう。

## もうひとヤマ 断言・強調の「矣・焉・也」

「**矣・焉・也**」は主に**文末に用いられる置き字**で、直前の送りがなの何かに相当するということもありません。そこまで言ってきたことを**強く言いきる気持ち**（**断言・強調**）を表します。

➡「**矣**」は、文末で、詠嘆《えいたん》の「**かな**」と読む用法もあります。

➡「**焉**」は、疑問詞の「**いづくんぞ**」（＝安）や、指示語の「**これ**」（＝之・此）と読んだりする用法もあります。

➡「**也**」は、文末で、断定の「**なり**」や、疑問・反語の「**や・か**」として読む読み方もあります。

# 演習ドリル

**次の漢文を書き下し文にせよ。**

(1) 三十ニシテ而立ツ、四十ニシテ而不レ惑ハ。（論語《ろんご》）

「　　　」

(2) 子欲レスレドモ養ハントナ而親不レ待タ。（韓詩外伝）

「　　　」

(3) 胸中正シケレバ則チ眸《ぼう》子《し》瞭《あき》ラカナリ焉。（孟子《もうし》）

眸子＝ひとみ。

「　　　」

(4) 過《あやま》チテ而不レ改メ、是《これ》ヲ謂《い》フレ過チト矣。（論語）

「　　　」

(5) 温《たづ》ネテレ故《ふる》キヲ而知ラバレ新シキヲ、可ニシ以テ為《な》ルレ師ト矣。（論語）

「　　　」

**【解答】**　(1)三十《さんじゅう》にして立《た》つ、四十《しじゅう》にして惑《まど》はず。（訳三十歳で一人前になった。四十歳で心に迷いがなくなった。）　(2)子養《こやしな》はんと欲《ほっ》すれども親待《おやま》たず。（訳子が養おうと思っても、親は待っていてはくれない。）　(3)胸中正《きょうちゅうただ》しければ則《すなわ》ち眸子《ぼうし》瞭《あき》らかなり。（訳心の中が正しければ、ひとみは明るく澄んでいるものだ。）　(4)過《あやま》ちて改《あらた》めざる、是《これ》を過《あやま》ちと謂《い》ふ。（訳過ちを犯して改めない、これを本当の過ちと言うのだ。）　(5)故《ふる》きを温《たず》ねて新《あたら》しきを知《し》らば、以《もっ》て師《し》と為《な》るべし。（訳古いことを学びたずねて、そこから新しいものを見出せるような人であれば、人の師となるにふさわしい。）

☆

**【解説】**　(1)「吾十有五にして学に志す」で始まる、『論語』の中の有名なことば。ここから、十五歳を「**志学**《しがく》」、三十歳を「**而立**《じりつ》」、四十歳を「**不惑**《ふわく》」という。　(2)「而」は逆接の「ドモ」にあたっている。右ページの例文との対句《ついく》で、「**孝行のしたい時分**《じぶん》**に親は無し**」の意。　(3)文末の「焉」が読まない置き字。強く言いきる気持ちを表す。「**目は心の窓**」の意。　(4)「而」は「過ちて」の「テ」にあたる。文末の「矣」も断言の意の置き字。『論語』には、「**過てば則ち改むるに憚**《はばか》**ること勿**《な》**かれ**（過ちを犯したら改めることをためらってはいけない）」という名言もある。（53ページ）　(5)「**温故知新**《おんこちしん》」という四字熟語のもと。「而」は「温ねて」の「テ」にあたる。文末の「矣」は断言の意の置き字。

## 6 置き字

# 於《オ》・于《ウ》・乎《コ》・兮《ケイ》

良薬ハ苦ケレドモ二於口ニ一而利アリ二於病《やまひ》ニ一。（孔子家語《こうしけご》）

**読** 良薬《りょうやく》は口《くち》に苦《にが》けれども病《やまい》に利《り》あり。

**訳** よい薬は口には苦いが、病気にはよくきく。

### ヤマを講義

### 「於」は補語の上に置かれる

↓右の例文の六字目の「而」は直前の送りがな「ドモ」にあたる接続助詞。これは前回勉強しました。

↓今回は「於」に代表されるグループです。

「於・于・乎」は、**文中で補語の上に用いられ**、英語の前置詞のようないろいろな働きをします。**下にある補語の右下の送りがな「ニ・ト・ヨリ・ヨリモ・（ヲ）」などに相当します**。

↓右の例文では四字目の「於」は「口に」の「に」、下から二字目の「於」は「病に」の「に」にあたります。

この場合は**場所や対象**をさしますが、ほかにも、**受身の対象**（ニ）、**起点**（ヨリ）、**比較**（ヨリモ）など、いろいろな働きをします。

↓「**於**」は返読して「**〜において**」と読むこともあります。

↓「**于**」は「**ゆく**」（＝行）と読むこともあります。

↓「**乎**」は「**也・哉**」などと同じく、文末で疑問・反語の「**や・か**」と読むことが多い字です。

### もうひとヤマ 詩の中で用いる「兮」

「**兮**」は、主に**詩の中で、調子をととのえるために**用いられます。

風蕭《せう》蕭《せう》トシテ兮易《えき》水《すい》寒シ。（史記《しき》）

置き字はすべてそうですが、これは「風蕭蕭《しょうしょう》として易水《えきすい》寒し」で、「兮」は、中国語としては発音もされて読まれるわけですが、日本語としては読みようがないので、書き下し文には書きません。

## 演習ドリル

1 次の漢文を書き下し文にせよ。

(1) 吾十有五ニシテ而志ス二于学ニ一。（論語《ろんご》）

〔　　　　〕

(2) 忠言ハ逆ラヘドモ二於耳ニ一而利アリ二於行ヒニ一。（孔子家語）

〔　　　　〕

(3) 力ハ抜キレ山ヲ兮気ハ蓋《おほ》フレ世ヲ。（史記）

〔　　　　〕

2 次の漢文に、書き下し文のように読むための返り点をつけよ。

(1) 青《あお》は之《これ》を藍《あい》より取《と》りて藍《あい》よりも青《あお》し。
青＝青色の染料。藍＝植物の名。

青取之於藍而青於藍。（荀子《じゅんし》）

(2) 君子《くんし》は言《げん》に訥《とつ》にして行《おこな》ひに敏《びん》ならんと欲《ほっ》す。

君子欲訥於言而敏於行。（論語）

---

**【解答】** 1 (1)吾《われ》十有五《じゅうゆうご》にして学《がく》に志《こころざ》す。（訳 私は十五歳のころに学問に志を立てた。） (2)忠言《ちゅうげん》は耳《みみ》に逆《さか》らへども行《おこな》ひに利《り》あり。（訳 忠告のことばは耳の痛いものだが、自分の行いを正すには効果がある。） (3)力《ちから》は山《やま》を抜《ぬ》き気《き》は世《よ》を蓋《おお》ふ。（訳 わが力は山をも引き抜くほどであり、意気は世を蓋うほどさかんであった。）

2 (1)青取二之於藍一而青二於藍一。 (2)君子欲下訥二於言一而敏中於行上。

☆

**【解説】** 1 (1)「而・于」が置き字であるから、書き下し文には書かない。「而」は「十有五にして」の「シテ」、「于」は「学に」の「ニ」にあたる。 (2)右ページの例文「良薬は口に苦けれども病に利あり」と**対句《ついく》**。「良薬は口に苦し」は「人の忠告はよく聞け」ということを言っているのである。「於・而・於」を書かない。(3)教科書によくある「**四面楚歌**《しめんそか》」の場面で、項羽《こうう》が歌った詩の一句。「**抜山蓋世**《ばつざんがいせい》」という四字熟語のもと。「兮」を書かない。

2 (1)弟子が師よりもすぐれていることを表す、「**出藍《しゅつらん》の誉《ほま》れ**」ということばのもと。「藍より」から「取りて」へは三字上だから一二点。「藍よりも」から「青し」へは二字上へ返るから、ここも一二点。訳 青色の染料は藍から取って、もとの藍よりずっと青い。 (2)「訥二於言一」の一二点をはさんで「行→敏→欲」と返る上中下点の問題。訳 君子は口べたではあっても、行動は機敏《きびん》であろうとするものだ。

## 7 再読文字

**未《いまダ》二……未然形一ず**

読み　**いまだ…(せ)ず**

意味　**まだ…しない**

**未《ダ》二嘗《かつテ》見レ泣《クヲ》。**（説苑《ぜいえん》）

読　未《いま》だ嘗《かつ》て泣《な》くを見《み》ず。

訳　まだ泣くのを見たことがない。

### ヤマを講義　いまだ…未然形＋打消の「ず」

伯兪《はくゆ》という少年がいた。ある日、ちょっと悪いことをしたので、お母さんが笞《むち》でおしおきすると、伯兪は泣いた。「今まで何回もたたいたことがあるけど、まだおまえが泣いたのを見たことがない。どうして泣いてるの？」と聞くと、伯兪は、「今まではたたかれていても痛かったのに、今、痛くないのです。それで…」。

親の力の衰えに老いを感じて寂しさを味わう、という、よくあるパターンです。伯兪という少年の孝心を述べた、入試問題にもよく出る短いお話です。

⬇「**未**」が再読文字ですから、**左下に返り点があるのを一度無視して「いまだ」と読み、あとは返り点どおりに**「嘗て泣くを見ず」と、「ず」にひっくり返ればよし。

⬇二度目の読みの「ず」は**打消の助動詞**ですから、未然形につきます。「見《み》」は上一段活用「見る」の未然形。「み・み・みる・みる・みれ・みよ」、だいじょうぶですか？

⬇書き下し文にする場合、**再読文字は、一度目の読みは漢字で、二度目の読みはひらがな**にします。

### もうひとヤマ　形容詞「いまだし」

質問されるとすれば、「未」は再読文字に決まっていますが、「まだである」という意味の**形容詞**「いまだし」という読み方もあります。

寒 梅 著《つケシヤ》レ 花《ヲ》 **未《ダシヤ》**。（寒梅花《かんばいはな》を著《つ》けしや未《いま》だしや。）

「寒梅はもう花をつけただろうか、まだだろうか？」

唐《とう》の詩人王維《おうい》の詩の一節です。

## 演習ドリル

**1 次の漢文の傍線部を、書き下し文にせよ。送りがなは省いてある。**

(1) 知リテ㆓其《そ》ノ一㆒ヲ、未㆑知㆓其二㆒。（史記《しき》）

［　　　　］

(2) 見㆑テ牛ヲ未㆑見㆑羊也《なり》。（孟子《もうし》）

［　　　　］

(3) 近古以来未㆓嘗有㆒也《なり》。（史記）

［　　　　］

**2 次の漢文に、書き下し文のように読むための返り点をつけよ。**

(1) 未《いま》だ仁《じん》にして其《そ》の親《おや》を遺《す》つる者有《ものあ》らざるなり。

未有仁而遺其親者也。（孟子）

(2) 未《いま》だ嘗《かつ》て汝《なんじ》の先古《せんこ》の貴者有《きしゃあ》るを聞《き》かず。

未嘗聞汝先古之有貴者。（史記）

**【解答】** 1 (1)（其《そ》の一《いち》を知《し》りて）未《いま》だ其《そ》の二《に》を知《し》らず。（訳 一面についてはわかっているが、もう一面がまだわかっていない。）(2)（牛《うし》を見《み》て）未《いま》だ羊《ひつじ》を見《み》ざるなり。（訳 牛を見て、まだ羊を見ていないのである。）(3)（近古以来《きんこいらい》）未《いま》だ嘗《かつ》て有《あ》らざるなり。（訳 近古からまだ一度も存在しない。）

2 (1) **未㆑有㆘仁而遺㆓其親㆒者㆖也。** (2) **未㆕嘗聞㆔汝先古之有㆓貴者㆒。**

☆

**【解説】** 1 (1)「未だ」のあとの「知㆓其二㆒」は、上の「其の一を知りて」の読み方が参考になる。あとは、四段動詞「知る」を未然形にして「知らず」。(2)も、「見㆑羊」は、直前の「牛を見て」が参考になる。文末の断定の助動詞「也《なり》」に続けるために、「ず」が**連体形の「ざる」になることがポイント**。(3)も同じく「也」に続ける点に注意。「有」はラ変動詞「あり」を未然形にする。

2 (1)は、「其の親を遺つる」の一二点を「者→有」がはさむから、上下点が必要。「有」から「未」の二度目の読みの「ず」へは一字上だから、レ点。訳 まだ仁の心を持っていながら、自分の親を捨てた者はいない。(2)は「未だ嘗て汝の先古の」のあと、「貴者有るを聞かず」で「者→有→聞→未」の順で返る部分がいずれも二字以上を返るから、一二三四点が必要である。訳 まだ今までおまえの先祖に高貴な人物がいたということは聞いたことがない。

# 8 再読文字

**将《まさ》ニ……未然形＋ント一 す**

**読み** まさに…(せ)んとす

**意味** いまにも…しようとする／しそうだ

**将ニ㆑限ラント㆓其ノ食ヲ㆒。**（列子《れっし》）

**読** 将《まさ》に其《そ》の食《しょく》を限《かぎ》らんとす。

**訳** いまにも食糧を制限しようとする。

## ヤマを講義

**「未然形＋ントす」がポイント**

宋《そう》の国に猿《さる》を飼っている人がいた。猿はどんどん増えてエサが追いつかなくなり、オジサンは猿のエサを制限しようとして言った。「エサのトチの実は、朝三つ、夕方四つにしよう」。すると猿どもがキーキー怒ったので、「よしよし、じゃ朝四つ、夕方三つにしよう」と言うと、猿はキャッキャッと言って喜んだ。

「**朝三暮四**《ちょうさんぼし》」という有名なお話です。うまいことを言って人をだましたり、目先の違いにとらわれて結果が同じであることに気づかない愚《おろ》かさ、の意味で使います。

⬇「**将**」は、二度目の読みに「**…ントす**」と返ることがポイント。「**ン**」**は推量・意志の助動詞の**「**む**」ですから、未然形につきます。「限る」は四段活用ですから、「限ら（＝未然形）んとす」になります。

⬇**二度目の読みの**「**す**」**はサ変動詞ですが、**「限らんとし」（連用形）とか、「限らんとするを」（連体形）のように、**活用した形で読むこともありますから注意。**

⬇「将」の旧字体は「將」。

## もうひとヤマ 「且」

「且」も、「将」と同じように、「まさニ…ントす」と読む再読文字として使います。

趙《ちょう》且ニ㆑伐タント㆑燕ヲ。（趙且《ちょうまさ》に燕《えん》を伐《う》たんとす。）（戦国策《せんごくさく》）

「趙はいまにも燕を攻撃しようとした。」

趙・燕はともに、戦国の**七雄**《しちゆう》（燕・趙・斉《せい》・魏《ぎ》・韓《かん》・秦《しん》・楚《そ》）と呼ばれる大国の一つです。

# 演習ドリル

1 次の漢文の傍線部を、書き下し文にせよ。送りがなが省いてある部分がある。

(1) 船 将レ沈。 （十八史略《じゅうはっしりゃく》）

(2) 引キテレ酒ヲ 且レ飲レ之《これ》。 （戦国策）

(3) 不レ知二老 之《の》 将レ至。 老＝老い。 （論語《ろんご》）

2 次の漢文に、書き下し文のように読むための返り点をつけよ。

(1) 足《あし》を挙《あ》げて将《まさ》に其《そ》の輪《わ》を撃《う》たんとす。 （淮南子《えなんじ》）

挙 足 将 撃 其 輪。

(2) 天《てん》は将《まさ》に夫子《ふうし》を以《もっ》て木鐸《ぼくたく》と為《な》さんとす。 （論語）

天 将 以 夫 子 為 木 鐸。

**【解答】** 1 (1)（船《ふね》）将《まさ》に沈《しず》まんとす。（訳船は、いまにも沈みそうだ。） (2)（酒《さけ》を引《ひ》きて）且《まさ》に之《これ》を飲《の》まんとす。（訳酒を手もとにひき寄せて、いまにも飲もうとする。） (3)老《お》いの将《まさ》に至《いた》らんとするを知《し》らず。（訳老いが、いまにもやってこようとするのを知らない。）

2 (1)挙レ足将レ撃二其輪一。 (2)天将下以二夫子一為中木鐸上。

☆

**【解説】** 1 (1)は、「沈む」が四段動詞だから、「沈まんとす」。「将に…んとす」の「ん」**の前は未然形が必要。** (2)の「飲む」、(3)の「至る」も四段動詞。 (2)は、「之」が「酒」をさすと考えられるから、「之を飲まんとす」。「**蛇足《だそく》**」という故事の一節である。 (3)は「将」の二度目の読みからさらに「知らず」へ返るから、連体形の「する」に「を」をつけて「至らんとするを知らず」と返る必要がある。漢文は、目的語や補語が述語の下にあり、訓読するにあたり、その**目的語や補語から述語へ返るときは「ヲニトあったら返れ！」という鉄則がある。目的語の送りがなは「ヲ」、補語の送りがなは「ニ」か「ト」**のことが多い。

2 (1)は「**蟷螂《とうろう》の斧《おの》**」の一節。「撃たんと」から二度目の「す」へは一字上だからレ点。訳（かまきりが）前足をあげて、いまにも車輪を攻撃しようとする。 (2)は「夫子を以て」の一二点をはさんで「鐸↓為↓将」と返るから上中下点。訳天は先生（孔子《こうし》）を社会の指導者にしようとしている。

## 9 再読文字

当《まさ》ニ……ベシ 二……一（終止形）

応《まさ》ニ……ベシ 二……一（終止形）

及ンデレ時ニ当ニ二勉励スシ一。（陶潜《とうせん》）

**読み**

まさに…（す）べし

**意味**

当然…すべきだ

きっと…だろう

**読** 時《とき》に及《およ》んで当《まさ》に勉励《べんれい》すべし。

**訳** 時をのがさず、当然勉《つと》め励《はげ》むべきである。

### ヤマを講義

**「当」は当然の「べし」**

東晋《とうしん》末の田園詩人として知られる**陶潜**（陶淵明《とうえんめい》）の「雑詩《ざっし》十二首」の中の「其の二」の一節です。このあとに有名な「**歳月《さいげつ》は人《ひと》を待《ま》たず**」という句があって、昔から、歳月は人を待っていてはくれないのだから、時をのがさず勉学に勉め励まなければならない、と青少年に対するお説教によく使われてきました。朱熹《しゅき》の「**少年《しょうねん》老《お》い易《やす》く学《がく》成《な》り難《がた》し、一寸《いっすん》の光陰《こういん》軽《かろ》んずべからず**」と同じですね。

陶潜自身は、若い時代は二度と来ないのだから、充実した時間を過ごすべきだと言いたいので、別に勉強のことだけを言っているわけではないようです。

➡「まさに」と一度読み、もう一度、終止形から返ってきて「べし」になります。「べし」は**終止形**（**ラ変型活用語には連体形**）**につく助動詞**で、いろいろな意味がありますが、「当」は字のとおり、**当然の「べし」**です。

### もうひとヤマ

**「応」は推量の「べし」**

「まさに…べし」と読む再読文字はもう一つ。読み方は同じですが、「**応**」は「**きっと…だろう**」で、**推量の「べし」**。

**応**シレ知ル二故郷ノ事ヲ一。（応に《まさ》故郷《こきょう》の事《こと》を知《し》るべし。）

「きっと故郷の事を知っているだろう。」

原則的に、「当」は当然、「応」は推量ですが、混同して使われている例もかなりあります。

➡旧字体は、「当」は「當」、「応」は「應」。

## 演習ドリル

次の漢文の傍線部を書き下し文にし、口語訳せよ。送りがなを省いてある部分がある。

(1) 若《も》シ不《ず》ンバレ用ヒレ鞅《あう》ヲ当レ殺レ之《これ》。（史記《しき》）

鞅＝人名。

〔　　　　　　〕

(2) 当三掃二除天下一。（後漢書《ごかんじょ》）

〔　　　　　　〕

(3) 不レ当下従《より》二此ノ門一入上。（晏子春秋《あんししゅんじゅう》）

〔　　　　　　〕

(4) 応レ憐半死ノ白頭翁。（劉希夷《りゅうきい》）

〔　　　　　　〕

(5) 漢水モ亦《また》応二西北ニ流一。（李白《りはく》）

漢水＝川の名。

〔　　　　　　〕

**【解答】** (1)（若《も》し鞅《おう》を用《もち》ひずんば）当《まさ》に之《これ》を殺《ころ》すべし。訳（もし鞅を登用《とうよう》しないのならば）当然彼を殺さなければならない。 (2)当《まさ》に天下《てんか》を掃除《そうじ》すべし。訳当然天下を掃除すべきである。 (3)当《まさ》に此《こ》の門《もん》より入《い》るべからず。訳当然この門から入るべきではない。 (4)応《まさ》に憐《あわ》れむべし（半死《はんし》の白頭翁《はくとうおう》）。訳当然憐れむべきだ（この半ば死にかかった白髪の老人を）。 (5)（漢水《かんすい》も亦《また》）応《まさ》に西北《せいほく》に流《なが》るべし。訳（漢水もまた）きっと西北に流れるであろう。

☆

**【解説】** (1)の「鞅」は戦国時代の商鞅《しょうおう》（公孫鞅《こうそんおう》）のこと。才能のある人物を自国で用いないなら、その才能を他国で用いられると困るので、禍いの芽を摘んでおけということ。「之」は「鞅」のことだから、「之を」。 (2)「掃除」は**熟語だからサ変動詞**「掃除す」。熟語の「掃除」から二度目の「当（べし）」へ返るが、「除」からは、実質二字上に返るので、「当」の左下の返り点は三になる。 (3)は、春秋時代の斉《せい》の宰相晏嬰《あんえい》が小男《こおとこ》だったので、楚《そ》の国王が小さな門を作って辱《はずかし》めようとしたときのことば。「この門から入ってはならない」でも可。**「従」は返読文字**。「自」と同じで、「より」と読む。ひらがなにする。 (4)の「応」は推量ではなく、当然の用法。「憐れむ」から二度目の「べし」へ返る。 (5)の「応」は推量でよい。下二段の終止形「流る」から返る。

## 10 再読文字

**宜**《よろシク／べシ》ニ……終止形一

読み　**よろしく…(す)べし**

意味　**…するのがよろしい**

# 人之《の》過誤ハ宜《シク／シ》レ恕《ゆる》ス。

（菜根譚《さいこんたん》）

読　人《ひと》の過誤《かご》は宜《よろ》しく恕《ゆる》すべし。

訳　人のあやまちは大目に見るのがよろしい。

### ヤマを講義　「宜」は適当の「べし」

**『菜根譚』**という、昔はたいへんによく読まれた書物があります。明《みん》の時代に、洪自誠《こうじせい》という人が書いた処世訓《しょせいくん》の本で、まさに**「寸鉄人《すんてつひと》を刺《さ》す」**ような至言《しげん》にあふれた面白い書物です。

「人《ひと》の過誤《かご》は宜《よろ》しく恕《ゆる》すべし」のあと、こう続きます。**「しかれども己《おのれ》に在《あ》りては則《すなわ》ち恕《ゆる》すべからず」**。しかし、自分のあやまちに対しては大目に見てはいけない。「他人の過ちには寛容に、自分の過ちには厳格であれ」、ということですね。

⬇**「宜しく」**と一度読み、二度目はやはり「べし」ですから終止形から返ります。

⬇もう一つ、やはり『菜根譚』からのことば。

用フルハレ人ヲ不レ宜《シク／カラ》刻ナル。刻ナレバ則チ思フレ效《かう》ヲ者モ去ル。

「人《ひと》を用《もち》ふるは宜《よろ》しく刻《こく》なるべからず。刻《こく》なれば則《すなわ》ち效《こう》を思《おも》ふ者《もの》も去《さ》る」。人を使うときは、あまり過酷《かこく》にするのはよくない。過酷すぎると、一所懸命やろうと思っていた者も逃げ出してしまう。これもいいことばですね。

**「用」は漢文では八行上二段の「用ふ」**で、漢文では、ワ行上一段の「用ゐる」はあまり使いません。

### もうひとヤマ　むべなるかな…や

「宜」には、**「むべなり」**と読む大事な用法があります。「**当然だ・もっともだ**」の意で、詠嘆形《えいたんけい》の用例が多く、

**宜**《むべナルかな》**乎……也**《や》。（宜《むべ》なるかな……や。）

「もっともだなあ、…なのは」のように訳します。

## 演習ドリル

次の漢文の傍線部を書き下し文にし、口語訳せよ。送りがなを省いてある部分がある。

(1) 惟《た》ダ仁者ノミ宜レ在二高位一。（孟子《もうし》）

（　　　　）

(2) 良宵《りやうせう》宜二清談一。（李白《りはく》）

良宵＝すばらしい夜。

（　　　　）

(3) 臣宜シク〔キモ〕レ従フ病《やまひ》甚ダシ。（史記《しき》）

（　　　　）

(4) 用フルハレ人ヲ宜シク〔シ〕レ取ル二其ノ所ヲレ長ズル。（皇朝全鑑《こうちょうぜんかん》）

（　　　　）

(5) 宜シク〔クシテ〕レ進ム而進ミ宜シク〔クシテ〕レ退ク而退クハ良将也《なり》。（日本外史《にほんがいし》）

（　　　　）

**【解答】** (1)（惟《た》だ仁者《じんしゃ》のみ）宜《よろ》しく高位《こうい》に在《あ》るべし。訳（ただ仁徳のある者だけが）高い地位につくのがよい。 (2) 良宵《りょうしょう》宜《よろ》しく清《せい》談《だん》すべし。訳（月の美しい）このすばらしい夜は清談するのによい晩だ。 (3) 臣宜《しんよろ》しく従《したが》ふべきも（病甚《やまいはなは》だし）。訳私はお供をすればよいのですが、（病気がひどくてお供ができません）。 (4)（人《ひと》を用《もち》ふるは）宜《よろ》しく其《そ》の長《ちょう》ずる所《ところ》を取《と》るべし。訳（人を登用するには）その人の長所を取り上げるのがよい。 (5) 宜《よろ》しく進《すす》むべくして進《すす》み宜《よろ》しく退《しりぞ》くべくして退《しりぞ》くは良将《りょうしょう》なり。訳進むのがよいときには進み、退くのがよいときには退くのが良将《りょうしょう》である。

☆

**【解説】** (1)「在」はラ変動詞「あり」。「べし」は**終止形につくが、ラ変型活用語には連体形につく**というきまりがあるので、「在るべし」に。「高位」の送りがなは「ニ」。 (2)「清談」から「べし」に返るのだから、動詞に読みたい。二字の熟語はサ変動詞。 (3) 二度目の読みの送りがなが「キモ」であるから、**連体形**「べき」に、**逆接**の「**も**」がついた読み方。 (4)「レ」の返り方がポイント。「長ずる所」は長所。 (5)の『日本外史』は江戸時代の儒学者頼山陽《らいさんよう》が漢文で書いた日本史の本。

◎◎

# 11 再読文字

須《すべからク》二……終止形一 ベシ

**読み** すべからく…(す)べし

**意味** …する必要がある
…すべきである

行 楽 須ラク シレ 及ブレ 春ニ。　（李白《りはく》）

**読** 行楽須《こうらくすべか》らく春《はる》に及《およ》ぶべし。

**訳** 楽しみはぜひとも春の去らぬうちにすべきである。

## ヤマを講義　「須」は必要の「べし」

李白は、杜甫《とほ》と並んで、唐《とう》を代表する大詩人です。憂《ゆう》愁《しゅう》の詩人杜甫に対して、李白は月や花や酒を愛した豪放《ごうほう》磊落《らいらく》な天才型の詩人といわれていますが、人生としては不遇で、孤独な人だったようです。

次の句は、「月下独酌《げっかどくしゃく》」という五言古詩《ごごんこし》の中の一句。

花間一壺《かかんいっこ》の酒《さけ》　独酌《どくしゃく》相親《あいした》しむ無《な》し
杯《さかずき》を挙《あ》げて明月《めいげつ》を邀《むか》へ　影《かげ》に対《たい》して三人《さんにん》と成《な》す
月既《つきすで》に飲《いん》を解《かい》せず　影徒《かげいたず》らに我《わ》が身《み》に随《したが》ふ
暫《しばら》く月《つき》と影《かげ》とを伴《ともな》って　行楽須《こうらくすべか》らく春《はる》に及《およ》ぶべし

花の下で、月と自分の影を友として、一人春の季節を楽しんで酒を飲んでいる、という詩です。

⬇「須」は「必須《ひっす》」「必要」の意味をあらわします。

⬇「すべからく」という訓は、もともとは、サ変動詞の終止形「す」に、当然の助動詞「べし」の未然形「べから」がつき、さらにそれを体言化する接尾語「く」がついたもので、「当然なすべきことは」といった意味です。「く」は、「曰《い》はく」や「以為《おも》へらく」の「く」です。

## もうひとヤマ　「不レ須」は「もちひず」

「須」は「不須」になると「すべからく…べからず」ではなく、「もちひず」と読むことがあります。

不レ須《もちヒ》二多 言《ヲ》一。（多言《たげん》を須《もち》ひず。）　（先哲叢談《せんてつそうだん》）

「多言を費《つい》やす必要はない。」

「何ぞ須《もち》ひん」のような、反語形の用例もあります。

## 演習ドリル

**次の漢文の傍線部を書き下し文にし、口語訳せよ。送りがなを省いてある部分がある。**

(1) 須二以《もっ》テ決レ事。(戦国策《せんごくさく》)

決＝サ変動詞「決す」。

〔　　　　〕

(2) 今日送ルレ君ヲ 須ラクシレ尽クスレ酔ヲ。(李白)

〔　　　　〕

(3) 須ラクシレ念《おも》フ二衰老的《の》辛《しん》酸《さん》ヲ一。(菜根譚《さいこんたん》)

辛酸＝苦痛。苦しみ。

〔　　　　〕

(4) 須三常思二病苦時一。(慎思録《しんしろく》)

〔　　　　〕

(5) 人為スニハレ学ヲ 須ラクシレ要ス二及ンデレ時ニ立テレ志ヲ勉励スルヲ一。(言志録《げんしろく》)

及時＝時をのがさず。

〔　　　　〕

**【解答】** (1)須《すべか》らく以《もっ》て事《こと》を決《けっ》すべし。訳 事を決すべきである。(2)(今日君《こんにちきみ》を送《おく》る)須《すべか》らく酔《すい》を尽《つ》くすべし。訳(今日君を送るこの宴では)十分に酔ってもらいたい。(3)須《すべか》らく衰老《すいろう》の辛酸《しんさん》を念《おも》ふべし。訳 老い衰えたときの苦しみを考える必要がある。(4)須《すべか》らく常《つね》に病苦《びょうく》の時《とき》を思《おも》ふべし。訳 常に病気で苦しんだときのことを思い出す必要がある。(5)(人学《ひとがく》を為《な》すには)須《すべか》らく時《とき》に及《およ》んで志《こころざし》を立《た》て勉励《べんれい》するを要《よう》すべし。訳(学問をしようとする人は)時をのがさず志を立て、勉め励むことが肝要である。

☆

**【解説】** (1)「事」の送りがなは「ヲ」。(2)「酔を尽くす」は「十分に酔う」ことをいう。「**歓《かん》を尽くす**」(十分に楽しむ)も覚えておこう。直訳すれば、「十分に酔う必要がある」。(3)は、上に「少壮《しょうそう》の時に当《あ》たっては」(若く元気なときには)という文がある。(4)は、上に「病《やまい》癒《い》ゆれば多《おお》く慎《つつし》みを忘《わす》る」(病気がなおると人はとかく摂生《せっせい》を怠《おこた》るものだ)という文がある。二のついている「思」をとばして、「病苦の時」まで行き、「須らく」のあと、送りがなに「ヲ」をつけて「思→須」と返る。江戸時代の学者貝原益軒《かいばらえきけん》のことば。(5)は、やはり江戸時代の儒学者佐藤一斎《さとういっさい》のことば。

# 12 再読文字

猶《なホ》二・・・・・・・・・ノ(ガ)一ごとシ

**読み**

なほ…(の・が)ごとし

**意味**

あたかも…のようだ
ちょうど…と同じだ

過《ギタルハ》猶《ホ》《シ》レ不《ざルガ》レ及《バ》。（論語《ろんご》）

**読** 過《す》ぎたるは猶《な》ほ及《およ》ばざるがごとし。

**訳** 行き過ぎているのは、足りないのと同じだ。

## ヤマを講義 「ノごとし」か「ガごとし」か

あるとき、弟子《でし》の**子貢《しこう》**が、**孔子《こうし》**にたずねました。

「先生、若い学生の中で、子張《しちょう》と子夏《しか》とではどちらがすぐれておりますでしょうか？」

「子張は才にまかせて少々行き過ぎるところがある。子夏は控《ひか》えめ過ぎて足りないところがあるな…。」

「では、……子張のほうがまさっているということでしょうか？」

「いや、行き過ぎるのは足りないのと同じだ。どちらもよくないのだ。」

有名なことばですが、「過ぎてしまったことは取り返しがつかない」意味にとり違えている人はいませんか？

「中庸《ちゅうよう》」が大切だということを言ったことばです。

⬇二度目の読みの、**比況《ひきょう》の助動詞**「ごとし」は、体言か活用語の連体形につきます。返るときの送りがなは、

**体言　＋ノ**
**連体形＋ガ** ｝ごとし

「及ばざるがごとし」の「ざる」は、「ず」の連体形。

⬇「**猶**」は再読文字でなく、ただの「なほ」(そのうえ・やはり)としても使われます。

⬇旧字体は「猶」。

## もうひとヤマ 「由」

「由」も「猶」と同じように使われることがあります。

危《キコト》由《ホ》《シ》二累卵《ノ》一。(危《あやう》きこと由《な》ほ累卵《るいらん》のごとし。)

「危いことはあたかも重ねた卵のようである。」

## 演習ドリル

**次の漢文の傍線部を書き下し文にし、口語訳せよ。送りがなを省いてある部分がある。**

(1) 以テレ斉《せい》ヲ王タラシメンコト、由ホシレ反《かへ》スガレ手ヲ。（孟子《もうし》）

〔　　　　〕

(2) 仁之《の》勝ツハ二不仁ニ一、猶二水勝㆑火。（孟子）

〔　　　　〕

(3) 用フルハレ人ヲ猶二匠《しやう》之用㆑木。（十八史略《じゅうはっしりゃく》）

匠＝大工。

〔　　　　〕

(4) 今之楽ハ由二古《いにしへ》之楽一。（孟子）

楽＝音楽。

〔　　　　〕

(5) 孤《こ》之有ルハ二孔明一、猶二魚之有㆑水也《なり》。（三国志《さんごくし》）

孤＝王侯の自称。　孔明＝人名。

〔　　　　〕

**【解答】** (1)（斉《せい》を以《もっ》て王《おう》たらしめんこと）由《な》ほ手《て》を反《かえ》すがごとし。訳（斉の国を王にさせることは）あたかも手のひらを返すようにたやすいことだ。 (2)（仁《じん》の不仁《ふじん》に勝《か》つは）猶《な》ほ水《みず》の火《ひ》に勝《か》つがごとし。訳（仁が不仁に勝つのは）ちょうど水が火に勝つのと同じだ。 (3)（人《ひと》を用《もち》ふるは）猶《な》ほ匠《しょう》の木《き》を用《もち》ふるがごとし。訳（人を使うのは）ちょうど大工が木を扱うのと同じである。 (4)（今《いま》の楽《がく》は）由《な》ほ古《いにしえ》の楽《がく》のごとし。訳（今の音楽は）ちょうど昔の音楽のようだ。 (5)（孤《こ》の孔明《こうめい》有《あ》るは）猶《な》ほ魚《うお》の水《みず》有《あ》るがごときなり。訳（私にとって諸葛《しょかつ》孔明がいるのは）あたかも魚にとって水があるようなものだ。

☆

**【解説】** (1)サ行四段の連体形「反す」＋「ガごとし」。「ごとし」はひらがなに。 (2)タ行四段の連体形「勝つ」＋「ガごとし」。**前半の読みがヒントになる。**「仁の不仁に勝つ」と同じように「水の火に勝つ」を読む。 (3)も、前半の「人を用ふる」がヒント。ハ行上二段の連体形「用ふる」＋「ガごとし」。「木」の送りがなは、上の「人」と同じで「ヲ」。 (4)は、「楽」が体言だから「ノごとし」。 (5)は、ラ変の連体形「有る」＋「ガごとし」だが、**断定の「也《なり》」へ続くので連体形の**「ごとき」になる。**これも前半の読み方がヒントになっ**ている。「**孤**」は「**寡人《かじん》**」と同義の重要単語。

## 13 再読文字

**盍**ゾ二………… 未然形 一ル

読み

# なんぞ…（せ）ざる

意味

# どうして…しないのか
# …したらどうか

盍ゾ各《おのおの》〻言ハ二爾《なんぢ》ノ志ヲ一。（論語《ろんご》）

読 盍《なん》ぞ各《おのおの》〻爾《なんじ》の志《こころざし》を言《い》はざる。

訳 どうしてそれぞれおまえたちの志を言わないのか。

### ヤマを講義　相手を勧誘するケースが多い

愛弟子《まなでし》の**顔淵**《がんえん》と**子路**《しろ》がいたときに、**孔子**《こうし》が言いました。

「どうだ、ひとつおまえたちそれぞれの平生《へいぜい》からの志を言ってみないかね。」

そこで剛直《ごうちょく》なタイプの子路と、篤実《とくじつ》なタイプの顔淵がそれぞれの志を述べたあと、子路に「先生のお志もぜひお聞かせください」と言われて、孔子はこう語りました。

「私は、老人からは安心され、友人からは信頼され、若い人からは親しまれたい。」

⬇「**盍ぞ…せざる**」は、直訳すると「どうして…しないのか」ですが、相手を詰問《きつもん》するケースよりは、「…したらどうか」「…しなさい」のように**勧誘する表現であること**が多いようです。

⬇二度目の読みが打消の「ず」の連体形「ざる」になるのは、「なんぞ」があるためで、**疑問詞があることによる係り結びの結びの連体形**なのです。「ざる」へはもちろん未然形から返ります。

⬇疑問詞の「何ぞ」に否定の「不」がからんだ、「**何ゾ不ル二……セ一**」（なんぞ…せざる）の形も意味は同じです。

### もうひとヤマ　「蓋」は「けだし」

字が似ていますが、「**蓋**」は、「けだし」と読み、「思うに…。**たぶん…**」の意の推量の副詞です。「けだし」は読みの問題の頻出語です。

ただ、「蓋」も、「盍」と同じように「なんぞ」「なんぞ…ざる」として使われていることもあります。

## 演習ドリル

1 次の漢文の傍線部を、書き下し文にし、口語訳せよ。送りがなを省いてある部分がある。

(1) 子《し》墨《ぼく》子《し》曰《いハク》、「盍レ学乎《や》。」（墨子《ぼくし》）

〔　　　〕

(2) 汝《なんぢ》盍《ゾ》ル二輒《すみやカニ》降《くだラ》一。（日本外史《にほんがいし》）

降＝降参する。

〔　　　〕

(3) 何不二速《すみやカニ》殺レ我。（十八史略《じゅうはっしりゃく》）

〔　　　〕

2 次の漢文に、書き下し文のように読むための返り点をつけよ。

(1) 子盍《しなん》ぞ我《わ》が為《ため》に之《これ》を言《い》はざる。

子　盍　為　我　言　之。（孟子《もうし》）

(2) 盍《なん》ぞ漢文《かんぶん》を善《よ》くする者《もの》を以《もっ》て従《したが》へざる。

盍　以　善　漢　文　者　従。（頼山陽《らいさんよう》）

【解答】 1 (1)（子墨子曰《しぼくしい》はく）「盍《なん》ぞ学《まな》ばざるや。」訳（墨子が言った）「どうして学ばないのか」。(2) 汝《なんじ》盍《なん》ぞ輒《すみや》かに降《くだ》らざる。訳おまえはどうしてすぐに降参しないのか。(3) 何《なん》ぞ速《すみや》かに我《われ》を殺《ころ》さざる。訳どうしてすぐに私を殺さないのか。

2 (1)子盍二為レ我言一レ之。(2)盍乙以下善二漢文一者上従甲。

☆

【解説】 1 (1)は、四段動詞「学ぶ」の未然形「学ば」から「ざる」へ。(1)・(2)とも、「学んだらどうか（学びなさい）」「早く降参したらどうだ」のように、**勧誘する訳し方でもよい**。(3)は、四段動詞「殺す」の未然形「殺さ」から「ざる」へ。これも、「さっさと殺したらどうだ」のように訳してもよい。「我」の送りがなは「ヲ」。「**何不…**」は「**盍**」と同じになる。

2 (1)「我が為に」の、「我→為」は一字上だから、間にレ点。「之を」から「言は」へ返るのもレ点だが、「言は」から三字上の「盍」の二度目の読みへ返るので、「言」の左下は「レ」になる。訳あなたはどうして私のためにこれを言ってくれないのか。(2)は外へ外へと一二点→上下点→甲乙点がつく形。訳どうして漢文のよくできる者を従えて行かないのか。

# 読みのヤマ漢《カン》ベスト50

読みの問題はサービス点。絶対落としてはいけない得点源だ！

**中**《あツ》 【読】**あつ（あたる）** 【意】あてる。（あたる。命中する。）

**何如**《いかん》 【読】**いかん** 【意】どうであるか。「**如何**《いかん》せん」も注意。

**幾何**《いくばく》 【読】**いくばく** 【意】どれくらい。「**幾**《いくばく》・**幾許**《いくばく》」も同じ。

**些**《いささカ》 【読】**いささか** 【意】わずか。ほんの少し。「**聊**《カ》」も同じ。

**徒**《いたづラニ》 【読】**いたずらに** 【意】何もせずに。むなしく。

**所謂**《いはゆる》 【読】**いわゆる** 【意】世にいうところの。ここでいうところの。

**道**《いフ》 【読】**いう** 【意】言う。述べる。「言《フ》・曰《フ》・云《フ》・**謂**《フ》」も同じ。ハ行四段。

**逾ゝ**《いよいよ》 【読】**いよいよ** 【意】ますます。「**愈ゝ**《いよいよ》」も同じ。

---

**以為**《おもヘラク》 【読】**おもえらく** 【意】思ったことには。

**凡**《およソ》 【読】**およそ** 【意】おしなべて。すべて。あらまし。

**如レ此**《ごとシかクノ》 【読】**かくのごとし** 【意】このようである。「**如レ是・如レ斯・若レ此・若レ是**」も同じ。

**且**《かツ》 【読】**かつ** 【意】しかも。その上。「**しばらク**」とも読む。

**嘗**《かつテ》 【読】**かつて** 【意】以前に。「未だ嘗て…」の形が多い。

**易**《かフ》 【読】**かう** 【意】かえる。とりかえる。ハ行下二段。

**蓋**《けだシ》 【読】**けだし** 【意】思うに。考えるに。おそらく。

**於レ是**《おイテここニ》 【読】**ここにおいて** 【意】そこで。意味も重要。

**是以**《ここヲもっテ》 【読】**ここをもって** 【意】だから。意味も重要。

---

**対**《こたフ》 【読】**こたう** 【意】目上の人にお答えする。「**こたヘテ**（曰《い》はく）」の形が多い。

**悉**《ことごとク》 【読】**ことごとく** 【意】のこらずすべて。「**尽**《ク》・**畢**《ク》」も同じ。

**不者**《しかラズンバ》 【読】**しからずんば** 【意】そうでなければ。

**数ゝ**《しばしば》 【読】**しばしば** 【意】たびたび。しばしば。「**屢**《しばしば》」も同じ。

**寡**《すくなシ》 【読】**すくなし** 【意】少ない。「**少**《シ》・**鮮**《シ》」も同じ。「おほシ」は「**衆**《シ》・**多**《シ》」。

**已**《すでニ》 【読】**すでに** 【意】すでに。「すでにして」は「やがて」。「**のみ**」「**やム**」の読みも注意。

**乃**《すなはチ》 【読】**すなわち** 【意】そこで。「すなわチ」は「**則**《チ》・**即**《チ》・**便**《チ》・**輒**《チ》」いずれも頻出。

**抑〻**《そもそも》

読 **そもそも**　意 さて。ところで。いったい。

**夫**《そレ》

読 **それ**　意 そもそも。「**其**《そレ》」でも同じ。「**かノ**（あの）」「**かな**（詠嘆《えいたん》）」の読みも注意。

**忽**《たちまチ》

読 **たちまち**　意 急に。にわかに。あっというまに。

**偶〻**《たまたま》

読 **たまたま**　意 思いがけず。偶然。「**会〻・適〻**」も同じ。

**事**《つかフ》

読 **つかう**　意 仕《つか》える。

**毎**《つねニ》

読 **つねに**　意 いつも。返読して「**…ごとニ**」とも読む。

**遂**《つひニ》

読 **ついに**　意 とうとう。果ては。そのまま。「ついニ」は「**終**《ニ》**・卒**《ニ》**・竟**《ニ》」いずれも頻出。

**具**《つぶさニ》

読 **つぶさに**　意 くわしく。

**与**《と》

読 **と**　意 と。「**ともニ・より・や・か・かな・あづカル・くみス**」等、用法が多い。

**汝**《なんぢ》

読 **なんじ**　意 おまえ。「**若・爾・而・女**」も同じ。

---

**悪**《にくム》

読 **にくむ**　意 にくむ。きらう。「**いづクンゾ**」も注意。

**俄**《にはカニ》

読 **にわかに**　意 急に。「**遽**《カニ》**・暴**《カニ》**・驟**《カニ》」も同じ。

**耳**《のみ》

読 **のみ**　意 …だけ。限定・強調の意。「**已・爾・而已・而已矣**」等も同じ。

**私**《ひそカニ》

読 **ひそかに**　意 ひそかに。「**窃**《カニ》**・密**《カニ》**・潜**《カニ》**・暗**《カニ》」も同じ。

**肆**《ほしいまま》

読 **ほしいまま**　意 かって気まま。「**恣**《ほしいまま》」も要注意。

**殆**《ほとんド》

読 **ほとんど**　意 もう少しで。すんでのところで。おおかた。「**幾**《ド》」も同じ。

**方**《まさニ》

読 **まさに**　意 ちょうど。まさしく。「**正**《ニ》」も同じ。

**亦**《また》

読 **また**　意 …もまた。「また（まタ）」は「**又・復**《タ》**・還**《タ》」いずれも重要。

**宜**《むベナリ》

読 **むべなり**　意 もっともだ。当然だ。

**固**《もとヨリ》

読 **もとより**　意 いうまでもなく。「**素**《ヨリ》**・故**《ヨリ》」も同じ。

---

**之**《ゆク》

読 **ゆく**　意 行く。「**行**《ク》**・往**《ク》**・如**《ク》**・適**《ク》**・逝**《ク》**・征**《ク》**・徂**《ク》**・于**《ク》」も同じ。

**故**《ゆゑニ》

読 **ゆえに**　意 だから。「**ふるシ・ことさらニ・もと・ゆえ**」の読みも注意。

**所以**《ゆゑん》

読 **ゆえん**　意 理由・わけ。方法・手段。…ためのもの。

**自**《より》

読 **より**　意 …から。「**従**《リ》」も同じ。返読文字。

**因**《よりテ》

読 **よりて・よって**　意 そこで。そのために。

**少**《わかシ》

読 **わかし**　意 若い。

**14**

## 否定形

不《ず》二……未然形一

**読み** ……(せ)ず

**意味** ……しない

覆《ふく》水《すい》不レ返ラ盆ニ。(拾《しゅう》遺《い》記《き》)

**読** 覆水盆《ふくすいぼん》に返《かえ》らず。

**訳** こぼれた水はもとの器《うつわ》には戻らない。

**ヤマを講義** **活用した形の読みに注意せよ**

のちに周《しゅう》の文《ぶん》王に見出されて重んじられた、**太公望呂尚**《たいこうぼうりょしょう》は、若いころひたすら学問に励む毎日で、家計のことなどまったく意に介《かい》しませんでした。奥さんはがまんしきれず、出て行ってしまったんですが、呂尚が出世したあと、奥さんは戻ってきて、もとのサヤに納めてくれと哀願した、そのとき呂尚はテーブルにあった盆(水鉢)の水を床にこぼして、「この水をもとの盆に戻せるか?」と言ったというお話です。

ですから、もともとは「一度こわれた夫婦仲はもとのサヤには納まらない」という意味なわけですが、今では、**「やってしまったことは取り返しがつかない」**意味で広く使われます。英語でも「It is no use crying over spilt milk.」という同じような諺《ことわざ》があります。

➡ **「不」は、古文の打消の助動詞「ず」。必ず未然形から返読します。書き下し文では必ずひらがなにします。**

| 未然 | 連用 | 終止 | 連体 | 已然 | 命令 |
|---|---|---|---|---|---|
| ず | ず | ず | (ぬ) | (ね) | ○ |
| ざラ | ざリ | ○ | ざル | ざレ | ざレ |

カタカナ部分の**二音目は送りがなに**します。漢文では(ぬ)(ね)の読み方は使いません。

**もうひとヤマ** 「弗」

「**弗**」も「不」とまったく同じに使います。

九載**弗**レ績アラ。(九載績《きゅうさいせき》あらず。)(十八史略《じゅうはっしりゃく》)

「九年間、何の実績もなかった。」

## 演習ドリル

**次の漢文の傍線部を書き下し文にし、口語訳せよ。送りがなを省いてある部分がある。**

(1) 往者不レ追、来タル者ハ不レ拒《こば》マ。（孟子《もうし》）

〔　　　　〕

(2) 跂者不レ立、跨《また》グ者ハ不レ行カ。（老子《ろうし》）

跂＝つまだツ。跨＝大またで歩く。

〔　　　　〕

(3) 事雖《いへど》モレ小ナリト不レバレ為《な》サ不レ成ラ。（荀子《じゅんし》）

〔　　　　〕

(4) 玉不レバレ琢《みが》カ不レ成《な》サレ器ヲ、人不レ学不レ知レ道。（礼記《らいき》）

〔　　　　〕

(5) 雖《いへど》モレ有リト二嘉《か》肴《かう》一、弗レ食不レ知二其ノ旨《うま》キヲ一也。（礼記）

嘉肴＝おいしいごちそう。食＝くらフ。

〔　　　　〕

**【解答】** (1)往《ゆ》く者《もの》は追《お》はず、（来《き》たる者《もの》は拒《こば》まず）。訳 去って行く者は追わない、（来る者は拒まない）。(2)跂《つまだ》つ者は立たず、（跨《また》ぐ者《もの》は行《ゆ》かず）。訳 つま先で立つ者は長く立ってはいられない、（大またに歩く者は長く歩き続けられない）。(3)（事小《ことしょう》なりと雖《いへど》も）為《な》さざれば成《な》らず。訳（どんな小さなことでも）やらなければできない。(4)（玉琢《たまみが》かざれば器《き》を成《な》さず）人学《ひとまな》ばざれば道《みち》を知らず。訳（玉も磨かなければ立派な器にはならないし）人も学ばなければ道理を知ることがない。(5)（嘉肴有《かこうあ》りと雖《いえど》も）食《くら》はざれば其《そ》の旨《うま》きを知らざるなり。訳（どんなにごちそうがあっても）食べてみなければそのうまさはわからない。

☆

**【解説】** (1)は後半がヒント。「往」は「ゆク」。四段動詞「追ふ」を未然形にして「ず」へ。(2)も後半がヒント。四段動詞「立つ」を未然形にして「ず」へ。無理をしても長続きはしない、ふつうにありのままにせよ、ということ。(3)は送りがながある。「不」の右下に「レバ」があるということは、読み方は「ざれば」。(4)は前半がヒント。「学ぶ」も「知る」も四段動詞。(5)「弗レ食」は、「食べてみなければ」と言いたいところなので「食はざれば」。最後に「也《なり》」があるから、「不」は連体形が必要で、「ざるなり」。

## 15 否定形

**無《な》シ二……体言・連体形……一**

**読み**　…なし

**意味**　…がない　…はない　…なものはない

水清ケレバ無シ二大魚一。（後漢書《ごかんじょ》）

**読**　水清《みずきよ》ければ大魚《たいぎょ》無《な》し。

**訳**　水があまりに澄んでいると大きな魚はいない。

### ヤマを講義

**「莫・勿・毋」も「なし」**

「虎穴《こけつ》に入《い》らずんば虎子《こじ》を得《え》ず」で有名な、**班超**《はんちょう》のことば。西域《さいいき》諸国を平穏に統轄《とうかつ》すること三十年、漢《かん》に帰国するにあたって、後任の任尚《じんしょう》に与えたアドバイスです。

水があまりに清く澄みすぎていると大きな魚が棲《す》みつかないように、人も、あまりに清廉《せいれん》で潔癖《けっぺき》すぎると人が寄りつかない。大目に見たり、なあなあですませたりするような部分も必要だ、ということでしょう。

➡「無」は、**形容詞**「**なし**」。ク活用です。体言、活用語の連体形、あるいは連体形に「モノ」がついた形から返ってくる**返読文字**です。

➡「なし」と読む文字はたくさんあります。

**無＝莫・勿・毋・靡・无・罔・微**

➡**活用語尾の部分は送りがなにします。**

| 未然 | 連用 | 終止 | 連体 | 已然 | 命令 |
|---|---|---|---|---|---|
| なク | なク | なシ | なキ | なケレ | ○ |
| なカラ | なカリ | ○ | なカル | ○ | なカレ |

➡命令形「なカレ」は、**禁止形**になります。

### もうひとヤマ

**「Aと無くBと無く」**

無クレAト無クレBト（AとなくBとなく）｝ABを問わず
無クニAトB一（ABとなく）｝ABの別なく

この形の場合、**ABに入るのは対義語**になります。

父《ふ》母《ぼ》之喪《も》ハ無ク二貴賤ト一一《いっ》也。（中庸《ちゅうよう》）
（父母《ふぼ》の喪《も》は貴賤《きせん》と無《な》く一《いっ》なり。）
「父母の喪は身分の上下を問わず同じである。」

## 演習ドリル

次の漢文の傍線部を書き下し文にし、口語訳せよ。送りがなを省いてある部分がある。

(1) 無《ケレバ》㆓遠《キ》慮《おもんぱかリ》㆒、必《ズ》有《リ》㆓近《キ》憂《ヒ》㆒。（論語《ろんご》）

〔　　　〕

(2) 貧《シクシテ》而無㆑諂《へつらフコト》、富而無㆑驕。（論語）

諂＝卑屈になる。驕＝おごル。

〔　　　〕

(3) 見㆑義《テ》《ヲ》不㆑為《ルハ》《サ》無㆑勇也。（論語）

見義＝正しい行いだとわかっていて。

〔　　　〕

(4) 無㆓老壮㆒、皆為《ために》垂㆑涕《たる》《なみだヲ》。（史記《しき》）

〔　　　〕

(5) 無㆑貴無㆑賤、無㆑長無㆑少、（韓愈《かんゆ》）

〔　　　〕

**【解答】** (1)遠《とお》き慮《おもんぱか》り無《な》ければ、必《かなら》ず近《ちか》き憂《うれ》ひ有《あ》り。訳遠い将来に対してよく考えておかないと、必ず身近なところに心配事が起こってくるものだ。 (2)（貧《まず》しくして諂《へつら》ふこと無《な》く）富《と》みて驕《おご》ること無《な》し。訳（貧しくても卑屈にならず）金持ちになってもおごりたかぶらない。 (3)（義《ぎ》を見《み》て為《な》さざるは）勇《ゆう》無《な》きなり。訳（こうするのが人間として正しい道だと知りながらそれをしないのは）勇気がないのだ。 (4)老壮《ろうそう》と無《な》く、（皆為《みなため》に涕《なみだ》を垂《た》る）。訳老いも若きも、（みな彼のために涙を流した）。 (5)貴《き》と無《な》く賤《せん》と無《な》く、長《ちょう》と無《な》く少《しょう》と無《な》く、訳身分の上下を問わず、年齢の上下の別なく。

☆

**【解説】** (2)は前半がヒント。「富む」は四段動詞。「驕る」も四段動詞。 (3)「勇」は「勇気」の意の名詞と考えられるから、送りがななしで直接「無」へ返ればよし。下に「也《なり》」があるから、連体形にして「無きなり」。 (4)は、前漢《ぜんかん》の将軍李広《りこう》の死を人々が悲しんだ場面。「壮」は三十歳のことをいうが、ここでは「若」の意。(5)は、韓愈の「師説《しせつ》」の一節。「道の存《そん》する所《ところ》、師《し》の存する所なり（＝道のあるところが、師のあるところである）」と続いている。「無㆓貴賤㆒、無㆓長少㆒」（貴賤と無く、長少と無く）の形でも同じ。

## 16 否定形

非《あらズ》二……一　体言・連体形＋ニ

**読み**

…（に）あらず

**意味**

…でない　…ではない　…なわけではない

百戦百勝ハ非ザル二善之《の》善ナル者ニ一也《なり》。（孫子《そんし》）

**読** 百戦百勝《ひゃくせんひゃくしょう》は善《ぜん》の善《ぜん》なる者《もの》に非《あら》ざるなり。

**訳** 戦えば必ず勝つのが最善の用兵ではない。

### ヤマを講義

**必ず「…に」から返ってくる**

「百戦百勝は善の善なる者に非ざるなり。戦はずして人の兵を屈《くっ》するは善の善なる者なり。」

戦えば必ず勝つのがベストではない、戦わずして勝つのがベストだ、と**孫子**は言っています。

⬇**『孫子』の兵法《へいほう》**は、戦争のやり方を述べた書なのですが、人生訓・処世訓《しょせいくん》としても読める一面があり、今日《こんにち》でもよく読まれています。

「**彼《かれ》を知《し》り己《おのれ》を知《し》らば百戦殆《ひゃくせんあやう》からず**。彼《かれ》を知《し》らずして己《おのれ》を知《し》れば一勝一負《いっしょういっぷ》す。彼《かれ》を知《し》らず己《おのれ》を知《し》らざれば戦《たたか》ふごとに必《かなら》ず殆《あやう》し。」（孫子）

相手の力（志望校の出題傾向や難度）を十分に知り、自分の実力を正確に認識できていれば、必ず合格する！　受験生としては肝《きも》に銘《めい》じておきたい名言でしょう。

⬇**「非」は、ラ変動詞「あり」＋打消の助動詞「ず」**で、**必ず「…ニ」から返って「…にあらず」**と読みます。この「に」は断定の助動詞「なり」の連用形の「に」ですから、**その前は体言か活用語の連体形**です。

### もうひとヤマ　「匪」

「**匪**」も「非」と同じように使います。

我ガ心ハ匪ズレ石ニ、不ルレ可カラレ転《まろ》バス也。（詩経《しきょう》）

（我《わ》が心《こころ》は石《いし》に匪《あら》ず、転《まろ》ばすべからざるなり。）

「私の心は石ではない、ころがすことはできない。」

自分の心の堅固《けんご》さ、正しさは、外からの働きかけによって動じたりはしない、ということです。

## 演習ドリル

**次の漢文の傍線部を書き下し文にし、口語訳せよ。送りがなは省いてある。**

(1) 富貴非二吾願一。（陶潜《とうせん》）

(2) 無キハ二是《ぜ》非《ひ》之《の》心一非レ人也。（孟子《もうし》）

是非之心＝善悪を判断する心。

(3) 天之《の》亡ボスニシテレ我ヲ、非二戦之罪一也。（史記《しき》）

(4) 非二其君一不レ事。非ザレバ二其ノ民ニ一不レ使ハ。（孟子）

事＝つかフ。仕える。

(5) 下《くだル》レ民ニ之孽《わざはヒハ》匪レ降レ自レ天。（詩経）

自＝より。降＝くだル。

**【解答】** (1)富貴《ふうき》は吾《わ》が願《ねが》ひに非《あら》ず。訳富貴は私の望むところではない。(2)（是非《ぜひ》の心《こころ》無《な》きは）人《ひと》に非《あら》ざるなり。訳（善悪を判断する心のない者は）人間ではない。(3)（天《てん》の我《われ》を亡《ほろ》ぼすにして）戦《たたか》ひの罪《つみ》に非《あら》ざるなり。訳（天が私を亡ぼすのであって）戦い方がまずかったためではない。(4)其《そ》の君《きみ》に非《あら》ざれば事《つか》へず。（其《そ》の民《たみ》に非《あら》ざれば使《つか》はず。）訳自分の仕えるべき主君でなければ仕えず、（自分の使うべき人民でなければ使わない）。(5)（民《たみ》に下《くだ》るの孽《わざわ》ひは）天《てん》より降《くだ》るに匪《あら》ず。訳（人民に降りかかる災いは）天から降ってきたのではない。

☆

**【解説】** (1)「吾願」は「私の願い」の意。連体格の格助詞「が」が「…の」の意で「吾が願ひ」と読む。(2)・(3)とも、名詞（体言）から返り、断定の助動詞「也《なり》」に続くので「に非ざるなり」とならなければならない。(2)は、**孟子の性善説《せいぜんせつ》**の一節。(3)は「**四面楚歌《しめんそか》**」や「**鴻門の会《こうもんのかい》**」で有名な**項羽《こうう》**が部下の将兵に言ったことば。(4)は、後半の読み方がヒント。「非ざれば」は「非ずんば」でもよい。動詞「**事《つか》ふ**」の読みは覚えておこう。(5)の「**自**」は「**より**」で、**返読文字**。「降る」は四段動詞。人民自身の悪い行いが災いを招いたのだということ。「**匪**」は『詩経』のような古い時代の出典に用例が多い。

# 17 禁止形

勿《なカレ》二……連体形（コト）一

**読み** …（する）なかれ

**意味** …するな　…してはいけない

己《おのれ》ノ所レ不ルレ欲《ほっ》セ、勿カレレ施スコト二於人ニ一。（論語《ろんご》）

**読** 己《おのれ》の欲《ほっ》せざる所《ところ》、人《ひと》に施《ほどこ》すこと勿《な》かれ。

**訳** 自分がいやなことは、人にしてはいけない。

## ヤマを講義　禁止の強弱は文脈から

あるとき、弟子《でし》の**子貢**《しこう》が**孔子**《こうし》にたずねました。

「先生、一言《ひとこと》で、一生それをモットーにして行っていけるようないいことばがありましょうか?」

孔子はちょっと考えてから、こう答えました。

「それは『**恕**《じょ》』かな…。自分がいやなことは、人にしないということだ。」

➡『論語』の中でもたいへん人気のある、有名なことばです。「**恕**」は「思いやり」ということです。「**仁**《じん》」よりも少し具体的なことばといっていいでしょう。

➡「**勿**《な》**かれ**」は「**なし**」**という形容詞の命令形**ですから、活用語の連体形か、それに「コト」のついた形から返読します。「勿」以外の、「無・莫・毋」も同じように用います。「無」以外はふだんの日本語では使わない字ですが、形容詞の語幹ですから、漢字のままでよし。

➡**訳し方は**、「…するな」「…してはいけない」「…しないでくれ」など、**前後の流れから強弱を考えて**訳します。

## もうひとヤマ　禁止の「不可…」

**禁止形**は、「なかれ」のほかに、「べからず」があります。

「**不**レ**可**カラ二……ス一」（…すべからず）と返読します。

一寸《いっすん》ノ光陰**不**レ**可**カラレ軽ンズ。（朱熹《しゅき》）

（一寸《いっすん》の光陰《こういん》軽《かろ》んずべからず。）

「わずかな時間もむだにしてはいけない。」

「べからず」は**不可能**になることもありますから、注意しましょう。

## 演習ドリル

**次の(1)〜(3)の漢文を口語訳せよ。(4)(5)は傍線部を書き下し文にして、口語訳せよ。**

(1) 無《カレ》レ友《トスル》二不《ル》レ如《しカ》レ己《ニ》者《ヲ》一。（論語）

〔　　　〕

(2) 過《あやまテバ》則《チ》勿《カレ》レ憚《はばかルコト》レ改《ムルニ》。（論語）

〔　　　〕

(3) 臨《ンデハ》レ難《ニ》毋《カレ》二苟《いやシクモ》免《レントスル》一。（礼記《らいき》）

難＝困難。

〔　　　〕

(4) 酔《ゑヒテ》臥《ふス》二沙場《ニ》一君莫《レ》笑《フヲ》。（王翰《おうかん》）

沙場＝砂漠の砂の上。

〔　　　〕

(5) 貧賤之《の》交《リハ》不レ可レ忘。（後漢書《ごかんじょ》）

〔　　　〕

**【解答】** (1)自分に及ばない者を友にしてはいけない。(2)過ちを犯したら改めることをためらってはいけない。(3)困難に直面したときに、かりにもそこから逃げようとしてはいけない。(4)（酔《え》ひて沙場《さじょう》に臥《ふ》す）君笑《きみわら》ふ（こと）莫《な》かれ。**訳**（酔いつぶれて砂漠の砂の上に倒れ伏しても）君よ、笑ってくれるな。(5)（貧賤《ひんせん》の交《まじわ》りは）忘《わす》るべからず。**訳**（貧しくて地位もなかったころからの友情は）忘れてはならない。

**【解説】** (1)「己《おのれ》に如《し》かざる者《もの》を友《とも》とする無《な》かれ」。☆「如かざる」は「及ばない」の意。自分よりすぐれた友人を持て、ということ。(2)「過《あやま》てば則《すなわ》ち改《あらた》むるに憚《はばか》ること勿《な》かれ」。(3)「難《なん》に臨《のぞ》んでは苟《いや》しくも免《まぬか》れんとする毋《な》かれ」。困難からは逃げずに立ち向かえ、ということ。「苟しくも」は仮定形で、「かりにも」の意。(138ページ)(4)は唐《とう》の詩人王翰《おうかん》の「涼州詞《りょうしゅうし》」の一節。この句のあと、「葡萄《ぶどう》の美酒夜光《びしゅやこう》の杯《はい》」で始まる七言絶句《しちごんぜっく》「古来征戦幾人《こらいせいせんいくにん》か回《かえ》る」（昔から戦争に行った者が何人帰って来ただろうか）と続く。「笑ふ」は四段動詞。(5)「忘」は下二段動詞「忘る」。後漢《ごかん》の宋弘《そうこう》のことば。「糟糠《そうこう》の妻《つま》は堂《どう》より下《くだ》さず」（苦労をともにしてきた妻は出世したあとも家から追い出してはいけない）と対句《ついく》になっている。

## 18 不可能形

不レ可《べカラ》二……一（終止形）

読み　…（す）べからず

意味　…できない

朽《きう》木《ハ》不《ル》レ可《カラ》レ雕《ゑル》也。（論語《ろんご》）

読　朽木《きゅうぼく》は雕《え》るべからざるなり。

訳　腐《くさ》った木には彫刻することができない。

### ヤマを講義　不可能か禁止かは文脈から

ある日、講義が始まっているのに、**宰予**《さいよ》が昼寝をして姿を見せませんでした。虫のいどころが悪かったのか、**孔子**《こうし》は激怒して、吐《は》き捨てるようにこう言いました。

「腐った木は彫《ほ》ることができないし、ボロ土の土塀《どべい》には上塗《うわぬ》りできない。宰予のような者は叱《しか》ってもむだだ。」

性根《しょうね》の腐った人間には教育はできない、教えてもむだだと言っているのですが、昼寝ぐらいでちょっと叱りすぎではないか、という気もしますね。

⬇「べし」**は終止形につく助動詞**ですから、「べからず」であってももちろん活用語の終止形から返ってきます。

**ただし、ラ変型活用語には連体形につく**というきまりも古文と同じ。「あるべからず」のようになります。

⬇「べからず」が**禁止**であるか**不可能**であるかは、文脈上判断するしかありません。

⬇「可」も「不」も助動詞ですから、ひらがなにします。

### もうひとヤマ

「不可」の下に「勝」が入って、「あげて…（す）べからず」

**不レ可《カラ》二勝《あゲテ》……一**《ス》（あげて…すべからず）

と読み、「…しきれないほど多い」と訳す形があります。

**不レ可《カラ》二勝《ゲテ》　数《かぞフ》一。**（勝《あ》げて数《かぞ》ふべからず。）（留侯論《りゅうこうろん》）

「数えきれないほど多い」と訳します。

「勝」は「勝《た》ふ」＝「堪・耐」で、次のようにも読めます。

不レ可《カラ》レ勝《たフ》レ数《フルニ》。（数ふるに勝《た》ふべからず。）

数えることに耐えられないくらい多い、ということ。

## 演習ドリル

**1** 次の漢文の傍線部を書き下し文にし、口語訳せよ。送りがなは省いてある。

(1) 匹《ひっ》夫《ぷ》モ不レ可レ奪レ志也《なり》。（論語）
匹夫＝身分の低い卑しい人間。
［　　　　　　］

(2) 材木不レ可二勝一用。（孟子《もうし》）
用＝もちフ。
［　　　　　　］

(3) 不ンバレ違《たがへ》二農時ヲ一、穀《こく》不レ可二勝一食也《なり》。（孟子）
食＝くらフ。
［　　　　　　］

**2** 次の漢文に、書き下し文のように読むための返り点をつけよ。

(1) 小人壁《しょうじんへき》を懐《いだ》かば、以《もっ》て郷《きょう》を越《こ》ゆべからず。
小人懐璧、不可以越郷。（春秋左氏伝《しゅんじゅうさしでん》）

(2) 井蛙《せいあ》以《もっ》て海《うみ》を語《かた》るべからず。
井蛙不可以語於海。（荘子《そうし》）

**【解答】** **1** (1)（匹夫《ひっぷ》も）志《こころざし》を奪《うば》ふべからざるなり。訳（どんな地位や身分の低い人間でも）その人の志を奪うことはできない。(2)（材木《ざいもく》）勝《あ》げて用《もち》ふべからず。訳（材木は）使いきれないほど多い。(3)（農時《のうじ》を違《たが》へずんば、穀《こく》）勝《あ》げて食《くら》ふべからざるなり。訳（農耕の時期をはずさなければ、穀物は）食べきれないほど十分に収穫できる。

**2** (1)小人懐レ璧、不レ可二以越一レ郷。　☆　(2)井蛙不レ可三以語二於海一。

**【解説】** **1** (1)「也《なり》」に続けるので「べからざる」になる。「志」の送りがなは「ヲ」。「**匹夫**」は重要語。(2)の「**用**」は、ワ行上一段の「用ゐる」ではなく、漢文では慣用的に、**ハ行上二段**の「**用ふ**」を用いる。(3)の「**食**」も、漢文では「食《く》ふ」ではなくて、**ハ行四段活用**「**食《くら》ふ**」を用いる。

**2** (1)「壁→懐」は一字上でレ点。「郷→越」もレ点で、「越→可」が一二点だから、「越」の左下は一レの形になる。「小人」は重要語で、「**君子《くんし》**」の対義語《たいぎご》。訳つまらぬ人間が宝玉《ほうぎょく》を持っていたら、物騒《ぶっそう》で、無事に村を出ることができない。(2)「海→語→可」、いずれも一字ずつ返るから、一二三点。「**井の中の蛙《かわず》大海を知らず**」の意。訳井戸の中の蛙《かえる》は海について語ることができない。

# 19 不可能形

**不レ能ハ二……連体形（コト）……一**

読み　…（する）あたはず

意味　…できない

**其ノ人弗ルレ能ハレ応フル也。**（韓非子《かんぴし》）

読　其《そ》の人《ひと》応《こた》ふる能《あた》はざるなり。

訳　その人は答えることができなかった。

## ヤマを講義

### 「あたはず」か「よく」か

昔、楚《そ》の国で、盾《たて》と矛《ほこ》とを売っている人がいました。「さぁ買った買った。この盾は頑丈《がんじょう》で、何で突いても絶対に突き通すことはできないよ！」「さて、この矛はものすごく鋭くて、どんな物でも突き通すよ！　こっちも買ってくれ！」

で、見物の客に「じゃあ、その盾と矛とをぶつけたらどうなるんだい？」と言われて、その人は答えることができませんでした。「**矛盾**《むじゅん》」の語源のお話です。**話のつじつまが合わないこと**を「矛盾」といいますね。

**韓非子**は法治《ほうち》政治を唱えた戦国時代末期の人物ですが、この話では、儒家《じゅか》のあがめる、伝説上の聖天子である堯《ぎょう》と舜《しゅん》とが二人とも聖天子だというのは「矛盾」があると非難しています。

⬇「**能**」は「**不**」**で打ち消す場合だけ**「**あたはず**」と読み、連体形あるいは連体形プラス「コト」から返ってきます。

⬇原則的には肯定文で「あたふ」とは用いません。動詞として読む場合は「**能**《よ》**くす**（サ変）」です。

## もうひとヤマ

### 「よく」と読む「能」

「**不**」**で打ち消す以外は**、「**能**」**は**「**よく**」と読みます。

「不」ではなく「無」で打ち消す場合の形は、

**無シ二能ク……スル（モノ）一**（よく…するものなし）

「…することのできるものはない。」

「無し」へは連体形あるいは連体形プラス「モノ」から返ります。**肯定文では**「**能く…**」で「**…できる**」になります。

## 演習ドリル

次の漢文の傍線部を書き下し文にし、口語訳せよ。送りがなは省いてある。

(1) 唯《たダ》仁者《ノミ》能好レ人、能《ク》悪《にくム》レ人《ヲ》。(論語《ろんご》)

(2) 其《ノ》一《いつハ》能《よク》鳴《キ》、其《ノ》一《ハ》不レ能レ鳴。(荘子《そうし》)

(3) 左右皆泣《キ》莫二能仰視一。(史記《しき》)

左右＝側近の臣。

(4) 雖《いへどモ》二父母之《の》命《ト》一不レ能レ制也。(李娃伝《りあでん》)

(5) 謂《いフ》二学《ブニ》不《ト》レ暇《いとまアラ》者《ハ》、雖《モ》レ暇《アリト》亦不レ能レ学矣。(淮南子《えなんじ》)

**【解答】** (1)(唯《た》だ仁者《じんしゃ》のみ)能《よ》く人《ひと》を好《この》み、(能《よ》く人《ひと》を悪《にく》む)。**訳**(ただ仁者だけが、好むべき)人を好むことができ、(憎むべき人を憎むことができる)。 (2)(其《そ》の一《いつ》は能《よ》く鳴《な》き、其《そ》の一《いつ》は)鳴《な》く能《あた》はず。**訳**(一方は鳴くことができ、もう一方は)鳴くことができない。 (3)(左右皆泣《さゆうみなな》き)能《よ》く仰《あお》ぎ視《み》るもの莫《な》し。**訳**(側近の者はみな泣きだしてしまい、項王《こうおう》の顔を)仰ぎ見ることのできる者はいなかった。 (4)(父母《ふぼ》の命《めい》と雖《いえど》も)制《せい》する能《あた》はざるなり。**訳**(たとえ父母の命令であっても)とどめることはできない。 (5)(学《まな》ぶに暇《いとま》あらずと謂《い》ふ者《もの》は、暇《いとま》ありと雖《いえど》も亦《また》)学《まな》ぶこと能《あた》はず。**訳**(学ぶ暇がないという者は、暇があっても)学ぶことはできない。

☆

**【解説】** (1)直後の「能く人を悪む」がヒント。「好」は連用形にして「好み」と読む。 (2)「鳴く」は四段動詞。「鳴くこと」でもよい。飼っていた二羽の雁《がん》のことを言っている。 (3)の「仰視」は「仰ぎ視る」と上一段に読んだが、「仰視《ぎょうし》する」とサ変の連体形で読んでもよい。「能」は「よく」。「**四面楚歌**《しめんそか》」の場面。「**左右**」は**最重要語**の一つ。 (4)「制す」はサ変。連体形は「制する」。「也《なり》」があるので最後は「ざるなり」。 (5)は耳の痛いところである。「学ぶ」は四段動詞。「学ぶこと」と「コト」を入れたが、文法的にはなくても可。

# 20 不可能形

## 不レ得ニ……連体形＋ヲ一

**読み** …（する）をえず

**意味** …できない

荘《さう》不レ得レ撃《うツヲ》。（史記《しき》）

**読** 荘《そう》撃《う》つを得《え》ず。

**訳** 荘は撃つことができなかった。

↓「不レ得」は必ず「…ヲ得ず」と、「ヲ」という送りがなから返ります。「ヲ」の前は連体形です。

↓ただし、「虎穴に入らずんば虎子を得ず」の「得ず」のように、「得」には「**手に入れる**」意味もありますから、「不レ得」の形になっていても、いつも「できない」になるとは限りません。

### ヤマを講義　必ず「…ヲ得ず」と返る！

秦《しん》の本拠地である関中《かんちゅう》に先に入った**沛公**《はいこう》（劉邦《りゅうほう》・のちの漢《かん》の高祖《こうそ》）は、**項羽**《こうう》の怒りを恐れ、下手《したで》に出て、弁明のために鴻門《こうもん》に赴《おもむ》きます。よくテキストにある、有名な「**鴻門の会**《かい》」の場面です。

劉邦の弁明をあっさり受け入れた項羽は酒宴を開きます。項羽の腹心である**范増**《はんぞう》は、沛公をなきものにする絶好のチャンスと、剣舞《けんぶ》にかこつけて宴席で沛公を殺すよう、部下の**項荘**《こうそう》に命じました。

ところが、その動きを察知《さっち》した沛公の臣の**項伯**《こうはく》が剣舞に加わり、踊りながら、項荘の剣から沛公を守ります。それで「荘撃つを得ず」に終わってしまいます。

### もうひとヤマ　「得」は「できる」

「不」で打ち消さず、「**得レA**（Aするを得《う》）」になっている場合は、「Aすることができる」という意で、「**得**」**は可能**になります。

得レ免《タリ カルルヲ》。（免かるるを得たり。）（世説新語《せせつしんご》）

「免かれることができた」ですね。

## 演習ドリル

次の漢文の傍線部を書き下し文にし、口語訳せよ。送りがなを省いたものもある。

(1) 終《つひ》ニ不レ得レ帰レ漢。（資《し》治《じ》通《つ》鑑《がん》）
〔　　　〕

(2) 有リテレ兵守リレ関ヲ、不レ得レ入。（史記）
〔　　　〕

(3) 患《うれ》フレ不レ得二快ク飲一レ酒。（世説新語）
〔　　　〕

(4) 臣ハ不レ得二越エテレ官ヲ而有一ルヲレ功。（韓《かん》非《ぴ》子《し》）
官＝職分。功＝手柄。功績。
〔　　　〕

(5) 以テ二不材ヲ一得タリレ終フルヲ二其ノ天年ヲ一。（荘《そう》子《し》）
不材＝無用であること。天年＝天寿。
〔　　　〕

【解答】(1)（終《つい》に）漢《かん》に帰《かえ》るを得《え》ず。訳（とうとう）漢に帰ることができなかった。(2)（兵《へい》有《あ》りて関《かん》を守《まも》り）入《い》るを得《え》ず。訳（兵が関所を守っていて）入ることができない。(3)快《こころよ》く酒《さけ》を飲《の》むを得《え》ざるを患《うれ》ふ。訳十分に酒を飲めないことを残念に思っている。(4)（臣《しん》は）官《かん》を越《こ》えて功有《こうあ》るを得《え》ず。訳（家臣の者は）自分の職分を越えて功績をあげることはできない。(5)（不材《ふざい》を以《もっ》て）其《そ》の天《てん》年《ねん》を終《お》ふるを得《え》たり。訳（無用であるがゆえに）その天寿を全うすることができた。

【解説】(1)「漢」から「帰る」へは「漢に」。「帰る」は四段動詞、連体形から「を得ず」へ。「帰ることを」でもよい。(2)「入」は「はいる」ではなく「いる」。四段動詞である。(3)「快↓酒↓飲↓得↓不↓患」の順で読む。「飲レ酒」は「酒を飲むを」。ここから「得ず」で終わらず、さらに「患ふ」という動詞に返るので、「得ず」ではなく、「得ざるを」と読みたい。動詞には送りがなに「ヲニトつけて返る！」。(4)「官↓越↓功↓有↓得↓不」の順で読む。「レ」がポイント。人の職域（職分）にふみこんではならないということ。(5)は、可能（…デキル）の「得」の例。山中の大木が、木材として役に立たない木であったがために伐られず天寿を全《まっと》うできたという、「無用の用」をいう。

# 21 二重否定

無シレ不ざル（ハ）二……未然形……一

**読み** …（せ）ざる（は）なし

**意味** …しないものはない

無シレ不ルハレ知ラレ愛スルヲ二其ノ親ヲ一。（孟子《もうし》）

**読** 其《そ》の親《おや》を愛《あい》するを知《し》らざるは無《な》し。

**訳** 自分の親を愛することを知らない者はない。

## ヤマを講義　二重否定は直訳型で覚えよ

人間には、学ばなくても生来《せいらい》そなわっている善なる心があり、さればこそ、ほんの二、三歳の幼児でも親を愛することを知らない者はなく、大きくなれば、自分より年上の兄を敬《うやま》うことを知らない者はない。この、親を愛する心が「仁《じん》」のもとであり、目上を敬う心が「義」のもとである、と孟子は言っています。

⬇**二重否定**は、イコール**強い肯定**ですから、たとえば右の例文も、「誰《だれ》だって親を愛することは知っている」のように訳してもいいのですが、**ひとまず語順どおりの直訳型で覚えておく**ほうがいいでしょう。

⬇「不」「無」「非」の三つの否定の基本形の理屈がわかっていれば、二重否定はたいへん簡単です。

「不」**は未然形から返ります**し、「無」**は連体形から返ります**から、「…せざる無し」。「ざるは無し」のように「は」を入れることもあります。入れるか入れないかは、読んだときの語呂《ごろ》の問題で、別にきまりはありません。

## もうひとヤマ　AとしてB（せ）ざるは無し

「無」と「不」の間に名詞が入る形があります。

無シ二Aトシテ不ルハレBセ（AとしてBせざるはなし）

「どんなAでもBしないものはない」のように訳します。

無シ二草トシテ不ルハレ死かレ。（草《くさ》として死《か》れざるは無《な》し。）（詩経《しきょう》）

「どんな草でも枯れないものはない。」

同じような形に、「無シ二Aトシテ無キハレB」（AとしてBなきはなし）「どんなAでもBがないことはない」もあります。

## 演習ドリル

次の漢文の傍線部を書き下し文にし、口語訳せよ。送りがなを省いてある部分がある。

(1) 為《なセバ》二無為《ヲ》一則《チ》無レ不レ治。（老子《ろうし》）

「　　　　」

(2) 吾《ガ》矛《ほこ》之《の》利《とキコト》於《イテ》レ物《ニ》無レ不レ陥也《なり》。（韓非子《かんぴし》）

利＝鋭い。陥＝とほス。突き通す。

「　　　　」

(3) 偶《たまたま》々有《リ》二名酒一、無二夕不一レ飲。（陶潜《とうせん》）

「　　　　」

(4) 苟《いやシクモ》得《バ》二其《ノ》養《ヒヲ》一、無二物不一レ長。（孟子）

「　　　　」

(5) 父子君臣夫婦《ハ》、無二国無一レ之。（日本政記《にほんせいき》）

「　　　　」

**【解答】** (1)（無為《むい》を為《な》せば則《すなわ》ち）治《おさ》まらざる無《な》し。**訳**（人為を用いない政治をすれば）治まらないものはない。(2)（吾《わ》が矛《ほこ》の利《と》きこと物《もの》に於《お》いて）陥《とお》さざる無《な》きなり。**訳**（私の売っているこの矛の鋭いことといったら、どんな物でも）突き通さないものはない。(3)（偶《たまたま》々名酒《めいしゅ》有《あ》りがあって）夕《ゆうべ》として飲《の》まざるは無《な》し。**訳**（折しもいい酒があって）どんな晩でも飲まないことはない。(4)（苟《いや》しくも其《そ》の養《やしな》ひを得《え》ば）物《もの》として長《ちょう》ぜざるは無《な》し。**訳**（もし正しく養うことができれば）どんな物でも成長しないものはない。(5)（父子君臣夫婦《ふしくんしんふうふ》は）国《くに》として之《これ》無《な》きは無《な》し。**訳**（父と子、君と臣、夫と妻、この関係は）どんな国でもこれがない国はない。

☆

**【解説】** (1)「治」は、ここでは下二段の「治む」ではなく、四段の「治まる」。(2)は、下に断定の「也《なり》」があるので「無」は連体形になって「無きなり」。**「矛盾《むじゅん》」**の故事の一節。(3)の「飲む」は四段動詞。(3)・(4)は、**「夕として」「物として」**の読み方に注意。つまりは、毎晩飲むということ。(4)の「長」は「長ず」と読んでサ変動詞。(5)は、「AとしてBなきはなし」の形。**「国として」**という読み方がポイント。「之」は「父子君臣夫婦」をさす。

## 22 二重否定

# 無シレ非ザル(ハ)二……ニ一

**読み** …(に)あらざる(は)なし

**意味** …でないものはない

立ツルハ二我ガ烝民《じょうみん》ヲ一、莫《な》シレ匪《あら》ザル二爾《なんぢ》ノ極ニ一。（十八史略《じゅうはっしりゃく》）

**読** 我《わ》が烝民《じょうみん》を立《た》つるは、爾《なんじ》の極《きょく》に匪《あら》ざる莫《な》し。

**訳** われわれ人民の暮らしが成り立つのは、天子様の徳のおかげでないものはない。

**ヤマを講義** 「……に」非ざる無し

太古《たいこ》の聖天子**堯**《ぎょう》は、天下を治めること五十年、はたして世が治まっているのかどうなのか、わかりませんでした。側近の者や役人たちに聞いてみてもよくわかりません。そこでお忍《しの》びで町に出かけてみると、子どもたちがみんなで歌を歌っています。

私たちの暮らしはみんな天子様のおかげです。
知らず知らずに天子様のおっしゃるとおりにしています。

ところがある老人は、口に食べものをほおばり、腹つづみを打って足を踏みならしながら、こう歌っていました。

日が上《のぼ》れば働き、日が沈めば休む。
井戸掘って水飲み、耕して食べる。
天子様のお力なんて、私には関係ない。

「**鼓腹撃壌**《こふくげきじょう》」という有名なお話です。人民が治められている意識を持たないくらい、堯の治世が平穏だったということを言いたいわけです。

↓「**莫**」は「**無・勿・毋**」と同じ。「**匪**」は「**非**」と同じ。

↓まず「**匪ず**」へは「…ニ」から返り、「匪ず」から「**莫し**」へ行くには**連体形が必要**ですから、「…に匪ざる莫し」。「匪ざるは莫し」のように「は」を入れてもよし。

**もうひとヤマ** AとしてBに非ざるは無し

「非ざるは無し」にも次のようなケースがあります。

**無**シ二**A**トシテ **非**ザルハレ**B**ニ一 （AとしてBにあらざるはなし）

「AなのはなんといってもBだ。」

## 演習ドリル

次の漢文の(1)〜(3)の傍線部を書き下し文にし、口語訳せよ。(4)(5)の傍線部は口語訳のみ。

(1) 普《あまね》ク天之《の》下莫レ非二王土一。(春秋左氏伝《しゅんじゅうさしでん》)

〔　　　　〕

(2) 一民モ莫レ非二其臣一也。(孟子《もうし》)

〔　　　　〕

(3) 吉《きっ》凶《きょう》禍《くわ》福《ふく》ハ莫レ非レ命也。(孟子)

命＝天命。

〔　　　　〕

(4) 湖《こ》山《ざん》之間無シ二非ザルレ兵ニ者一。(日本外史《にほんがいし》)

〔　　　　〕

(5) 靡《な》ク二瞻《み》ルトシテ匪ザルハレ父ニ、靡シ二依《よ》ルトシテ匪ザルハレ母ニ。(詩経《しきょう》)

依＝頼りにするものとしては。

〔　　　　〕

**【解答】** (1)(普《あまね》く天《てん》の下《した》)王土《おうど》に非《あら》ざる(は)莫《な》し。訳(この天下はすべて)王の土地でないものはない。(2)(一民《いちみん》も)其《そ》の臣《しん》に非《あら》ざる(は)莫《な》きなり。訳(一人の人民も)王の臣民でないものはない。(3)(吉《きっ》凶《きょう》禍《か》福《ふく》は)命《めい》に非《あら》ざる(は)莫《な》きなり。訳(人生の吉凶《きっきょう》、禍福《かふく》は)天命でないものはない。(4)(湖と山の間は)兵士でない者はない。(5)(仰ぎ見る人は何といっても父であり)頼りにする人は何といっても母である。

☆

**【解説】** (1)あとに、「卒土《そっと》の浜《ひん》、王臣《おうしん》に非ざるは莫し」(土地が続く限りどんな辺地に住んでいても、王の臣でない者はない)という一文があり、対句《ついく》になっている。「天下はすべて王の土地である」と訳しても可。(2)にも、「尺地《せきち》も其《そ》の有《ゆう》に非ざるは莫く」(ほんの一尺《いっしゃく》の土地でも殷《いん》の土地でないものはなく)が上にあり対句になっている。「也《なり》」があるから「莫きなり」になる。(3)も、文末に「也」があるから「莫きなり」。(4)「湖山《こざん》の間兵《かんぺい》に非《あら》ざる者《もの》無《な》し」。「湖」は琵琶湖《びわこ》。「兵士でない者はない」ということは、「兵士でうずめつくされた」ということ。(5)の形の例は非常に稀《まれ》である。「瞻《み》るとして父《ちち》に匪《あら》ざるは靡《な》く、依《よ》るとして母《はは》に匪《あら》ざるは靡《な》し」。

# 23 二重否定

**非《ズ》レ不《ざルニ》二…………一**（未然形）

**読み**

**……（せ）ざるにあらず**

**意味**

**……しないのではない**
**……しないわけではない**

非《ズ》レ不《ルニ》レ説《よろこバ》二子《し》之《の》道《ヲ》一。（論語《ろんご》）

**読** 子《し》の道《みち》を説《よろこ》ばざるに非《あら》ず。

**訳** 先生の教えを喜ばしく思わないわけではない。

## ヤマを講義

### 連体形「ざる」＋「に非ず」

ある日、弟子《でし》の**冉求**《ぜんきゅう》が**孔子**《こうし》にこう言いました。

「私は先生のお教えを喜ばしく思っていないわけではありません。ただ、私の力が足りないのです。」

孔子は冉求をじっと見つめて言いました。

「冉求よ、力のない者は中途《ちゅうと》で倒れるものだ。『**女**《なんじ》**は画**《かぎ》**れり**』（おまえは自分で自分に見切りをつけている）。」

「女は画れり」、いいことばですね。ほんとうに力があるかないかは、努力してみたうえでなければわかりません。「ぼくなんか、ダメですよ」とか、「ぼくの力じゃE大くらいがいいところですよ」とか言ったりしてませんか。そういうのは、あらかじめ努力の量を減らしたいための弁解ではないでしょうか。やってみてもダメなこともあるかもしれませんが、ほんとうにダメか、ダメじゃないかは、やってみなければわからないはずです。

➡まず、「不」へは**未然形から返り**、「**非ず**」**へ返るために**は、**連体形プラス**「**に**」ですから、「ず」を連体形「ざる」にして「…せざるに非ず」となります。

**送りがながない文を読まなければならない場合**、こういう**文法上の知識が大切**です。

➡意味は、まず「不」は「…しない」、「非」は「…ではない」ですから、語順どおりつないで、「…しないのではない」。「しないのではない」ということは、「当然…する」ということですが、**まず直訳型で覚えましょう。**

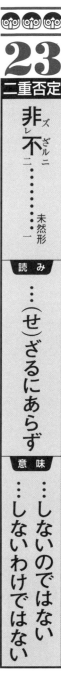

## 演習ドリル

次の漢文の傍線部を書き下し文にし、口語訳せよ。送りがなを省いてある部分がある。

(1) 地ハ非ザル㆑不ルニ㆓広ク且《か》ツ大ナラ㆒也。（荘子《そうし》）

〔　　　　〕

(2) 不ル㆑為《な》サ也《なり》。非㆑不㆑能也。（孟子《もうし》）

〔　　　　〕

(3) 非㆑不㆑悪㆑寒也。（韓非子《かんぴし》）

悪＝にくム。

〔　　　　〕

(4) 城非ザル㆑不ルニ㆑高カラ也。池非㆑不㆑深也。（孟子）

池＝城壁の囲いの堀。

〔　　　　〕

(5) 米《べい》粟《ぞく》非㆑不㆑多也。（孟子）

〔　　　　〕

**【解答】** (1)地《ち》は広《ひろ》く且《か》つ大《だい》ならざるに非《あら》ざるなり。訳 地は広くしかも大きくないわけではない（＝たいへん広大である）。 (2)（為《な》さざるなり。）能《あた》はざるに非《あら》ざるなり。訳（しないのである。）できないのではない。 (3)寒《かん》を悪《にく》まざるに非《あら》ざるなり。訳 寒さをきらわないわけではない。 (4)（城高《しろたか》からざるに非《あら》ざるなり。）池深《いけふか》からざるに非《あら》ざるなり。訳（城壁が高くないのではない。）堀が深くないのではない。 (5)米粟多《べいぞくおお》からざるに非《あら》ざるなり。訳（兵糧《ひょうろう》の）穀物が多くないわけではない（＝少ないわけではない）。

☆

**【解説】** (1)**「且つ」**は「しかも・そのうえ」。（　）に示したような訳し方のほうがふつうであろう。 (1)から(5)まで、すべて文末に断定の「也《なり》」があるので、末尾は、(1)と同じく「非ざるなり」になる。 (2)は斉《せい》の宣《せん》王に対して、「王道政治」を行うことについて孟子が言ったことば。 (3)韓《かん》の昭公《しょうこう》が、居眠りをしていた自分に着物をかけた冠《かんむり》係の役人を、着物係の役人の職域を侵《おか》した罪で罰しようとしたときのことば。「寒を」は「寒さを」でもよい。**「悪」に「にくむ」の読みがあることは必ず**覚えておこう。 (4)は前半がヒント。「深し」は、「高し」と同じク活用の形容詞。 (5)の「多し」もク活用の形容詞。

## 24 二重否定

非《ズ》レ無《キニ》二……一　体言・連体形

読み　…なきにあらず

意味　…がないものはない
　　　…がないわけではない

# 丈《ぢやう》夫《ふ》非《ズ》レ無《キニ》レ涙。

（古文真宝《こぶんしんぽう》）

読　丈夫涙《じょうふなみだ》無《な》きに非《あら》ず。

訳　一人前の男といえども涙がないわけではない。

### ヤマを講義　連体形「無き」＋「に非ず」

陸魯望《りくろぼう》という詩人の「離別《りべつ》」と題する詩の一節です。

丈夫涙《じょうふなみだ》無《な》きに非《あら》ず　離別の間《かん》に灑《そそ》がず
剣《けん》に仗《よ》りて樽酒《そんしゅ》に対《たい》し　游子《ゆうし》の顔《がん》を為《な》すを恥《は》づ
蝮蛇《ふくだ》一《ひと》たび手《て》を螫《さ》せば　壮士《そうし》疾《すみや》かに腕《うで》を解《と》く
思《おも》ふ所《ところ》は功名《こうみょう》に在《あ》り　離別は何《なん》ぞ歎《なげ》くに足《た》らん

⬇「**丈夫**」あるいは「**大丈夫**」**は重要単語**で、「一人前の男・すぐれた男」の意です。「**游子**」は「旅人」、「**壮士**」は「元気さかんな心意気《こころいき》を持った男」です。

大丈夫といえども決して涙を流すことがないわけではない。ただ、別れにあたって涙を流したりはしない。男たるもの、もっと大きなことに涙を流すものだ、ということを言いたいわけです。

「蝮蛇一たび」云々《うんぬん》の二句は、マムシに手をかまれたら、壮士はただちに腕を切り落とす、つまり、大事の時には、害がほかに及ぶことを考えて、勇気を持ってその本《もと》を断つ、ということを言っています。

⬇「**無し**」には、体言あるいは活用語の連体形、あるいは活用語の連体形に「モノ」か「コト」がついた形から返ってきます。「無」から「**非ず**」**へは**、**連体形プラス**「**ニ**」**が必要**ですから、「無きに非ず」。

⬇意味は、まず「無し」が「…がない」、「非ず」は「…ではない」ですから、つなぐと「…がないのではない」になりますが、「…がないわけではない」という訳のほうがあてはまるケースも多いようです。

## 演習ドリル

**次の漢文の傍線部を書き下し文にし、口語訳せよ。送りがなを省いてある部分がある。**

(1) 非レ無二賢人一也。（荀子《じゅんし》）

(2) 古《いにしへ》之《の》人モ非レ無レ宝也。（呂氏春秋《りょししゅんじゅう》）

(3) 吾ガ所《いは》謂《ゆる》空《むな》シトハ、非レ無レ馬也。（韓愈《かんゆ》）

(4) 時ニ非ズレ無キニシモ二范《はん》蠡《れい》一。（日本外史《にほんがいし》）

范蠡＝人名。

(5) 雖《いへど》モ二信否未ダレ可トレ知ル、非レ無二其謂《いはれ》一也。（日本外史）

謂＝理由。

**【解答】** (1)賢人《けんじん》無《な》きに非《あら》ざるなり。訳賢人がいないというわけではない。 (2)（古《いにしえ》の人《ひと》も）宝《たから》無《な》きに非《あら》ざるなり。訳（昔の人も）宝を持っていなかったわけではない。 (3)（吾《わ》が所謂空《いわゆるむな》しとは）馬無《うまな》きに非《あら》ざるなり。訳（私の言うところの空しいとは）馬がいないことではない。（よい馬がいないということである。） (4)（時《とき》に）范《はん》蠡無《れいな》きにしも非《あら》ず。訳（今日とて）范蠡（のような忠臣）がいないわけではない。 (5)（信否未《しんぴいま》だ知るべからずと雖《いえど》も）其《そ》の謂無《いわれな》きに非《あら》ざるなり。訳（たといこのことが信《まこと》であるか否《いな》かは知ることができないとしても）その理由がないわけではないのである。

☆

**【解説】** (1)・(2)・(3)・(5)とも、文末の「也《なり》」に続けるので、終わり方は、「非ざるなり」になる。また、いずれの例文も名詞（体言）から「無」に返る形。**「無し」は名詞から返る場合は送りがなはなし**で、「賢人無し」のように、直《じか》に返ればよい。 (4)は有名な句で、「無きに非ず」でいいのであるが、昔から「無きにしも非ず」と読みならわしている。范蠡《はんれい》は、春秋時代の越《えつ》の王勾践《こうせん》の功臣《こうしん》だった人物。

## 25 二重否定

**未《いまダ》《ず》三嘗《かつテ》不《ずンバアラ》二……未然形一**

**読み** いまだかつて…(せ)ずんばあらず

**意味** 今まで一度も…しなかったことはない

**客至《レバ》、未《ダ》三嘗《かつテ》不《ンバアラ》二置酒《セ》一。**（唐宋八家文《とうそうはっかぶん》）

**読** 客至《かくいた》れば、未《いま》だ嘗《かつ》て置酒《ちしゅ》せずんばあらず。

**訳** 客が来ると、今まで一度も酒を出さなかったことはない。

### ヤマを講義 「ずんばあらず」は覚えよう

宋《そう》の時代の大文豪**蘇軾**《そしょく》（号は東坡《とうば》）の「東皐子伝《とうこうしでん》の後《あと》に書《しょ》す」という文章の一節です。

私は、一日中酒を飲んでみても、五合にすぎない。天下に私ほど飲めない者もあるまい。しかし、私は人が飲むのは好きで、人がスイスイ飲むのを見ていると胸がスーッとして、その酔い心地は、飲んでいる当人以上だ。

そのあとに、蘇軾はこう書いています。

閑居《かんきょ》に未《いま》だ嘗《かつ》て一日《いちじつ》として客無《な》くんばあらず。
客至《かくいた》れば、未《いま》だ嘗《かつ》て置酒《ちしゅ》せずんばあらず。

私のわび住まいには、一日だって客のない日はなく、客が来れば酒を出さなかったことは一度もない。

↓**再読文字**「**未**」は、そもそも「嘗《かつ》て」といっしょに用いられることが多いのですが、その下に「不」があって二重否定になると、「**未だ嘗て…せずんばあらず**」という、特徴のある読み方になります。

↓「**ずんばあらず**」は、打消の「ず」の連用形「ず」に係助詞「は」がついた「ずは」という仮定の形が、間に撥音「ン」が入ったために濁音化して「ずんば」になり、ラ変動詞の未然形「あら」に、打消の「ず」がついたものです。

### もうひとヤマ 未だ嘗て…無くんばあらず

「未嘗不…」でなく、「**未嘗無…**」の形があり、「いまだかつて…なくんばあらず」になります。「今まで一度も…がなかったことはない」。上の例がそうです。

閑居《ニ》**未**《ダ》二**嘗**《テ》一日《トシテ》**無**《クンバアラ》レ客。

## 演習ドリル

**1 次の漢文を書き下し文にせよ。(1)(3)は送りがなを省いてある部分がある。**

(1) 未三嘗不二与《と》レ書倶《とも》ニセ一。(陸游《りくゆう》)

〔　　〕

(2) 未ダル五嘗テ不ンバアラ四嘆二-息痛三-恨セ於桓・霊ニ一也。

桓・霊＝桓帝・霊帝。(前出師表《ぜんすいしのひょう》)

〔　　〕

(3) 天下ニ未三嘗無二賢者一。(管仲論《かんちゅうろん》)

〔　　〕

**2 次の漢文に、書き下し文のように読むための返り点をつけよ。**

(1) 吾《われ》未《いま》だ嘗《かつ》て見《まみ》ゆるを得《え》ずんばあらざるなり。

吾 未 嘗 不 得 見 也。(論語《ろんご》)

(2) 未《いま》だ嘗《かつ》て暗《ひそ》かに泣《な》きて時《とき》を移《うつ》さずんばあらず。

未 嘗 不 暗 泣 移 時。(謝小娥伝《しゃしょうがでん》)

**【解答】** 1 (1)未《いま》だ嘗《かつ》て書《しょ》と倶《とも》にせずんばあらず。(訳今まで一度も書物といっしょでないことはなかった。＝いつも書物といっしょだった。) (2)未《いま》だ嘗《かつ》て桓《かん》・霊《れい》に嘆息痛恨《たんそくつうこん》せずんばあらざるなり。(訳今まで桓帝と霊帝の行為を嘆き恨まなかったことはない。＝いつも嘆き恨んでいた。) (3)天下《てんか》に未《いま》だ嘗《かつ》て賢者《けんじゃ》無《な》くんばあらず。(訳天下に賢者がいなかったことは今までに一度もない。＝天下にはいつも賢者はいた。)

2 (1)吾未二嘗不一レ得レ見也。 (2)未三嘗不二暗泣移レ時。

☆

**【解説】** 1 (1)「与」は「与レA」と返って読んで「と」。(2)『三国志《さんごくし》』で有名な諸葛孔明《しょかつこうめい》が、仕えてきた劉備《りゅうび》亡きあと、若い帝の劉禅《りゅうぜん》に、宿願《しゅくがん》であった魏《ぎ》討伐のために出兵するにあたっての決意を表明した「前出師表」の一節。昔から名文として知られている。一から五までの返り点も珍しいが、「嘆息」と「痛恨」と二つ続く二字の熟語の「二・三」点のつけ方が珍しい例文。(3)「ずんばあらず」と同じように、「無くんばあらず」と読む形。

2 (1)「不」の左下につく「レ」がポイント。訳私は今まで一度もお目にかかれなかったことはない。(2)「移」の左下が「レ」で、一二三点がつく。訳今までひそかに泣いて時を過ごさなかったことはない。(いつも泣いて過ごしていた。)

## 26 二重否定

不㆔敢《あ》ヘテ不《ず》ンバアラ㆓……㆒
未然形

**読み**　あへて…(せ)ずんばあらず

**意味**　…しないわけにはいかない

不ル㆓敢ヘテ不ンバアラ㆑告ゲ也。（論語《ろんご》）

読　敢《あ》へて告《つ》げずんばあらざるなり。

訳　告げないわけにはいかない。

### ヤマを講義　「…しないわけにはいかない！」

斉《せい》の国で、実力者であった陳成子《ちんせいし》が簡公《かんこう》を殺すという事件があったとき、**孔子**《こうし》は魯《ろ》の哀公《あいこう》に、陳成子を討つように進言しましたが、聞き入れてもらえませんでした。

孔子はそのころ七十二歳でしたが、名誉職のような形で国政に参与する大夫《たいふ》の立場にありました。

朝廷から退出した孔子はこう言って嘆きました。

「むだだとは思ったが、私も大夫の末席についている以上は、申し上げないわけにはいかなかったのだ。」

孔子の時代、つまり春秋時代末期は、政治的な実権を握った人物が、主君をないがしろにしたり、殺して国を奪ったりといったことが横行した時代でした。孔子のいた魯の国でも、孟孫《もうそん》・叔孫《しゅくそん》・季孫《きそん》の三氏が権力を握り、哀公自身では何もできない状態だったのです。

⬇この形も、「**ずんばあらず**」**という読み方に特徴**があります。「…しなかったら、いられない」ということから、「…しないわけにはいかない」とか、「…せずにはいられない」「…しなければならない」という訳になるわけです。

### もうひとヤマ　「ずんばあらず」の形

「不…不…」で「ずんばあらず」の読み方をする形には、ほかにも、「敢へて」のかわりに「必ずしも」が入る例があります。

**不㆓必ズシモ不ンバアラ㆑A セ**　（必ずしもAせずんばあらず）

「必ずしもAしない（Aでない）ことはない。」

これは次にやる**部分否定**の形でもあります。

## 演習ドリル

**次の漢文(1)(2)を書き下し文にせよ。(3)〜(5)は傍線部を書き下し文にして、口語訳せよ。**

(1) 喪《も》ノ事ハ不㆓敢ヘテ不㆒㆑ンバアラ勉メ。（論語）

〔　　　　〕

(2) 不㆔敢ヘテ不㆓ンバアラ具《ぐ》シ㆑状ヲ聞《ぶん》奏《そう》セ㆒。（蒙求《もうぎゅう》）

〔　　　　〕

(3) 有レバ㆑所㆑不ル㆑足ラ、不㆓敢不㆒㆑勉。（中庸《ちゅうよう》）

〔　　　　〕

(4) 臣為ニ㆓陛下ノ㆒択《えら》ブ㆑人ヲ、不㆓敢不㆒㆑慎。（十八史略《じゅうはっしりゃく》）

〔　　　　〕

(5) 弟子不㆓必不㆒㆑如㆑師。（唐宋八家文《とうそうはっかぶん》）

〔　　　　〕

**【解答】** (1)喪《も》の事《こと》は敢《あ》へて勉《つと》めずんばあらず。（訳葬儀にはできる限り勉めなければならない。） (2)敢《あ》へて状《じょう》を具《ぐ》し聞奏《ぶんそう》せずんばあらず。（訳事情を詳しく記し、奏上しないわけにはいかない。） (3)（足《た》らざる所《ところ》有《あ》れば）敢《あ》へて勉《つと》めずんばあらず。訳（自分に足りないところがあれば）努力しないわけにはいかない。 (4)（臣陛下《しんへいか》の為《ため》に人《ひと》を択《えら》ぶ）敢《あ》へて慎《つつし》まずんばあらず。訳（私は陛下のために人材を選んでおります）慎重にならないわけにはいかない。 (5)弟子《ていし》は必《かなら》ずしも師《し》に如《し》かずんばあらず。訳弟子が必ずしも師に及ばないということはない。

☆

**【解説】** (2)は、『蒙求』という書物（古人のエピソードを集めた、幼少年向けの教科書のような本）がすぐれているので、著者李瀚《りかん》を天子に推挙《すいきょ》するということを述べている一文。(3)は(1)と同じ。「勉む」は下二段活用。(4)「慎む」は四段活用。(5)は、韓愈《かんゆ》の「師説《せつ》」という有名な文章の中の一文。「**不必…**」は**部分否定**の形なので、「必ずしも…ず」と読む。「如」は「百聞は一見に如かず」(120ページ)の「如く」（及ぶ）で、四段活用。

## 27 二重否定

**不レ可カラレ不ル二……一**（未然形）

**読み** …（せ）ざるべからず

**意味** …しなければならない

# 父母之《の》年ハ不ルレ可カラレ不ルレ知ラ也。

（論語《ろんご》）

**読** 父《ふ》母《ぼ》の年《とし》は知《し》らざるべからざるなり。

**訳** 父母の年齢は知っていなければならない。

## ヤマを講義 「不」＋禁止の「べからず」

「父母の年齢は知っていなければならない。一つにはそれで長生きを喜び、一つには老い先を気づかうために」と、**孔子《こうし》**は言っています。

自分もだんだんと年をとってくると、あたりまえですが、両親も年をとってゆくわけです。「**孝行のしたい時分《じぶん》に親はなし**」という後悔《こうかい》の川柳《せんりゅう》は、おそらくたいがいの人が味わう思いなのではないでしょうか。

親に対する「**孝**」という道徳観は、儒家《じゅか》の世界では非常に重要なものでした。『**孝経《こうきょう》**』という書物もあるくらいで、その中に、いいことばがあります。

「**身体髪膚之《しんたいはっぷこれ》を父母《ふぼ》に受《う》く。敢《あ》へて毀傷《きしょう》せざるは、孝《こう》の始《はじ》めなり**」（からだ、髪一本、皮膚の一片に至るまで、これは父母からいただいた大切なものである。身を慎《つつし》んで少しでも傷つけないようにすることが、親孝行の第一歩である）。

➡**一度「不」で打ち消した内容を「べからず」で禁止して、**「…しないことがあってはいけない」から、「…しなければならない」となるわけです。

## もうひとヤマ 「不得不」と「不能不」

次の形は、「**不**」プラス**不可能**の例です。

**不レ得《え》ルヲレ不レA**セ（Aせざるをえず）

**不レ能《あた》ハレ不ルレA**セ（Aせざるあたはず）

「…しないことはできない」から、「…しないではいられない。…しないわけにいかない」になります。

## 演習ドリル

**次の漢文の傍線部を書き下し文にし、口語訳せよ。(1)～(4)は送りがなを省いてある。**

(1) 言ハ不レ可レ不レ慎也。（論語）

「　　　」

(2) 怨《うら》ミハ則チ不レ可レ不レ忘。（菜根譚《さいこんたん》）

「　　　」

(3) 夫《そ》レ人ハ不レ可レ不二自勉一。（後漢書《ごかんじょ》）

「　　　」

(4) 士ハ不レ可三以不二弘毅一。（論語）

弘毅＝度量が広く、意志が強い。

「　　　」

(5) 不レ得二陳《の》ベテレ言ヲ而不ルヲレ当タラ。（韓非子《かんぴし》）

「　　　」

【解答】 (1)（言《げん》は）慎《つつし》まざるべからざるなり。訳（ことばは）慎重でなければならない。 (2)（怨《うら》みは則《すなわ》ち）忘《わす》れざるべからず。訳（人に対する怨みは）忘れなければならない。 (3)（夫《そ》れ人《ひと》は）自《みずか》ら勉《つと》めざるべからず。訳（そもそも人は）自分から努力しなければならない。 (4)（士《し》は）以《もっ》て弘毅《こうき》ならざるべからず。訳（士たる者は）度量が広く、意志が強くなければならない。 (5)言《げん》を陳《の》べて当《あ》たらざるを得《え》ず。訳意見を述べたら、そのとおりにできないわけにはいかない。

☆

【解説】 (1)「慎む」は四段活用。「也《なり》」があるので最後は「べからざるなり」。 (2)「忘る」は下二段活用。 (3)「勉む」は下二段活用。「自」はここでは「自分から」の意で、「みずから」と読みたい。 (4)「**不可不…**」**は原則としては三文字離れないが**、この例文のように「以て」が入ることがある。「弘毅」は名詞なので、名詞につく断定の助動詞「なり」を送りがなにつけ、「なり」を未然形にして「不」に接続させる。孔子の弟子の曽子《そうし》のことば。(5)は韓非子の「刑名審合《けいめいしんごう》」（名と実、つまり、言ったことと行動の、言行の一致を厳しく求める考え方）を述べた文章の一節。

## 28 部分否定

**不二常ニハ……（未然形）一**

**読み** つねには…（せ）ず

**意味** いつも…とは限らない

千里ノ馬ハ常ニ有レドモ 伯楽ハ不二常ニハ有一ラ。（雑説《ざっせつ》）

**読** 千里《せんり》の馬《うま》は常《つね》に有《あ》れども伯楽《はくらく》は常《つね》には有《あ》らず。

**訳** 名馬はいつもいるが、伯楽はいつもいるとは限らない。

### ヤマを講義

**「不」＋副詞＝部分否定**

**「千里の馬」**は、一日に千里を走るような名馬のこと、**「伯楽」**は、馬のよしあしを見分ける名人のことです。もともと「伯楽」というのは星の名ですが、それが天界で天馬《てんま》の飼育係であることから、地上における馬の鑑定の名人の意で使われるようになったものです。

**韓愈《かんゆ》**はしかし、馬の話をしているのではありません。「千里の馬」は、有能な人材、「伯楽」は、そうした人材を見抜いて登用《とうよう》する目を持った、すぐれた君主や為政者《いせいしゃ》をたとえているのです。

「この世の中には、有能な人材はいつの世にもいる。しかし、それを見出す目を持った立派な人物はいつもいるとは限らない」ということです。

⬇「いつもいるとは限らない」ということは、いることもあるが、いないこともある、ということですね。こういう形の否定を**「部分否定」**（一部否定）といいます。

**部分否定**の形では、**副詞「常」**が、**否定の「不」**の下にあり、読み方も「つねには」と「は」が入ります。

### もうひとヤマ　全部否定

「常」が「不」の上にくると、全面的な否定になります。「常」の読み方も「つねに」で、「は」は入りません。

**常ニ不レ有ラ。**（つねに有らず。）「いつもいない。」

全部否定の形は、傍線部の部分否定のついでに、「語順がこうだったらどのように違うか？」と質問されるくらいで、**大事なのは、部分否定**のほうです。

## 演習ドリル

1 次のA・Bの漢文の傍線部を書き下し文にし、意味の違いがよくわかるように口語訳せよ。

A 家貧シクシテ不㆓常得㆒㆑油。 (蒙求《もうぎゅう》)

〔　　　　〕

B 家貧シクシテ常不㆑得㆑油。

〔　　　　〕

2 次の漢文の傍線部を書き下し文にし、口語訳せよ。送りがなを省いてある。

(1) 性嗜《たしな》メドモ㆑酒ヲ家貧ニシテ不㆑能㆓常得㆒。 (五柳先生伝《ごりゅうせんせいでん》)

〔　　　　〕

(2) 元《げん》帝ニハ後宮既ニ多ク、不㆑得㆓常見㆒。 (西京雑記《せいけいざっき》)

後宮＝後宮にいる女性たち。
見＝まみユ。お目どおりする。

〔　　　　〕

**【解答】** 1 A (家貧《いえまず》しくして) 常《つね》には油《あぶら》を得《え》ず。訳 (家が貧しくて) いつも油が手に入るとは限らなかった。 B (家貧《いえまず》しくして) 常《つね》に油《あぶら》を得《え》ず。訳 (家が貧しくて) いつも油は手に入らなかった。
2 (1) (性酒《せいさけ》を嗜《たしな》めども家貧《いえひん》にして) 常《つね》には得《う》る (こと) 能《あた》はず。
訳 (生来酒を好んだが、家が貧しくて) いつも手に入れることができるとは限らなかった。 (2) (元帝《げんてい》には後宮既《こうきゅうすで》に多《おお》く) 常《つね》には見《まみ》ゆるを得《え》ず。訳 (元帝にはすでに後宮に女性も多く) いつでもお目どおりできるとは限らなかった。

☆

**【解説】** 1のAは、「蛍の光窓の雪」で知られる、晋《しん》の孫康《そんこう》と車《しゃ》胤《いん》の「**蛍雪《けいせつ》の功《こう》**」の話の中の一文。「油」はもちろん灯火をともすための油である。Aは「不」が副詞の「常」より上にあるから**部分否定**。Bは「常」のほうが「不」の上にあるから**全部否定**である。
2は、(1)・(2)ともに**部分否定**。単独で全部否定が質問されることはほとんどなく、部分否定の形が大切である。「不能」「不得」の不可能形が「常」の上にある。(1)は、陶潜《とうせん》(陶淵明《とうえんめい》) の『五柳先生伝』の一節。五柳先生は陶潜の号《ごう》である。「能はず」へは連体形が必要だから、「得る」(ア行下二段)。(2)の「見ゆ」も下二段。連体形「見ゆる」＋「ヲ」から「得ず」へ返る。

## 29 部分否定

**不二復《まタ》………未然形一**

**読み** また…(せ)ず

**意味** 二度と再び…しない

**兎《うさぎ》不レ可《カラ》二復《まタ》得《う》一。**（韓非子《かんぴし》）

**読** 兎《うさぎ》復《ま》た得《う》べからず。

**訳** 兎は二度と再びつかまえることはできなかった。

**ヤマを講義** **全部否定でも読みは「また」**

宋《そう》の国に一人の農夫がいました。畑仕事に精を出していたところ、兎が走り出てきて木の切り株にぶつかって死んでしまいました。こりゃぁいいや、と思った農夫は、それからというもの毎日ものかげに隠れて、木の切り株をじっと見つめ、また兎を手に入れようと思って過ごしたのですが、兎は二度と再びつかまえることができず、国じゅうの笑い者になってしまいました。

「**株《くいぜ》を守《まも》る**」というお話です。「株《かぶ》を守る」「守株《しゅしゅ》」ともいいます。「**旧習にとらわれて時勢の移り変わりに気づかない**」ことのたとえに用います。

**韓非子**はこのあと、「大昔にいたという尭《ぎょう》だの舜《しゅん》だのといった先王《せんのう》の政治のやり方で、戦国の世を治めようとするのは、この『株を守る』のたとえと同じだ」と、儒家《じゅか》の徳《とく》治《ち》主義の政治論を、時代遅れだと非難しています。

↓「**不可」が副詞「復」の上に**ありますから、これも**部分否定の形**です。

↓「復た」は、全部否定になっても読み方が変わりませんから、**語順で判断**する必要があります。

**全部否定** **復《タ》不レ可《カラ》レ得。**（また得《う》べからず。）

「今度もまたつかまえることができなかった。」

**もうひとヤマ** 強調の「不復…」

形としては「不復…」でも、「一度はやったが」という前提はなく、「二度と…しない」と強調しているだけと考えるべきものもあります。

## 演習ドリル

1 次のA・Bのうち、部分否定のほうの記号を答え、そちらを口語訳せよ。

A 遂《つひ》ニ迷ヒテ復タ不レ得レ路ヲ。

B 遂ニ迷ヒテ不二復タ得一レ路ヲ。

（桃花源記《とうかげんのき》）

〔　　　〕

2 次の漢文の傍線部を書き下し文にし、口語訳せよ。

(1) 嵩《すう》終《つひ》ニ不二復信一。（三国志《さんごくし》）

嵩＝人名。魏《ぎ》の曹操《そうそう》の父、曹嵩。

〔　　　〕

(2) 終身不二復鼓一レ琴。（蒙求《もうぎゅう》）

鼓＝サ変動詞「鼓す」。

〔　　　〕

(3) 壮《さう》士《し》一タビ去リテ兮不二復還一。（史記《しき》）

〔　　　〕

**【解答】** 1 B 訳 とうとう迷ってしまい、二度と再び道を見つけることができなかった。

2 (1)（嵩終《すうつい》に）復《ま》た信《しん》ぜず。訳（曹嵩《そうすう》はついに）二度と再び信じなかった。 (2)（終身《しゅうしん》）復《ま》た琴《きん》を鼓《こ》せず。訳（生涯）二度と再び琴をひかなかった。 (3)（壮士一《そうしひと》たび去《さ》りて）復《ま》た還《かえ》らず。訳（壮士は一たびこの地を離れたら）二度と再び帰らない。

☆

**【解説】** 1 陶潜《とうせん》の『桃花源記』というユートピア物語の一節。印をつけて帰り、もう一度行ってみようとしたが…、二度と再び道は見つけられなかった。Bは、一度は行けたことになるが、Aだと全部否定で、前にも見つけられなかったし、今度もまたダメだったということになる。

2 (1)・(2)・(3)とも**「不復…」の語順だから部分否定。** (1)「信ず」、(2)「鼓す」はサ変動詞。(3)「還る」は四段動詞。(2)は、**伯牙**《はくが》という琴の名人が、最高の理解者だった鍾子期《しょうしき》の亡きあと、生涯二度と琴をひかなかったという、**「知音」**《ちいん》という故事の一文。(3)は、秦《しん》の始皇帝《しこうてい》暗殺のために出発する**荊**《けい》軻《か》が易水《えきすい》のほとりで歌った有名な詩の一句。(3)の場合の「不復」は**強調の形**で、「前にも出かけて一度は帰って来たが、今度こそ、二度と再び」ということをいっているのではない。

# 30 部分否定

## 不㆓倶ニハ……㆒（未然形）

**読み** ともには…(せ)ず

**意味** 両方とも…とは限らない

両《りやう》虎《こ》共ニ闘《たたか》ハバ、不㆓倶《とも》ニハ生㆒キ。（十八史略《じゅうはっしりゃく》）

**読** 両虎《りょうこ》共《とも》に闘《たたか》はば、倶《とも》には生《い》きず。

**訳** 二匹の虎が戦ったら、両方ともには生きていない。

## ヤマを講義　「不」が上の形が部分否定

戦国時代の趙《ちょう》の**藺相如**《りんしょうじょ》は、将軍である**廉頗**《れんぱ》が、地位を越えた自分を恨んでいると聞いて、同席したり、外出先ですれ違ったりすることを避けるようにしました。

彼の考えはこうでした。強国の秦《しん》が趙を攻められないのは、自分と廉頗がいるからだ。今二匹の虎が戦ったら、二匹ともに無事でいるわけにはいくまい。つまり、今、自分と廉頗が争ったら、どちらかが失脚するまで争わずにはすまないだろう。それでは国が危くなるのだ。

その考えを知った廉頗は、イバラの笞《むち》を背負って藺相如の家の門前で謝罪し、以後二人は「**刎頸**《ふんけい》**の交**《まじわ》**り**」を結んだというお話です。

↓例文はやはり「不」が上ですから、部分否定で、次のようになれば全部否定です。

倶ニ不レ生キ。（ともに生きず。）

「両方とも生きてはいない。」

## もうひとヤマ　部分否定と全部否定

部分否定・全部否定を作る形はほかにもあります。

| | 部分否定 | 全部否定 |
|---|---|---|
| ① | 不㆓必ズシモ……㆒ | 必ズ不㆓……㆒ |
| ② | 不㆓甚《はなは》ダシクハ……㆒ | 甚ダ不㆓……㆒ |
| ③ | 不㆓重ネテハ……㆒ | 重ネテ不㆓……㆒ |
| ④ | 不㆓再ビハ……㆒ | 再ビ不㆓……㆒ |
| ⑤ | 不㆓尽《ことごと》クハ……㆒ | 尽ク不㆓……㆒ |
| ⑥ | 不㆓全《まった》クハ……㆒ | 全ク不㆓……㆒ |

## 演習ドリル

**次の(1)~(3)の漢文を口語訳せよ。(4)(5)は書き下し文にして、口語訳せよ。**

(1) 盛年不二重ネテハ来一タラ。（陶潜《とうせん》）

「　　　　」

(2) 流レ不二甚ダシクハ急ナラ一。（日光山行記《にっこうさんこうき》）

流＝川の流れ。

「　　　　」

(3) 父之《の》讎《あだハ》弗二与共《ともニハ》戴《いただカ》レ天ヲ。（礼記《らいき》）

「　　　　」

(4) 勇者ハ不二必有一レ仁。（論語《ろんご》）

「　　　　」

(5) 不レ可二尽信一。（日本外史《にほんがいし》）

「　　　　」

**【解答】** (1)若くさかんなときは二度と再び訪れない。 (2)川の流れはそれほど急ではない。 (3)父の仇《かたき》は、その者とともに天をいただいて生きていくわけにはいかない。 (4)勇者《ゆうしゃ》は必《かなら》ずしも仁《じん》有《あ》らず。**訳**勇敢な人間が必ずしも仁の心があるとは限らない。 (5)尽《ことごと》くは信《しん》ずべからず。**訳**すべてを信用することはできない。

☆

**【解説】** (1)「**重ねては…ず**」の場合も、「不復…」や「不再…」と同様、「一度は…だったが、二度と再び…ない」というのではない、**強調の形である例が多い**。もちろん、「盛年」は一度来ているのではあるが。 (2)「**甚だしくは…ず**」は「それほどひどく…ではない」の意。 (3)「与」「共」とも「ともに」と読む字で、二文字で「ともには」。「倶」と同じで、「不倶戴天《ふぐたいてん》」という四字熟語のもとになっている。「弗」は「不」と同じ。 (4)「**必ずしも…ず**」は「必ずしも…とは限らない」の意。上に、「徳有《とくあ》る者《もの》は必《かなら》ず言有《げんあ》り、言有《げんあ》る者《もの》は必《かなら》ずしも徳有《とくあ》らず。仁者《じんしゃ》は必《かなら》ず勇有《ゆうあ》り」がある。「徳のある人間は必ずよいことを言うが、よいことを言う者が必ずしも徳があるとは限らない。仁徳のある人には必ず勇気があるが…」に続いている。 (5)「**尽《ことごと》くは…ず**」は「すべては…ない」「すべてが…なわけではない」の意。サ変動詞「信ず」から不可能の「べからず」へ。

# 意味のヤマ漢《カン》ベスト50

漢文の重要語は古文ほど多くない。まずこれだけは覚えよう!!

**字**《あざな》　元服のときに、本名とは別につける呼び名。

**海内**《かいだい》　国内。天下。＝**四海**《しかい》・**境内**《きょうない》。

**寡人**《かじん》　王侯の自称、謙称。「徳の寡《すくな》い私のような者」の意。＝**孤**《こ》・**不穀**《ふこく》。

**干戈**《かんか》　たてとほこ。武器。戦争。＝**戎馬**《じゅうば》・**兵**《へい》。

**諫言**《かんげん》　王などの目上の人の間違いや過ちを諫《いさ》めること。また、その諫めたことば。

**奇才**《きさい》　すぐれた才能。すぐれた人物。サ変動詞「**奇とす**」は「すぐれていると評価する」意。

**期年**《きねん》　まる一年。一周年。「朞」は「期」の別体。

---

**堯舜**《ぎょうしゅん》　中国古代の伝説上の聖天子、堯と舜《ぎょうしゅん》。↔**桀紂**《けっちゅう》。

**郷党**《きょうとう》　村里《むらざと》。村。＝**党**・**郷閭**《きょうりょ》。「**郷**《きょう》**里**《り》」には「村人」の意がある。「**郷関**《かん》」はふるさと。

**君子**《くんし》　人徳のすぐれた立派な人。人の上に立って政治をする人。

**桀紂**《けっちゅう》　夏《か》の桀王と殷《いん》の紂王のこと。暴君《ぼうくん》の代名詞。↔**堯舜**。

**乾坤**《けんこん》　天地。

**胡**《こ》　中国北西方の異民族。えびす。南方の異民族は「**越**《えつ》」。

**光陰**《こういん》　時間。歳月。月日。「**寸陰**《すんいん》」はわずかな時間。

**江河**《こうが》　長江《ちょうこう》（揚子江《ようすこう》）と黄河《こうが》。大きな河。「**水**《すい》」も川のこと。

---

**古人**《こじん》　昔の人。亡くなっている人。昔の立派な人。

**故人**《こじん》　旧友。昔なじみ。親友。＝**故旧**《こきゅう》。

**左右**《さゆう》　側近の臣。近臣。侍臣。「**舎人**《しゃじん》」は側近・家来・食客。

**子**《し》　あなた。先生。（敬称）

**士**《し》　**卿**《けい》・**大夫**《たいふ》に次ぐ官吏。学徳のある立派な人物。武士。

**師**《し》　軍隊。＝**兵**。都。＝**京師**《けいし》。先生。手本。

**社稷**《しゃしょく》　国家。土地の神と五穀の神をいう。

**豎子**《じゅし》　幼児《ようじ》。子ども。童僕《どうぼく》。小僧《こぞう》。青二才《あおにさい》。未熟者。あいつ。＝**孺子**《じゅし》。

**須臾**《しゅゆ》 ほんの短い間。わずかな時間。しばらく。＝**食頃**《しょっけい》・**寸陰**。

**書**《しょ》 手紙。＝**雁信**《がんしん》・**雁書**・**家書**。書物。

**城**《じょう》 城壁をめぐらした町なか。↔**郭**《かく》（郊外）。

**小人**《しょうじん》 人格の低い、つまらぬ人間。身分の低い者。↔**君子**。

**丈夫**《じょうふ》 一人前の立派な男。すぐれた立派な人物。＝**大丈夫**《だいじょうふ》。

**食客**《しょっかく》 客分としてかかえておく家来。いそうろう。＝**門下**《もんか》・**門人**。

**信**《しん》 うそをつかないこと。まこと。真実。誠実。正直。

**仁**《じん》 いつくしみ。思いやり。愛。儒教《じゅきょう》の最高の徳目。

**人間**《じんかん》 人間の世界。世の中。世間。俗世間。

**寸毫**《すんごう》 ほんのわずか。＝**一毫**《いちごう》・**毫**《ごう》**毛**《もう》・**秋毫**《しゅうごう》・**分毫**《ぶんごう》。

---

**聖人**《せいじん》 最高の人徳を持った立派な人。堯・舜・周公旦《しゅうこうたん》・孔子《こうし》などのことをいう。

**千乗国**《せんじょうのくに》 兵車千台を出せるほどの諸侯の国。「**万乗国**《ばんじょうのくに》」は、天子または大諸侯の国。

**千里馬**《せんりのうま》 一日に千里も走る駿馬《しゅんめ》。名馬。俊才。有能な人材。＝**驥**《き》。

**粟**《ぞく》 穀物。俸禄《ほうろく》。

**長者**《ちょうじゃ》 年長者。目上の人。徳の高い人。富豪。権勢のある人。

**天年**《てんねん》 寿命。天寿。

**南面**《なんめん》 天子。天子の位。天子として政治をすること。↔**北面**。

**二三子**《にさんし》 おまえたち。（師が弟子に呼びかける語）＝**小子**《しょうし》。

**白頭**《はくとう》 しらが頭。＝**霜鬢**《そうびん》・**白首**《はくしゅ》。「**二毛**《にもう》」は白毛まじりの頭。

**匹夫**《ひっぷ》 一人の男。身分の低い男。つまらぬ男。

---

**為レ人**《ひととなり》 人柄。性格。

**百姓**《ひゃくせい》 人民。万民。＝**億兆**《おくちょう》・**烝民**《じょうみん》。多くの官吏。＝**百官**《ひゃっかん》。

**布衣**《ふい》 平民。無位無官の者。＝**庶人**《しょじん》。

**夫子**《ふうし》 先生。あなた。（先生や目上の人に対する尊称。『論語《ろんご》』の中では必ず孔子のこと。）

**不肖**《ふしょう》 おろかなこと。自分の謙称。おろかな息子。

**兵**《へい》 武器。兵士。軍隊。戦争。サ変動詞「**兵す**」は殺すこと。

**吏**《り》 官吏。役人。

マークの数（3→1）は、多い順に入試の出題頻度を示す

# 31 疑問・反語

……未然形＋ン乎《や》
……終止形……乎《や》
体言・連体形……乎《か》

**読み**

…（せ）んや
…（す）や
…（する）か

**意味**

…だろうか、いや…ない
…か

若《なんぢハ》非《ズ》[二]吾《ガ》故人《ニ》[一]乎《や》。（史記《しき》）

**読** 若《なんじ》は吾《わ》が故人《こじん》に非《あら》ずや。

**訳** おまえは私の昔なじみではないか。

## ヤマを講義

### 終止形＋や、連体形＋か

秦《しん》の始皇帝《しこうてい》亡きあと、漢《かん》の劉邦《りゅうほう》と次代を争った英雄**項羽**《こうう》も、命運尽きて最期《さいご》の時を迎えます。

自分を取り囲んだ敵兵の中に、かつての部下であった呂馬童《りょばどう》の顔を見て、項羽は叫びました。

「おまえは、わしの昔なじみではないか！」

呂馬童は顔をそむけ、仲間に「こいつが項王だ」と教えます。項羽は、自分の首にかかっていた莫大な賞金をおまえにくれてやると叫んで、自ら首をはねて自決します。

⬇この例文は、**疑問形**です。

文末で用いる疑問・反語の助字はたくさんあります。

**乎・也・哉・与・邪・耶・歟**

問題は、「や」と読むか、「か」と読むか、です。

**終止形　　　　＋や**
**連体形・体言　＋か**

「非ず」は終止形ですから「**非ずや**」ですが、連体形ならば「**非ざるか**」と読むことになります。

## もうひとつヤマ　反語は必ず「…んや」

**反語**の場合には必ず、未然形につく**推量の助動詞**「ん」を入れて、「**…んや**」と読みます。

可《ケン》[レ]謂《フ》[レ]孝《ト》乎。（孝《こう》と謂《い》ふべけ**んや**。）（史記）

「孝といえようか、いやいえない」となります。

「べけ」は可能の「べし」の古い時代の未然形です。

## 演習ドリル

次の漢文を書き下し文にし、疑問と反語の違いがよくわかるように口語訳せよ。

(1) 是レ魯《ろ》ノ孔丘与。 （論語《ろんご》）

魯＝国名。孔丘＝孔子《こうし》。

〔　　　　〕

(2) 天下治マル歟、不ルレ治マラ歟。 （十八史略《じゅうはっしりゃく》）

〔　　　　〕

(3) 嗚《あ》呼《あ》其レ真ニ無キレ馬邪。 （雑説《ざっせつ》）

〔　　　　〕

(4) 不仁者ハ可ケン二与《とも》ニ言フ一哉。 （孟子《もうし》）

〔　　　　〕

(5) 以テレ臣ヲ弑《しい》スレ君ヲ、可ケンレ謂《い》フレ仁ト乎。 （史記）

弑＝殺す。

〔　　　　〕

**【解答】** (1)是《こ》れ魯《ろ》の孔丘《こうきゅう》か。訳これは魯《ろ》の国の孔丘か。 (2)天下《てんか》治《おさ》まるか、治《おさ》まらざるか。訳天下は治まっているのか、治まっていないのか。 (3)嗚呼其《ああそ》れ真《しん》に馬無《うまな》きか。訳ああ、いったい、ほんとうに名馬がいないのか。 (4)不仁者《ふじんしゃ》は与《とも》に言《い》ふべけんや。訳仁でない者とはいっしょに語り合えようか。（いや、いっしょに語り合うことはできない。） (5)臣《しん》を以《もっ》て君《きみ》を弑《しい》す、仁《じん》と謂《い》ふべけんや。訳臣下の身分で主君を殺すのは、仁といえようか。（いや、仁とはいえない。）

☆

**【解説】** (1)は名詞（体言）についているから、「与」は「か」と読む。**孔子《こうし》は、名は丘《きゅう》、字《あざな》は仲尼《ちゅうじ》という。** (2)「治まる」も「ざる」も連体形だから、「歟」は「か」。「治まる」は四段活用だから終止形ともいえるが、**どちらにもできる場合は**「か」と読むほうがわかりやすい。 (3)「無き」もク活用の連体形だから、「邪」は「か」。ここまでの(1)・(2)・(3)はいずれも疑問形である。 (4)・(5)はともに「いふべけんや」の形。送りがなに「ン」**があるから反語形**である。文末の「乎」だけを用いる反語形は、この「**…べけんや**」の形が多い。(5)は、殷《いん》の紂《ちゅう》王を討《う》つために出兵しようとした周《しゅう》の武王《ぶおう》を諫《いさ》めた、**伯《はく》夷《い》・叔斉《しゅくせい》**のことば。

## 32 疑問・反語

何ゾ……未然形＋ン（乎ヤ）
何ゾ……連体形（乎ヤ）

**読み**
なんぞ…（せ）ん（や）
なんぞ…（する）（や）

**意味**
どうして…だろうか（いや…ない）
どうして…か

何ゾ前《さき》ニハ倨《おご》リテ而後《のち》ニハ恭《うやうや》シキ也。（十八史略《じゅうはっしりゃく》）

**読** 何《なん》ぞ前《さき》には倨《おご》りて後《のち》には恭《うやうや》しきや。

**訳** どうして以前は威張っていたのに、のちには丁重にするのか。

### ヤマを講義　**疑問詞があったら「…や」**

のちに、秦《しん》に対抗する、燕《えん》・趙《ちょう》・魏《ぎ》・韓《かん》・斉《せい》・楚《そ》の六《りっ》国《こく》同盟「**合従策**《がっしょうさく》」を実現させた戦国時代の**縦横家**《じゅうおうか》**蘇秦**《そしん》も、若いころはうだつがあがらず、妻や兄嫁にもバカにされていました。ところが、蘇秦が六国の宰相《さいしょう》を兼任するという大出世をして帰ってくると、妻や兄嫁は平身低《へいしんてい》頭《とう》して、まともに目も合わせられないというありさま。そこで蘇秦が言ったことばです。

⬇**「何ぞ」**のような**疑問詞があると、係り結び**になって、文末が「恭しき」のように連体形になります。が、**文末の助字「乎」は、終止した文**（**係り結びで結んでいる文**）**につくときは「や」**と読みます。つまり、**疑問詞とセットのときは必ず「や」**と読む、ということです。

⬇「**なんぞ**」と読む字もいろいろあります。

**何・曷・胡・奚・庸・何遽**

⬇これも「**何ぞ…んや**」であれば、**反語形**です。

⬇「**何為**（なんすれぞ）」という疑問詞も、「何ぞ」を多少強めたもので、同じと思ってください。

### もうひとヤマ　「…は何ぞや」

次の形は、「何ぞ…や」の倒置の形です。

弗ルハレ受ケ**何**ゾ**也**。（受《う》けざる**は何**《なん》**ぞや**。）（淮南子《えなんじ》）

「受け取らない**のはどうしてか**。」

この形は、反語にはならず、必ず**疑問形**です。

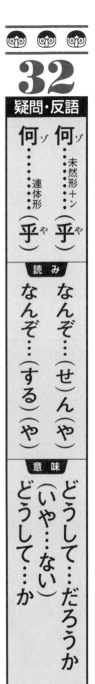

## 演習ドリル

**次の漢文を書き下し文にし、疑問と反語の違いがよくわかるように口語訳せよ。**

(1) 夫《ふう》子《し》何《ゾ》哂《わらフ》レ由《ヲ》也。（論語《ろんご》）

夫子＝先生。由＝人名。

【　　　　】

(2) 我何《ゾ》愛《をシマン》二一牛《ヲ》一。（孟子《もうし》）

愛＝惜。

【　　　　】

(3) 君子《ハ》何《ゾ》患《うれヘン》三乎無《キヲ》二兄弟一也。（論語）

乎＝置き字。

【　　　　】

(4) 何為《レゾ》不《ル》レ去《ラ》也。（礼記《らいき》）

【　　　　】

(5) 与《と》二長者一期《シテ》後《おくルルハ》何《ゾ》也。（十八史略）

長者＝年長者。期＝約束する。

【　　　　】

**【解答】** (1)夫子《ふうし》何《なん》ぞ由《ゆう》を哂《わら》ふや。**訳**先生はどうして由のことを笑われたのですか。(2)我《われ》何《なん》ぞ一牛《いちぎゅう》を愛《お》しまん。**訳**私はどうして一頭の牛を惜しんだりしようか。（いや一頭の牛など惜しんだりはしない。）(3)君子《くんし》は何《なん》ぞ兄弟《けいてい》無《な》きを患《うれ》へんや。**訳**君子はどうして兄弟がいないことを気にかけることがあろうか。（いや、そんなことを気にかける必要はない。）(4)何為《なんす》れぞ去《さ》らざるや。**訳**どうして立ち去らないのか。(5)長者《ちょうじゃ》と期《き》して後《おく》るるは何《なん》ぞや。**訳**年長者と約束をしておいて遅れるとはどういうことだ。

**【解説】** (1)「由」は、孔子《こうし》の高弟《こうてい》の子路《しろ》のこと。☆**「夫子」**は重要語で、「先生」の意。『論語』では必ず孔子をさす。**疑問形**。(2)は「何ぞ…ん」だから、**反語形**。「何ぞ」のように**疑問詞を用いた文では、文末の助字「乎」等は用いないケースもある**。その場合、送りがなで「愛しまんや」のように「や」を入れて読むこともある。(3)も**「何ぞ…んや」**だから、**反語形**。子夏《しか》が司馬牛《しばぎゅう》に言ったことばで、二人とも孔子の弟子。(4)**「何為れぞ」は漢字のままでよい**。「何為れぞ…連体形＋や」は**疑問形**。「何為れぞ…未然形＋んや」であれば反語形。(5)**「与」**は「と」と読む。文末の**「何ぞや」は必ず疑問形**。**「長者」**は重要単語。

# 33 疑問・反語

**安《クンゾ》……未然形＋ン（乎《や》）**
**安《クンゾ》……連体形（乎《や》）**

読み
**いづくんぞ…（せ）ん（や）**
**いづくんぞ…（する）（や）**

意味
**どうして…だろうか（いや…ない）**
**どうして…か**

**燕《えん》雀《じゃく》安《いづクンゾ》知《ラン》二鴻《こう》鵠《こく》之《の》志《ヲ》一哉。**（十八史略《じゅうはっしりゃく》）

読 燕雀《えんじゃく》安《いず》くんぞ鴻鵠《こうこく》の志《こころざし》を知《し》らんや。

訳 燕《つばめ》や雀《すずめ》にどうして大きな鳥の志がわかるだろうか。

## ヤマを講義 「いづくんぞ」は反語が多い

秦《しん》の始皇帝《しこうてい》が亡くなった翌《よく》紀元前二〇九年、秦打倒の反乱の火つけ役になった**陳勝《ちんしょう》・呉広《ごこう》の乱**が起こります。

その首領であった陳勝は、何の身分もない一介《いっかい》の労働者でしたが、心には大きな野望を抱いていました。ある日、彼は仕事仲間の若者に、「おれが出世したら、おまえを家来にしてやるぜ」と言って、笑われました。そのときに陳勝が概嘆《がいたん》して言ったことばです。

➡「鴻鵠《こうこく》」は、大きな鳥です。つまり、「**小人物には大人物の志はわからない**」ということを言っているわけです。これは「**ん**」があるから、**反語形**ですね。

➡「いづくんぞ」は圧倒的に反語形の用例が多いですが、これも、「いづくんぞ…連体形」であれば疑問形です。

➡「いづくんぞ」と読む字。

**安・寧・焉・悪・烏**

## もうひとヤマ いづくにか

「**安**」には「**いづくにか**」と読む用法もあります。

**安**《クニカ》……ン （**反語**） どこに…だろうか
**安**《クニカ》…… （**疑問**） どこに…

我 安《クニカ》 適 帰《セン》 矣。（我安《われいず》くにか適帰《てっき》せん。）（史記《しき》）

「われわれはどこに身を落ちつけたらよいのだろうか、どこにもそんな場所はない」。これは反語形の例です。

「**何・焉**」も「いづくにか」と読む例があります。

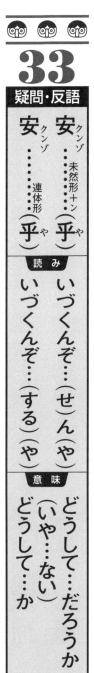

## 演習ドリル

**次の漢文を書き下し文にし、疑問と反語の違いがよくわかるように口語訳せよ。**

(1) 沛《はい》公《こう》安クニカ在ル。（史記）

沛公＝人名。

〔　　　〕

(2) 君安クンゾ与ト二項《こう》伯《はく》一有ル レ故《こ》。（史記）

項伯＝人名。故＝なじみ。親交。

〔　　　〕

(3) 割クニ レ鶏ヲ焉クンゾ用ヒン二牛刀ヲ一。（論語《ろんご》）

割＝さばく。牛刀＝牛切り包丁。

〔　　　〕

(4) 王・侯・将・相、寧クンゾ有ラン レ種乎。（史記）

種＝血筋《ちすじ》。

〔　　　〕

(5) 焉クンゾ知ラン二来者之《の》不ルヲ レ如カ レ今ニ也。（論語）

来者＝これからの人。今＝いまの自分。

〔　　　〕

**【解答】** (1)沛公《はいこう》安《いず》くにか在《あ》る。**訳**沛公はどこにいるのか。(2)君《きみ》安《いず》くんぞ項伯《こうはく》と故《こ》有《あ》る。**訳**君はどうして項伯となじみがあるのか。(3)鶏《にわとり》を割《さ》くに焉《いず》くんぞ牛刀《ぎゅうとう》を用《もち》ひん。**訳**鶏をさばくのに、どうして牛切り包丁を使う必要があろうか。（いや、そんな必要はない。）(4)王《おう》・侯《こう》・将《しょう》・相《しょう》、寧《いず》くんぞ種《しゅ》有《あ》らんや。**訳**王や諸侯や将軍や宰相になるのに、どうして血筋が必要であろうか。（いや、そんなものは必要ない。）(5)焉《いず》くんぞ来者《らいしゃ》の今《いま》に如《し》かざるを知《し》らんや。**訳**どうしてこれからの人が今の自分に及ばないとわかろうか。（いや、そんなことはわからない。）

☆

**【解説】** (1)は「**安くにか…**」の**疑問形**。「在る」はラ変の連体形。「安くにか」は文末の「乎」を用いない例が多い。「沛公」は後の漢《かん》の高祖《こうそ》劉邦《りゅうほう》。(2)も、「**安くんぞ…有る**」と連体形どまりだから、**疑問形**。「与」は「と」。(3)は「**焉くんぞ…ん**」で、**反語形**。目的のためには手段がオーバーではないかということ。(2)・(3)はいずれも文末の「乎」がセットになっていない形。(4)は、仲間に決起をうながしたときの**陳勝**のことば。右ページのことばと共に有名なセリフ。「**寧くんぞ…んや**」で、**反語形**。(5)はこの上に「**後生《こうせい》畏《おそ》るべし**」（若者は畏敬すべきものだ）という有名な句がある。これも「**焉くんぞ…んや**」で、**反語形**。若い人には今の大人を越えてゆく無限の可能性があるということ。

# 34 疑問・反語

誰カ……未然形＋ン（乎《や》）
誰カ……連体形（乎《や》）

**読み**
たれか…（せ）ん（や）
たれか…（する）（や）

**意味**
誰が…だろうか（いや誰も…ない）
誰が…か

人 生 自《より》レ 古《いにしへ》 誰カ 無《カラン》レ 死。（文天祥《ぶんてんしょう》）

**読** 人生《じんせい》古《いにしへ》より誰《たれ》か死無《しな》からん。

**訳** 人間は昔から誰《だれ》が死なない者があろうか。

## ヤマを講義

**濁らずに「たれ」と読む**

南宋《なんそう》末の忠臣として有名な**文天祥**の「零丁洋《れいていよう》を過《す》ぐ」という七言律詩《しちごんりっし》の尾聯《びれん》（116ページ）。

　人生古《じんせいいにしえ》より誰《たれ》か死無《しな》からん
　丹心《たんしん》を留取《りゅうしゅ》して汗青《かんせい》を照《て》らさん

人は昔から誰が死の訪れない者があろうか。どうせ一度は死ぬ身であるなら、まごころだけはこの世にとどめ伝えて、長く歴史に名を残したいものだ。

⬇「**誰か…ん**」で、**反語形**ですね。文末の助字「乎」はあってもなくても同じです。「**誰**」は**濁《にご》らずに「たれ」**と読みます。

⬇「**孰**」も「たれか」と用いる例があります。

⬇「**誰**」は「たれか」だけではなく、いろいろな形の疑問詞になります。

### もうひとヤマ 「誰」のいろいろ

① **誰**ヲカ……（たれをか…）　誰を…か
② **誰**ヲカ……ン（たれをか…ん）　誰を…だろうか
③ **誰**ニカ……（たれにか…）　誰に…か
④ **誰**ニカ……ン（たれにか…ん）　誰に…だろうか
⑤ **誰**カ…**者**ゾ（たれか…者ぞ）　誰が…か
⑥ **誰**ト……（たれと…）　誰と…か
⑦ ……**誰**ハゾ（…はたぞ）　…は誰か

送りがなによって、意味を考えることになります。

## 演習ドリル

次の漢文（(5)は傍線部のみ）を、疑問と反語の違いがよくわかるように口語訳せよ。

(1) 子ハ誰ヲカ師トスル。（説苑《ぜいえん》）

［　　　　］

(2) 弟《てい》子《し》孰カ為レス好レムト学ヲ。（論語《ろんご》）

［　　　　］

(3) 捨二テテ此ノ人一ヲ而誰ニカ適従セン。（先哲叢談《せんてつそうだん》）

適従＝従う。

［　　　　］

(4) 誰カ知二ランヤ烏《からす》之《の》雌《し》雄《いう》一ヲ。（詩経《しきょう》）

［　　　　］

(5) 人ハ非二ズ生マレナガラニシテ而知レル之ヲ者一ニ。<u>孰カ能ク無レカラン惑ヒ。</u>（師説《しせつ》）

［　　　　］

【解答】 (1)あなたは誰を先生としているのか。 (2)弟子の中で誰が学問好きだと思われますか。 (3)この人をさしおいて、誰に従ったらよいだろうか。（この人以外に従うべき人はいない。） (4)誰がカラスの雌雄を区別できようか。（いや、誰にも区別できない。） (5)（人は生まれつき何でもわかっているわけではない。）誰が迷いなくいられようか。（いや、誰しも迷いなしにはいられない。）

☆

【解説】 (1)「**誰をか…**（誰を…か）」の形。末尾がサ変動詞「師とす」の連体形だから、**疑問形**。読子《し》は誰《たれ》をか師《し》とする。 (2)「**孰**《たれ》**か…**（誰が…か）」の形。末尾が四段動詞「為す」の連体形だから、**疑問形**。読弟《てい》子《し》孰《たれ》か学《がく》を好《この》むと為《な》す。 (3)「**誰にか…ん**」で、「誰に…だろうか、いや誰にも…ない」と訳す**反語形**。読此《こ》の人《ひと》を捨《す》て誰《たれ》にか適従《てきじゅう》せん。 (4)「**誰か…んや**」で、「誰が…だろうか、いや誰も…ない」の**反語形**。この例のように、**文末に「乎」のような字がなくても、送りがなで入れて読むこともある**。読誰《たれ》か烏《からす》の雌《し》雄《ゆう》を知《し》らんや。 (5)「**孰か…ん**」で、これも(4)と同じく**反語形**。読人《ひと》は生《う》まれながらにして之《これ》を知《し》る者《もの》に非《あら》ず。孰《たれ》か能《よ》く惑《まど》ひ無《な》からん。

## 35 疑問・反語

何ヲカ……未然形＋ン（乎《や》）
何ヲカ……連体形

**読み**

なにをか…(せ)ん(や)
なにをか…(する)

**意味**

何を…だろうか(いや何も…ない)
何を…か

夫レ何ヲカ憂ヘ何ヲカ懼《おそ》レン。（論語《ろんご》）

**読** 夫《そ》れ何《なに》をか憂《うれ》へ何《なに》をか懼《おそ》れん。

**訳** いったい何を心配したり恐れたりすることがあろうか。

### ヤマを講義 いろんな疑問詞になる「何」

**司馬牛**《しばぎゅう》は、兄の桓魋《かんたい》が無法者で、こともあろうに自分の師である**孔子**《こうし》を殺そうとしたこともあることで、いつも仲間の中で肩身《かたみ》の狭い思いを感じていました。

ある日、司馬牛は思いきって先生にたずねました。

「先生、君子《くんし》とはどのような人間でしょうか。」

「君子は憂えたり、懼《おそ》れたりしないものだ。」

「それだけで、君子といえましょうか。」

「自分自身を反省して、やましいことがなければ、いったい何を憂えたり懼れたりすることがあろうか。司馬牛よ、大切なのはおまえ自身の正しさではないか。」

➡「何をか憂へん、何をか懼れん」をまとめた形です。この「何」も、「**なんぞ**」「**いづくにか**」「**なにをか**」以外にも、**いろいろな疑問詞**になります。

### もうひとヤマ 「何」のいろいろ

① 何ノ……（なんの…）なんの…・どういう…
② 何ノ…アリテカ…（なんの…ありてか…）なんの…があって…か
③ 何ノ…アリテカ…ン（なんの…ありてか…ん）なんの…があって…だろうか
④ 何ノ…カ…ン（なんの…か…ん）どんな…が…だろうか
⑤ 何《いづレノ》……（いづれの…）どこの…・いつの…

## 演習ドリル

次の漢文を、疑問と反語の違いがよくわかるように口語訳せよ。

(1) 何ヲカ謂《いフ》二浩《かう》然《ぜん》之《の》気一ト。 （孟子《もうし》）

浩然之気＝広く豊かな心。

〔　　　　〕

(2) 壮士行クニ何ヲカ畏レン。 （史記《しき》）

壮士＝元気さかんな男。

〔　　　　〕

(3) 何ノ面目アリテカまみエン見レ之ニ。 （史記）

之＝彼ら。死んだ兵士の遺族。

〔　　　　〕

(4) 何ノ常《つね》ノ師カ之レ有ラン。 （論語）

〔　　　　〕

(5) 何レノ日カ是レ帰年ナラン。 （杜甫《とほ》）

帰年＝故郷に帰る時。

〔　　　　〕

**【解答】** (1)何を「浩然の気」（広く豊かな心）というのか。 (2)壮士《そうし》は行くにあたって、何を恐れたりしようか。（何も恐れたりはしない。） (3)どんな面目《めんぼく》があって彼らに会えようか。（あわせる顔がない。） (4)どんな決まった師があったであろうか。（いや、これといって決まった師などなかった。） (5)いつの日になったら故郷に帰る時がくるのだろうか。

☆

**【解説】** (1)「**何をか…連体形**」で、**疑問形**。「浩然の気」は天地に充満する広大な気。今日では、のびのびとして屈託《くったく》のない気分をいう。読何《なに》をか浩然《こうぜん》の気《き》と謂《い》ふ。 (2)「**何をか…ん**」で、「何を…だろうか、いや何も…ない」の**反語形**。「**壮士**」は重要語。読壮士《そうし》行《ゆ》くに何《なに》をか畏《おそ》れん。 (3)「**何の…ありてか…ん**」の**反語形**。多くの部下の兵を失った**項羽**《こうう》が、郷里に帰ることを勧められて言ったことば。読何《なん》の面目《めんぼく》ありてか之《これ》に見《まみ》えん。 (4)「**何の…か之れ有らん**」で型になっているといってもよい。孔子には特に決まった師はなかったことを言っている。読何《なん》の常《つね》の師《し》か之《こ》れ有《あ》らん。 (5)は杜甫の「絶句《ぜっく》」の結句。「江碧《こうみどり》にして鳥《とり》逾《いよいよ》白《しろ》く、山青《やまあお》くして花《はな》然《も》えんと欲《ほっ》す。今春《こんしゅん》看《み》すみす又過《また す》ぐ、何《いず》れの日《ひ》か是《こ》れ帰年《きねん》ならん」。末尾に「ン」があるから、「いや帰る日は来ない」という反語形といえるが、自問する形の疑問形といってもよい。

## 36 疑問・反語

何ヲ以テ(カ)……未然形＋ン(乎《や》)

何ヲ以テ(カ)……連体形(乎《や》)

**読み**

なにをもって(か)…(せ)ん(や)

なにをもって(か)…(する)(や)

**意味**

どうして…だろうか(いや…ない)

どうして…か

何ヲ以テ為《な》レル二我ガ禽《とりこ》ト一。(十八史略《じゅうはっしりゃく》)

**読** 何《なに》を以《もっ》て我《わ》が禽《とりこ》と為《な》れる。

**訳** どうして私の捕虜となったのか。

### ヤマを講義

「何以・何由・何故」＝「何ぞ」

謀反《むほん》の疑いで捕らえられた、漢《かん》建国の功臣韓信《かんしん》は、ある日、何人かの将軍の能力について下問《かもん》されたあと、高祖《こうそ》にこう質問されました。

「わしはどれくらいの兵力の将となれようか？」

「陛下《へいか》は、十万でございましょう。」

「おまえはどうじゃ。」

「多々益々弁《たたますますべん》ず、多ければ多いほどうまくやれます。」

高祖は笑って言いました。「多ければ多いほどうまくやれる者が、何でわしに捕えられたのだ。」

韓信は冷静なまなざしで高祖を見つめて言いました。

「陛下、陛下は兵に将たる器《うつわ》ではなく、将に将たる器でございます。これは天賦《てんぷ》のものでございます。」

⬇例文は**疑問形**です。「為れる」は、四段動詞の已然形に、存続・完了の「り」の連体形がついたもの。

**「何を以て（か）…ん」**であれば、**反語**になります。

### もうひとヤマ

「何に由りて」「何の故に」

次のような形でも、意味は同じです。

**何ニ由リテ(カ)**…… (何に由《よ》りてか……)

**何ノ故ニ**…… (何の故《ゆえ》に……)

「ン」と呼応すれば反語形であることも同じです。

**何ノ故ニ**至レルレ斯《ここ》ニ。(何《なん》の故《ゆえ》に斯《ここ》に至《いた》れる。)(漁父辞《ぎょほのじ》)

「どうしてここにいるのか」。疑問形の例。

## 演習ドリル

次の漢文（(4)(5)は傍線部）を、疑問と反語の違いがよくわかるように口語訳せよ。

(1) 何《ヲ》以《テカ》殺《ス》レ人《ヲ》。（論語義疏《ろんごぎそ》）

〔　　　　〕

(2) 何《ヲ》以《テ》知《ル》二其《ノ》然《しかルヲ》一邪。（荘子《そうし》）

〔　　　　〕

(3) 何《ニ》由《リテ》知《ル》二吾《ガ》可《かナルヲ》一也。（孟子《もうし》）

〔　　　　〕

(4) 不《ンバ》レ然《しかラ》籍《せき》何《ヲ》以《テカ》至《ラン》レ此《ここニ》。（史記《しき》）

〔　　　　〕

(5) 吾自《ラ》為《サバ》レ詐《いつはりヲ》、何《ヲ》以《テ》責《メン》二臣下之《の》直《ヲ》一乎。（十八史略）

直＝正直。

〔　　　　〕

**【解答】** (1)どうして人を殺したのか。 (2)どうしてそうだということがわかるのか。 (3)どうして私にそれができるということがわかるのか。 (4)（そうでなければ、私は）どうしてここに来ているだろうか。（来てはいないところだ。） (5)（王である私が自らうそをついては）どうして臣下に正直であるようにと責めることができようか。（責めることができなくなるではないか。）

☆

**【解説】** (1)〜(3)は「ン」がないので、**疑問形**。(4)・(5)は「ン」があるので、**反語形**。(1)・(4)の「何を以てか」のように送りがなに「か」**を入れるのは、文末に「乎」がない場合**。(2)・(3)・(5)のように、**文末に「邪・也・乎」などがあるときは、「何を以て…や」「何に由りて…や」**のように、「か」を入れずに読むことが多い。(1)読何《なに》を以《もっ》てか人《ひと》を殺す。「何を以てか人を殺さん」であれば反語になる。 (2)読何《なに》を以《もっ》て其《そ》の然《しか》るを知るや。 (3)の「可」は可能。「できる」ことをいう。読何《なに》に由《よ》りて吾《わ》が可《か》なるを知《し》るや。 (4)「籍」は**項羽**《こうう》の名。自分のことを言っている。読然《しか》らずんば籍何《せきなに》を以《もっ》てか此《ここ》に至《いた》らん。 (5)名君のほまれ高い、**唐**《とう》**の太宗**《たいそう》のことば。「直を責む」は、正直であるようにと責めること。読吾自《われみずか》ら詐《いつわ》りを為《な》さば、何《なに》を以《もっ》て臣下《しんか》の直《ちょく》を責《せ》めんや。

## 37 疑問・反語

# 如ニ……一何ヲセン

**読み** …をいかんせん

**意味** …をどうしたらよいか（いやどうしようもない）

虞《ぐ》ヤ兮虞ャ兮奈レ若《なんぢ》ヲ何セン。（史記《しき》）

**読** 虞《ぐ》や虞《ぐ》や若《なんじ》を奈何《いかん》せん。

**訳** 虞よ虞よ、おまえをどうしたらよいのか。

## ヤマを講義

### 方法・手段を問う「いかんせん」

形勢が不利になり、垓下《がいか》の城（町）にたてこもった**項《こう》羽《う》**は、ある夜、城を取り囲む漢《かん》軍のあちこちから、自分の故郷である楚《そ》の国の歌が聞こえてくるのを耳にして、楚の地ももはや敵の手に落ちたか、と最期《さいご》の時が近いことを覚悟し、側近《そっきん》の部下と酒宴を開き、歌いました。

　力《ちから》は山《やま》を抜《ぬ》き、気《き》は世《よ》を蓋《おお》ふ
　時利《ときり》あらず、騅逝《すいゆ》かず
　騅《すい》の逝《ゆ》かざる、奈何《いかん》すべき
　虞《ぐ》や虞《ぐ》や、若《なんじ》を奈何《いかん》せん

「**四面楚歌**《しめんそか》」（まわりはすべて敵）や「**抜山蓋世**《ばつざんがいせい》」（意気がさかんなこと）という四字熟語のもとになっている有名な場面で、教科書にもよく登場します。「騅」は項羽の乗っていた名馬の名。「虞」は項羽がつれていた愛妃《あいひ》の名です。

➡「**如何せん**」は「…をどうしたらよいか」と、**方法・手段を問う疑問詞**。「**奈何・若何**」でも同じ。目的語をとる場合は、二字の間にはさみます。**同じ読み方で疑問にも反語にも使います**から、文脈上判断する必要があります。

例文は、「おまえをどうしたらよいのか、いや、どうしてやることもできない」の意になるので、反語です。

**もうひとヤマ** 「如何ぞ」＝「何ぞ」

「…を如何せん」でなく、文頭で「**如何ぞ…**」と用いられるときは、「**何ぞ…**」と同じで、「どうして…か」「どうして…だろうか（いや…ない）」と訳します。

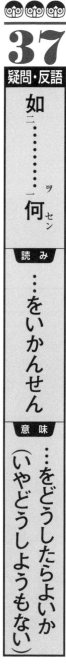

## 演習ドリル

次の漢文を書き下し文にし、口語訳せよ。(1)(2)(4)は疑問、(3)(5)は反語とする。

(1) 諸侯ノ不ルハレ従ハ奈何セン。（史記）

〔　　　　〕

(2) 将ニル下奈二社《しゃ》稷《しょく》ヲ一何セント上。（史記）

社稷＝国家。国政。

〔　　　　〕

(3) 桓《かん》魋《たい》其レ如レ予《われ》ヲ何セン。（論《ろん》語《ご》）

桓魋＝人名。

〔　　　　〕

(4) 月白ク風清シ。如二此ノ良夜ヲ一何セン。（蘇《そ》軾《しょく》）

〔　　　　〕

(5) 対シテレ此《これ》ニ如何ゾ不ラン二涙垂《た》レ一。（白《はく》居《きょ》易《い》）

〔　　　　〕

**【解答】** (1)諸侯《しょこう》の従《したが》はざるは奈何《いかん》せん。訳諸侯たちで従わない者は、どうしたらよいか。 (2)将《まさ》に社稷《しゃしょく》を奈何《いかん》せんとする。訳いったい国家（国政）をどうしたらよいか。 (3)桓魋《かんたい》其《そ》れ予《われ》を如何《いかん》せん。訳桓魋ごときが私をどうすることができようか。（いや、どうすることもできない。） (4)月白《つきしろ》く風清《かぜきよ》し。此《こ》の良夜《りょうや》を如何《いかん》せん。訳月は明るく、風はすがすがしい。このすばらしい夜をどのようにすごしたらよかろうか。 (5)此《これ》に対《たい》して如何《いかん》ぞ涙《なみだ》垂《た》れざらん。訳これに向かいあっては、どうして涙を流さずにいられようか。（涙を流さずにはいられない。）

☆

**【解説】** (1)「奈二諸侯不レ従何」（諸侯の従はざるを奈何せん）と間にはさむ形と同じだが、このように用いる形もある。 (2)の再読文字「将」は**強調**で、「いまにも…しようとする」という訳し方はあてはまらない。疑問詞「奈何」があるために、末尾は連体形「する」になる。 (3)の「桓魋」は孔子《こうし》の弟子司馬牛《しばぎゅう》の兄で、孔子を殺そうとしたことがある。「予」は孔子自身。 (4)は宋《そう》の文豪蘇軾《そしょく》の名文「後赤壁賦《こうせきへきのふ》」の一節。 (5)は有名な「長恨歌《ちょうごんか》」の一節で、楊貴妃《ようきひ》を失った玄宗《げんそう》皇帝が、庭園の芙蓉《ふよう》の花や柳を見ては、楊貴妃の面影や美しい眉を思い、涙を禁じえないという場面である。

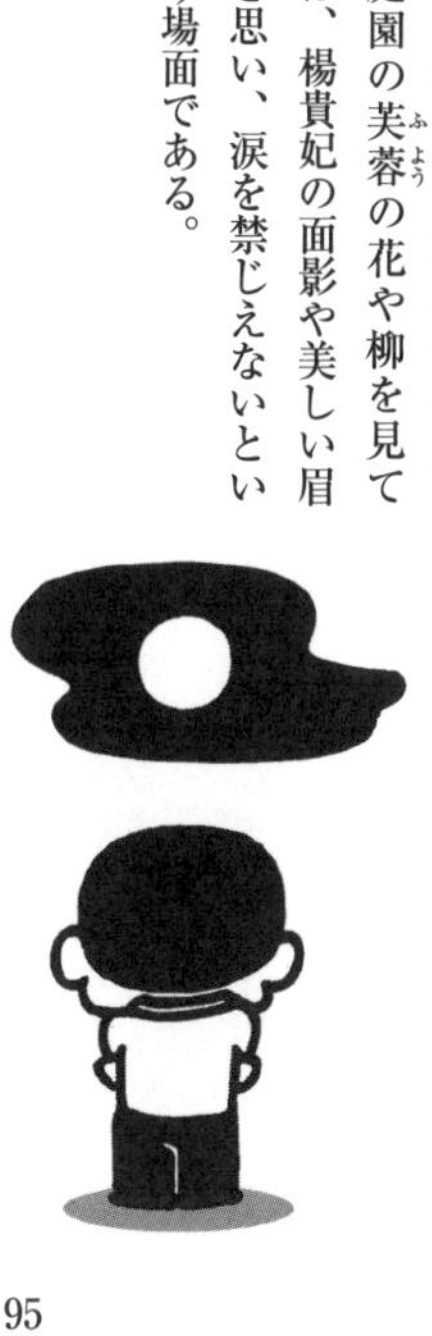

## 38 疑問形

# 何如

**読み** いかん

**意味** どうであるか

以テ二五十歩ヲ一笑ハバ二百歩ヲ一則チ何如《いかん》。（孟子《もうし》）

**読** 五十歩《ごじっぽ》を以《もっ》て百歩《ひゃっぽ》を笑《わら》はば則《すなわ》ち何如《いかん》。

**訳** 五十歩の者が百歩の者を笑ったとしたら、どうでしょうか。

### ヤマを講義　状況・事の是非を問う「いかん」

梁《りょう》の恵王《けいおう》に、「私は人民を大切にしているつもりだ。隣国の王を見ると、私ほどに人民を大切にしているようには見えない。なのにわが国が隣国より栄えないのはどうしてであろうか」と問われて、**孟子**は答えました。

「王様は戦争がお好きなようですから、戦争の話でたとえましょう。戦闘のまっ最中に、こわくなって逃げた者がいたとします。ある者は五十歩逃げてとどまり、またある者は百歩逃げてとどまりました。そのとき、五十歩の者が、百歩の者を臆病者だと言って笑ったとしたら、王様、いかがでしょうか。」

「それはいかん。百歩でないだけで、五十歩の者も逃げたことには変わりはない。」

➡ **「五十歩百歩」**という語は、**「どっちもどっち」「どんぐりの背くらべ」**「目くそが鼻くそを笑う」のような意味で使いますね。

➡ **「何如《いかん》」**は、**状況・状態・事の是非《ぜひ》を問う疑問詞**で、「どうであるか」の意。**反語形はなく、疑問のみの用法です。**

**「何若・奚若」**でも同じ。

「如何」との違いはしっかり覚えておきましょう。

**如何**………（いかんせん）　どうしたらよいか
（奈何）　方法・手段を問う。

**何如**………（いかん）　どうであるか
（何若）　状況・状態・事の是非を問う。

**書き下し文ではどちらも漢字のままでよし。**

## 演習ドリル

**次の漢文を書き下し文にし、口語訳せよ。**

(1) 今日之《の》事ハ何如。（史記《しき》）

(2) 顔《がん》淵《ゑん》之為レリハ人ト何若。（説苑《ぜいえん》）

(3) 以テ二子《し》之矛《ほこ》ヲ一陥《とほ》サバ二子之盾《たて》ヲ一何如。（韓非子《かんびし》）

陥＝突き通す。

(4) 貧シクシテ而無レク諂《へつら》フコト、富ミテ而無レキハ驕《おご》ルコト何如。（論語《ろんご》）

諂＝卑屈になる。

(5) 子以テ為ス二何如ト一。（淮南子《えなんじ》）

**【解答】** (1)今日《こんにち》の事《こと》は何如《いかん》。訳今日の様子はどうでしょうか。(2)顔淵《がんえん》の人《ひと》と為《な》りは何若《いかん》。訳顔淵の人柄はどうでしょうか。(3)子《し》の矛《ほこ》を以《もっ》て子《し》の盾《たて》を陥《とお》さば何如《いかん》。訳あなたの矛であなたの盾を突き通そうとしたら、どうなりますか。(4)貧しくして諂《へつら》ふこと無《な》く、富《と》みて驕《おご》ること無《な》きは何如《いかん》。訳貧しくても卑屈になることなく、金持ちになってもおごりたかぶらないというのは、どうでしょうか。(5)子《し》以《もっ》て何如《いかん》と為《な》す。訳あなたはどう思うか。

☆

**【解説】** (1)沛公《はいこう》（劉邦《りゅうほう》）のボディガードの樊噲《はんかい》が、「鴻門《こうもん》の会」の場面で、陣の外に出てきた張良《ちょうりょう》に、中の宴席の様子をたずねて言ったことば。(2)「顔淵」は孔子《こうし》の愛弟子《まなでし》。**「為レ人」は重要単語**で、「人柄・性格」の意。(3)は有名な「**矛盾**《むじゅん》」の故事の一節。読みの質問、意味の質問とも多い。(4)は、弟子の子貢《しこう》が孔子にたずねたことば。孔子は「いいだろう。だが、貧乏であっても道義を楽しみ、金持ちであっても礼儀を好むのには及ばないね」と答えている。(5)「何如」は、(1)〜(4)のように、**「…は何如」と文末に用いる形が一般的**だが、このような形もある。**「以て…と為す」は「…と思う」の意**で、漢文では頻出する形なので覚えておきたい。

## 39 疑問形

**孰《いづ》レカ………連体形**

読み

**いづれか…（する）**

意味

**どちらが…か**

**汝《なんぢ》ト与《と》ハレ回也孰《いづ》レカ愈《まさ》レル。**（論語《ろんご》）

読　汝《なんじ》と回《かい》とは孰《いず》れか愈《まさ》れる。

訳　おまえと顔回とはどちらがまさっているか。

### ヤマを講義　送りがな「レカ」は「いづれか」

**孔子《こうし》**が、あるとき、**子貢《しこう》**にたずねました。

「子貢、おまえと顔回《がんかい》とは、どちらがすぐれているか？」

「とんでもありません。顔回は一を聞いて以《もっ》て十を知ります。私ごときは一を聞いて以て二を知るのみです。」

孔子はその答えを聞いて上機嫌でこう言いました。

「そうだ、及ばないね。私もおまえといっしょだ。顔回には及ばないね。」

孔子は、**顔回**（顔淵）をたいへん可愛《かわい》がっています。子貢と顔回とはほぼ同い年でした。この子貢の答えは、もちろん顔回の優秀さを認めているのですが、子貢自身の自負も見えているように思いませんか。自分が「一を聞いて二を知る」人間だと言えますか…？

➡「也」はここでは置き字です。「愈れる」は、四段動詞の已然形プラス存続・完了の「り」の連体形の「る」。

➡**「孰」**は送りがなが「カ」だと**「たれか」**と読みます。

➡**「何・奚」**も「いづれか」と読む例があります。

➡**「いづれをか」**であれば「どちらを…か」。

➡**「いづれにか」**であれば「どちらに…か」。

### もうひとヤマ　孰与（いづれぞ）

**Aハ 孰‐与レゾ Bニ**　（AはBにいづれぞ）

この形は「AはBに比べてどうか」という疑問形ともいえますが、「AよりもBのほうが…だろう？」という問い方で、**比較形**の一種といえます。**「孰若」**を用いても同じです。

## 演習ドリル

次の漢文（(1)(2)は送りがなを省いてある）を、書き下し文にして、口語訳せよ。

(1) 礼与レ食孰重。（孟子《もうし》）

〔　　　　　〕

(2) 創業与二守成一孰難。（十八史略《じゅうはっしりゃく》）

創業＝建国の事業。守成＝国家の維持。

〔　　　　　〕

(3) 師ト与ハレ商也孰レカ賢《まさ》レル。（論語）

師・商＝人名。也＝置き字。

〔　　　　　〕

(4) 先生将ニル二何レニカ処《を》ラント一。（荘子《そうし》）

〔　　　　　〕

(5) 漢ハ孰二与レゾ我ノ大ナルニ一。（史記《しき》）

〔　　　　　〕

**【解答】** (1)礼《れい》と食《しょく》と（は）孰《いず》れか重《おも》き。訳「礼」と「食」とはどちらが重要か。 (2)創業《そうぎょう》と守成《しゅせい》と（は）孰《いず》れか難《かた》き。訳建国の事業と国家の維持とは、どちらが難しいか。 (3)師《し》と商《しょう》とは孰《いず》れか賢《まさ》れる。訳師と商とはどちらがすぐれているでしょうか。 (4)先生《せんせい》将《まさ》に何《いず》れにか処《お》らんとする。訳先生はいったいどちらにいようとされるのですか。 (5)漢《かん》は我《われ》の大《だい》なるに孰与《いず》れぞ。訳漢はわが国の大きさに比べてどうですか。（わが国のほうが大きいでしょう。）

☆

**【解説】** (1)・(2)は、いずれも(3)がヒントになる。「**与**」はすでに何度か出てきたように、「A与《ト》レB」の形で返読して「と」と読む。(1)は「重し」を連体形にして「重き」。 (2)は「難し」を連体形にして「難き」。**唐《とう》の太宗《たいそう》**が重臣たちに尋ねたことば。太宗は、創業の難しさは過去のものとなった、今後は守成の難しさを心しようと言っている。 (3)は、「**過ぎたるは猶ほ及ばざるがごとし**」（40ページ）の話の一文。師《し》は子張《しちょう》、商《しょう》は子夏《しか》という、いずれも孔子の若い弟子のこと。 (4)「何れにか」という疑問詞があるので、文末の「将」の二度目の読みが連体形「する」。「有用」と「無用」のどちらの立場をとるのかを尋ねている。 (5)夜郎《やろう》という西域《せいいき》の国の王が、漢の使者に言ったことば。「**夜郎自大《やろうじだい》**」（＝井の中の蛙《かわず》大海を知らず）という語のもとになっている。

## 40 反語形

**豈《あ》ニ……未然形＋ン（哉《や》）**

**読み**　あに…（せ）ん（や）

**意味**　どうして…だろうか（いや…ない）

**名《な》ハ豈ニ文章モテ著《あら》ハレンヤ。**（杜甫《とほ》）

**読**　名《な》は豈《あ》に文章《ぶんしょう》もて著《あら》はれんや。

**訳**　名声はどうして詩文などによってあらわされようか。

### ヤマを講義　「豈」は反語！

憂愁《ゆうしゅう》の詩人、**詩聖《しせい》杜甫**の「旅夜《りょや》懐《おも》ひを書《しょ》す」という五《ご》言律詩《ごんりっし》の中の一句です。

細草微風《さいそうびふう》の岸　危檣《きしょう》独夜《どくや》の舟《ふね》
星《ほし》は平野《へいや》に随《したが》ひて闊《ひろ》く　月《つき》は大江《たいこう》に湧《わ》きて流《なが》る
名《な》は豈《あ》に文章《ぶんしょう》もて著《あら》はれんや　官《かん》は応《まさ》に老病《ろうびょう》にて休《や》むべし
飄飄《ひょうひょう》として何《なん》の似《に》たる所《ところ》ぞ　天地《てんち》の一《いち》沙《さ》鷗《おう》

敷きつめたような細かい草の上を、そよ風が吹いている岸辺、高い帆柱の小舟の上で、私一人が目ざめている。星は大空一面に平野の果てまでも広々とまたたき、月の光は大江の水から湧き出るばかりにきらめきながら、川は流れる。人の名はどうして詩文などによって世にあらわされようか。しかしながら、官吏の生活も老病の身では当然やめねばならぬ。風に吹かれるようにさすらうこの身はいったい何に似ているだろうか。それは、果てしない天地の間をさまよう一羽の砂浜のかもめか……。

いいですね……、杜甫の詩は。

⬇**「豈に…ん（や）」**、は百パーセントではありませんが、ほとんどが**反語形**と考えていいでしょう。

### もうひとヤマ　「豈に…ずや」は詠嘆

**豈ニ不《ず》レ悲シカラ哉。**（豈《あ》に悲《かな》しからずや。）（呂氏春秋《りょししゅんじゅう》）

この形は「なんと悲しいことではないか！」という**詠嘆《えいたん》形《けい》**になります。ふつうなら「豈に…ざらんや」と読むところを、「**豈に…ずや**」と読みます。（152ページ）

## 演習ドリル

次の漢文を書き下し文にし、口語訳せよ。傍線部は送りがなを省いてある。

(1) 豈ニ遠シトセン二千里ヲ一哉。（十八史略《じゅうはっしりゃく》）

(2) 豈ニ能ク佩《お》ビン二六国ノ相印ヲ一乎。（十八史略）
相印＝宰相の印綬《いんじゅ》。

(3) 日夜望ム二将軍ノ至ルヲ一、豈敢反乎。（史記《しき》）
反＝そむク。謀反《むほん》を起こす。

(4) 豈能毋レ怪哉。（韓非子《かんぴし》）
怪＝あやシム。

(5) 豈好レ弁哉。予《われ》不レバレ得レ已《や》ムヲ也。（孟子《もうし》）
弁＝弁舌。

【解答】 (1)豈《あ》に千里《せんり》を遠《とお》しとせんや。訳どうして千里の道のりを遠いと思うだろうか。（いや、遠いとは思わずに来るでしょう。） (2)豈《あ》に能《よ》く六国《りっこく》の相印《しょういん》を佩《お》びんや。訳どうして六国の宰相の印綬《いんじゅ》を身につけることが〔＝宰相になることが〕できようか。（いや、できないであろう。） (3)日夜将軍《にちやしょうぐん》の至《いた》るを望《のぞ》む、豈《あ》に敢《あ》へて反《そむ》かんや。訳日夜将軍のおいでになるのを待ち望んでおりました。どうして謀《む》反《ほん》を起こしたりしましょうか。（そのようなことは、決していたしません。） (4)豈《あ》に能《よ》く怪《あや》しむこと毋《な》からんや。訳どうして怪しまないでいられようか。（いや、怪しまずにはいられない。） (5)豈《あ》に弁《べん》を好《この》まんや。予《われ》已《や》むを得《え》ざればなり。訳どうして弁舌を好んだりしようか。私はやむをえないのである。

☆

【解説】 (2)は、合従《がっしょう》同盟を成功させて六国《りっこく》の宰相《さいしょう》を兼ねることになった戦国時代の縦横家《じゅうおうか》蘇秦《そしん》のことば。 (3)は、鴻門《こうもん》の会《かい》の場面での、沛公《はいこう》（**劉邦**《りゅうほう》）の項羽《こうう》に対する弁明のことば。「将軍」は項羽のこと。「反」は「そむく」（四段）だが、「反《はん》す」（サ変）でもよい。 (4)「飼っている白い犬が黒い犬で帰ってきたら」という文が上にある。「能」は「よく」。「怪しむ」は「こと」を加えたが、なくても可。「毋し」の未然形「毋から」に「ン」をつけて「哉」に。 (5)「好」は「このむ」（四段）。

◎◎

# 41 反語形

**独《ひとり》……未然形＋ン……（哉《や》）**

**読み**

ひとり…（せ）ん（や）

**意味**

どうして…だろうか（いや…ない）

独リ畏《おそ》レン二廉《れん》将軍ヲ一哉。（十八史略《じゅうはっしりゃく》）

**読** 独《ひと》り廉将軍《れんしょうぐん》を畏《おそ》れんや。

**訳** どうして廉将軍を恐れたりしようか。

## ヤマを講義 限定の「独り」と間違えない

澠池《めんち》での、秦王《しんおう》との会見での危機を、**藺相如《りんしょうじょ》**の活躍によって脱した趙《ちょう》の恵文王《けいぶんおう》は、帰国後、その功をたたえて藺相如を上卿《じょうけい》に任じました。

面白《おもしろ》くないのは、今まで最大の実力者であった、プライドの高い**廉頗《れんぱ》**将軍です。しかも、藺相如は弁舌で成り上がってきた、もともとは身分の低い人物でした。

「今度会ったら、大恥《おおはじ》かかせてくれよう！」と廉頗が言っていることを知った藺相如は、それからは会議などに同席するのを避けて休んだり、往来で行列がすれ違いそうになると、車を引き返させて隠れました。今度は、面白くないのは藺相如の家来たちです。「どうして逃げ隠れなさるのですか！ 将軍がこわいのですか！」

「私は、あの強国の秦を相手にしても恐れたりはしなかった。どうして廉将軍を恐れたりしようか。」

このあとは、78ページの「両虎共に闘はば」の話になります。「**刎頸《ふんけい》の交《まじわ》り**」（彼のためなら自分の首をはねられても惜しくないと思えるほどの深い友情）のお話です。

⬇「**独り…ん（や）**」も、**反語形**。「何ぞ・安《いず》くんぞ・豈《あ》に」などと、訳し方も同じです。

## もうひとヤマ 限定の「独り…のみ」

「独り」は、「唯《た》だ」などと同じ限定の用法もありますが、**限定の場合は「のみ」と呼応する**のがふつうです。

今独リ臣ノミ有リレ船。（今独《いまひと》り臣《しん》のみ船《ふね》有《あ》り。）（史記《しき》）

「今私だけが船を持っています。」

# 演習ドリル

**次の漢文を書き下し文にし、口語訳せよ。(1)は送りがなを省いてある部分がある。**

(1) 縦《たとヒ》彼不《トモ》レ言《ハ》、籍《せき》独不レ愧二於心一乎。（史記）

彼＝亡くした兵の遺族。籍＝項羽の名。自分のことを言っている。愧＝はヅ。恥じる。

〔　　　　〕

(2) 治《ムルハ》二天下《ヲ》一、独《リ》可《ケン》二耕《シ》且《かツ》為《なス》一与。（孟子《もうし》）

耕且為＝田を耕しながら行う。

〔　　　　〕

(3) 独《リ》無《カラン》レ所二同《ジク》然《しかリトスル》一乎。（孟子）

然＝そうだと認める。

〔　　　　〕

(4) 独《リ》安《クンゾ》得《ン》二黙然《トシテ》而已《やムコトヲ》一乎。（史記）

已＝やめる。得＝できる。

〔　　　　〕

**【解答】** (1)縦《たと》ひ彼《かれ》言《い》はずとも、籍《せき》独《ひと》り心《こころ》に愧《は》ぢざらんや。訳 たとえ彼らが何も言わなくても、私はどうして心の中で恥じずにいられようか。（いや、恥じずにはいられない。） (2)天下《てんか》を治《おさ》むるは、独《ひと》り耕《たがや》し且《か》つ為《な》すべけんや。訳 天下を治めることは、どうして田を耕しながら行うことができようか。（いや、行えない。） (3)独《ひと》り同《おな》じく然《しか》りとする所《ところ》無《な》からんや。訳 どうして同じくそうだと認めるところがないだろうか。（いや、あるはずである。） (4)独《ひと》り安《いず》くんぞ黙《もく》然《ぜん》として已《や》むことを得《え》んや。訳 どうしてだまってやめることができようか。（いや、そんなことはできない。）

**【解説】** (1)漢《かん》軍に追われて、長江《ちょうこう》のほとりの、烏江《うこう》まで逃げてきた**項羽《こうう》**が、これ以上江を渡って郷里の江東《こうとう》の地へは逃げない決心をして、烏江の宿場の長《おさ》に語ったことばの一節。141ページの演習ドリルの(3)の例文も同じ。「愧づ」はダ行上二段活用。置き字「於」があるから「心」は補語になるので、送りがなは「二」。 (2)天下を治めることは、片手間でできるような簡単なことではないということ。「与」は「や」。 (4)「独」はこの例文のように、同じ疑問詞である「安くんぞ・何ぞ・何為《す》れぞ」などと重ねて用いられることもある。

## 42 反語形

敢《あへテ》……未然形＋ン（乎《や》）

**読み**

あへて…（せ）ん（や）

**意味**

どうして…だろうか（いやない）

百獣之《の》見《テ》レ我《ヲ》而敢《あへテ》不《ラン》レ走《ラ》乎《や》。（戦国策《せんごくさく》）

**読** 百獣《ひゃくじゅう》の我《われ》を見《み》て敢《あ》へて走《はし》らざらんや。

**訳** あらゆる獣が私を見て、どうして逃げ出さないだろうか。

### ヤマを講義

**「敢不…乎」の形が多い**

あるとき、腹をすかした虎《とら》が、狐《きつね》をつかまえました。頭のいい狐は、虎に向かって言いました。

「ちょっと待った！ 私を食べちゃいけないよ。天の神様が私を百獣の王にさせているんだ。もし私を食べたら天の神様に逆らうことになるよ。うそだと思うんなら、私のあとについてきてごらん。動物たちが私を見てみんな逃げ出すから。」

虎は、ふうんそうかと思って、狐のあとをついてゆくと、動物たちはたしかにみんな逃げ出します。ほんとうは後《うし》ろにいる虎がこわくて逃げているのに、虎自身は気づかなかったわけです。

⬇「**虎の威《い》を借《か》る狐**」は「後ろだてになっている権勢《けんせい》をかさに着ていばる小人物」の意味で使います。

⬇「**敢**」は「何ぞ・安くんぞ・豈に・独り」などと同じ使い方をしますが、例文のように「**敢不…乎**（**敢へて…ざらんや**）」になるケースが多いようです。

⬇「**肯**」も「あへて」と読んで用います。

### もうひとヤマ

「あへて…せず」は否定形

次の違いに注意しましょう。

**敢**《ヘテ》**不**《ラン》二……《セ》一（**乎**）（あへて…せざらんや） **反語形**
どうして…しないだろうか。

**不**二**敢**《ヘテ》……《セ》一 （あへて…せず） **否定形**
決して…しない・強《し》いて…しない

左の形は強調された否定形です。

## 演習ドリル

次の漢文を書き下し文にして、口語訳せよ。傍線部は送りがなを省いてある。

(1) 長者雖《モ》レ有《リト》レ問《フ》、役《えき》夫《ふ》敢《ヘテ》伸《のベンヤ》レ恨《ミヲ》。（杜《と》甫《ほ》）

長者＝あなた。　役夫＝私。

〔　　　　〕

(2) 肯《あヘテ》将《もツテ》二衰朽《ヲ》一惜《シマンヤ》二残年《ヲ》一。（韓《かん》愈《ゆ》）

衰朽＝衰え果てた身。　残年＝余命。

〔　　　　〕

(3) 敢不二敬従一。（礼《らい》記《き》）

敬＝つつしム。

〔　　　　〕

(4) 秦不二敢動一。（十八史略《じゅうはっしりゃく》）

秦＝国名。

〔　　　　〕

(5) 昆《こん》弟《てい》妻《さい》嫂《さう》、側《そばメテ》レ目《ヲ》不二敢仰視一。（史《し》記《き》）

昆弟＝兄弟。　嫂＝あによめ。

〔　　　　〕

【解答】 (1) 長者《ちょうじゃ》問《と》ふ有《あ》りと雖《いえど》も、役夫《えきふ》敢《あ》へて恨《うら》みを伸《の》べんや。訳あなたさまがおたずねになっても、私がどうして恨みの気持ちを述べられましょうか。（いえ、とても述べられません。） (2) 肯《あ》へて衰朽《すいきゅう》を将《も》って残年《ざんねん》を惜《お》しまんや。訳どうしてこの衰え果てた身で余命を惜しんだりしようか。（いや、惜しんだりはしない。） (3) 敢《あ》へて敬《つつし》みて従《したが》はざらん（や）。訳どうしてつつしんで従わないだろうか。（いや、従う。） (4) 秦《しん》敢《あ》へて動《うご》かず。訳秦は強いて動こうとしない。 (5) 昆弟妻嫂《こんていさいそう》、目《め》を側《そば》めて敢《あ》へて仰《あお》ぎ視《み》ず。訳兄弟も妻も兄嫁も、目をそらして決して仰ぎ見ようとしない。

☆

【解説】 (1) 杜甫の古詩「兵車行《へいしゃこう》」の一節。「長者」は年長者に対する敬称。 (2) 韓愈《かんゆ》の七言律詩《しちごんりっし》「左遷《させん》せられて藍関《らんかん》に至り、姪孫《てっそん》の湘《しょう》に示す」の一節。 (3) 「敬む」・「従ふ」ともに四段活用。「敬む」から「従ふ」に続けるには、連用形プラス「テ」。 (3)は「敢不」の語順だから、反語形。 (4)・(5)は「不敢」の語順だから、否定形。 (4)の「動く」は四段活用。 (5)の「仰ぎ視る」は上一段活用。「仰《ぎょう》視《し》す」とサ変に読んでも可。六国《りっこく》の宰相《さいしょう》を兼任するという大出世をして郷里に帰った蘇秦《そしん》に対する身内の者の態度を述べている。

# 43 使役形

**A 使《しム》二B ヲシテ C 未然形 一**

読み

**ABをしてC(せ)しむ**

意味

**AはBにCさせる**

使ム二万人ヲシテ先《ま》ヅ背《せ》ニシテレ水ヲ陣セ一。(十八史略《じゅうはっしりゃく》)

読 万人《ばんにん》をして先《ま》づ水《みず》を背《せ》にして陣《じん》せしむ。

訳 まず一万の兵に川を背にして陣を布《し》かせた。

## ヤマを講義 「ヲシテ」がポイント!

**韓信《かんしん》**は、趙《ちょう》との井陘口《せいけいこう》での戦いで、川を背にして陣を布《し》きました。兵法の常識では、山を右あるいは後ろに、川を左あるいは前に陣を布きます。

ところが、川を背にした兵たちは後ろに逃げ場がないために、みな死にものぐるいで前へ前へと攻め戦い、圧倒的な大勝利をおさめました。ここから「**背水《はいすい》の陣《じん》**」という語が生まれています。

**張良《ちょうりょう》・蕭何《しょうか》**と並んで「**三傑《さんけつ》**」と称され、漢《かん》の高祖《こうそ》をして、「百万の大軍を率《ひき》い、戦えば必ず勝ち、攻めれば必ず取る男だ」と言わせた、漢建国の功臣の一人、韓信はエピソードの多い人物です。「**国士無双《こくしむそう》**」という語は、蕭何が韓信を評したものですし、92ページの「**多々益々弁《たたますますべん》ず**」も、韓信の口から出たものです。

⬇**Aは主語。**例文のように省略されることも多く、「使」の直前にない場合には文脈から判断します。

**Bは使役の対象**で、ここに「**ヲシテ**」という送りがなが必要だという点が、最重要ポイントです。「ニ」ではダメで、必ず「ヲシテ」でなくてはいけません。

**Cが使役の内容。**未然形にして「使」へ返読します。

⬇「**使**」は「**令・教・遣・俾**」を用いても同じ。古文の使役の助動詞「**しむ**」で、**下二段型に活用**します。

| 未然 | 連用 | 終止 | 連体 | 已然 | 命令 |
| --- | --- | --- | --- | --- | --- |
| しメ | しメ | しム | しムル | しムレ | しメヨ |

## 演習ドリル

1 次の漢文を書き下し文にし、口語訳せよ。

(1) 使二子《し》路《ろ》問レ之。　子路＝人名。（礼記《らいき》）

(2) 秦《しん》王使三使者告二趙《ちょう》王一。（史記《しき》）

(3) 不レ教三胡《こ》馬《ば》度二陰山一。
胡馬＝異民族の騎馬。度＝わたル。（王昌齢《おうしょうれい》）

2 次の書き下し文に従って、返り点をつけよ。

(1) 民《たみ》をして衣食《いしょく》余《あま》り有《あ》らしめば、自《おのずか》ら盗《とう》を為《な》さざらん。
使民衣食有余、自不為盗。（十八史略）

(2) 諸君《しょくん》をして天《てん》の我《われ》を亡《ほろ》ぼすにして戦《たたか》ひの罪《つみ》に非《あら》ざるを知《し》らしめん。
令諸君知天亡我非戦之罪。（史記）

【解答】 1 (1)子《し》路《ろ》をして之《これ》を（に）問《と》はしむ。訳 子路にそれを（その人に）たずねさせた。 (2)秦《しん》王《おう》使《し》者《しゃ》をして趙《ちょう》王《おう》に告《つ》げしむ。訳 秦王は使者をやって趙王に告げさせた。 (3)胡《こ》馬《ば》をして陰山《いんざん》を度《わた》らしめず。訳 異民族の騎馬に陰山山脈を越えさせない。

2 (1)使二民衣食有レ余、自不レ為レ盗。 (2)令四諸君知三天亡レ我非二戦之罪一。

【解説】 1 (1)「子路」は孔子《こうし》の弟子。例文中にはないが、主語は孔子である。「問ふ」はハ行四段。「之を」は「之に」でもよい。 (2)「秦王」が主語。「使者」が使役の対象。「告ぐ」は下二段。「趙王」は補語で、送りがなは「ニ」。 (3)王昌齢《おうしょうれい》の七言絶句《しちごんぜっく》「出塞《しゅっさい》」の結句。「教」から更に「不」へ返るので、「しむ」を未然形にして「しめず」にする。「不」は、古来「しめじ」と、打消意志の助動詞「じ」で読みならわしている。

2 (1)「民をして」の後、「余り」から「有ら」へはレ点、そこから四字上へ返るから、「有」の左下は「レ」。訳 人民に衣食を十分にさせてやれば、自然に盗みなどしなくなるだろう。 (2)項羽《こうう》が部下の将兵に言ったことば。「罪→非→知→令」はそれぞれ二字以上返るから、一二三四点。訳 諸君に、天が私を亡ぼすのであって、戦い方がまずかったのでないことをわからせてやろう。

# 44 使役形

**A 命《ジテ》レ B C 二未然形＋シム**

読み

**A B に命じて C（せ）しむ**

意味

**A は B に命じて C させる**

命《ジテ》二豎《じゅ》子《し》ニ一殺《シテ》レ雁《ヲ》烹《にシム》レ之《ヲ》。（荘《そう》子《し》）

読　豎子《じゅし》に命《めい》じて雁《がん》を殺《ころ》して之《これ》を烹《に》しむ。

訳　童僕《どうぼく》に命じて雁を殺して料理させた。

## ヤマを講義　使役の内容に「しむ」をつける

ある日、**荘子**が旧友の家を訪れると、友人はたいへん喜んで、童僕《どうぼく》に命じて、雁《がん》を殺して料理させました。童僕が、「鳴けるやつと、鳴けないやつがいますが、どっちを殺しましょうか?」と主人に聞くと、「鳴けないような役立たずのほうを殺せ」と主人は命じました。

荘子の弟子たちは、山の中で木こりが切ろうとしない大木を見て、師が言ったことばを思い出しました。「この大木は無用なるがゆえに天寿《てんじゅ》を全《まっと》うできている。」

有用であることと無用であること、有能と無能といってもいいでしょうが、どちらが幸いであるかは、実はなかなか難しい問題かもしれませんね。

⬇使役の対象に「ヲシテ」をつけず、そこから「命ず」のような使役の意を含む動詞に返り、**使役の内容の末尾に送りがなで「しむ」をつける形。**

⬇「**豎子**」**は重要単語。**「幼児・子ども、青二才・小僧」のような意味もあります。「**孺子**」とも書きます。

## もうひとヤマ　「…に（を）…して…しむ」の形

A **召**《シテ》レ B《ヲ》 C《シム》　（B をめして）　B を召しよせて

**説**《キテ》レ B《ニ》　（B にときて）　B を説得して

**勧**《メテ》レ B《ニ》　（B にすすめて）　B にすすめて

**遣**《ハシテ》レ B《ヲ》　（B をつかはして）　B を派遣して

**属**《シテ》レ B《ニ》　（B にしょくして）　B に頼んで

**挙**《ゲテ》レ B《ヲ》　（B をあげて）　B を挙用して

## 演習ドリル

次の漢文を書き下し文にし、口語訳せよ。(1)と(2)の「遣」の使い分けに注意せよ。

(1) 遣二将守一レ関。 関＝関所。 （史記《しき》）

〔　　　　〕

(2) 遣レ人往看。 往＝ゆク。 （論語義疏《ろんごぎそ》）

〔　　　　〕

(3) 命二故人一書レ之《これ》。 故人＝旧友。 （陶潜《とうせん》）

〔　　　　〕

(4) 召二釈《せき》之《し》一参乗。 釈之＝人名。参乗＝添い乗りする。 （史記）

〔　　　　〕

(5) 范《はん》増《ぞう》勧二項羽一殺二沛公一。 范増・項羽・沛公＝人名。 （蘇軾《そしょく》）

〔　　　　〕

**【解答】** (1)将《しょう》をして関《かん》を守《まも》らしむ。 **訳**将に函谷関《かんこくかん》を守らせた。 (2)人《ひと》を遣《つか》はして往《ゆ》きて看《み》しむ。 **訳**人をやって、行って見させた。 (3)故人《こじん》に命《めい》じて之《これ》を書《しょ》せしむ。 **訳**旧友に命じてこれを書かせた。 (4)釈之《せきし》を召《め》して参乗《さんじょう》せしむ。 **訳**釈之を呼びよせて車に添い乗りさせた。 (5)范増項羽《はんぞうこうう》に勧《すす》めて沛公《はいこう》を殺《ころ》さんとせしむ。 **訳**范増は項羽に説きすすめて沛公を殺させようとした。

☆

**【解説】** (1)は、使役の対象である「将」から、すぐに「遣」に返らず、使役の内容の「守る」から「遣」へ返っているから、「…をして…しむ」と読む形。 (2)は、(1)と似ているが、こちらは、使役の対象である「人」からすぐに「遣」へ返っているから、「人を遣はして」と読む。「往く」と「看る」はどちらも動詞だから、「往き」と連用形にして「看る」へ。「往きて」と、接続助詞「テ」でつなぐほうが読みやすい。「看る」は上一段活用。 (3)「書せしむ」とサ変に読みならわしているが、「書かしむ」でもよい。「之」の送りがなは「ヲ」。 (4)**二字の熟語はサ変動詞に読み**、「参乗せしむ」となる。 (5)「范増」は項羽の重臣であった人物。「鴻門《こうもん》の会《かい》」の場面で、項羽に沛公暗殺を勧めたことをいう。

## 45 受身形

見二……未然形一

読み

る・らる

意味

れる・られる・…される

信ニシテ而見《れ》レ疑ハ、忠ニシテ而被《る》レ謗《そし》ラ。（史記《しき》）

読 信《しん》にして疑《うたが》はれ、忠《ちゅう》にして謗《そし》らる。

訳 うそがないのに疑われ、忠節を尽くしながら中傷される。

### ヤマを講義

**四段は「る」、その他は「らる」**

戦国時代、**蘇秦**《そしん》が成功させた、燕《えん》・趙《ちょう》・魏《ぎ》・斉《せい》・韓《かん》・楚《そ》の、六国《りっこく》の南北同盟「**合従策**《がっしょうさく》」を崩《くず》し、六国を秦《しん》に従わせる「**連衡策**《れんこうさく》」を実現させようと、**張儀**《ちょうぎ》が暗躍していたころのこと。楚の国では、連衡に傾きつつあった体制の中で、**屈原**《くつげん》だけが合従の継続を主張して孤立し、やがて讒言《ざんげん》のために追放の身となりました。

屈原はやがて、憂国の情にかられ、わが身の前途を絶望して、汨羅《べきら》の淵《ふち》に身を投げて自殺します。それが五月五日だったといわれ、のちに、この日に粽《ちまき》を供えて屈原の霊をなぐさめるようになりました。五月五日の子どもの日に粽を食べる習慣は、ここからきています。

➡さて、この受身形は、「**見・被・為・所**」などの字を、古文の**受身の助動詞**「**る・らる**」と読むだけのことです。**必ず下から返読して**「る・らる」と読みます。「る」か「らる」かは、接続の問題です。

**る**……四段・ナ変・ラ変の未然形につく。
**らる**……その他（上二段・上一段・下二段・下一段・カ変・サ変）の未然形につく。

漢文ではナ変の「死ぬ・往《い》ぬ」は使いません。

➡「る・らる」そのものは、**下二段型に活用**します。

| 未然 | 連用 | 終止 | 連体 | 已然 | 命令 |
|---|---|---|---|---|---|
| れ | れ | る | るル | るレ | れヨ |
| らレ | らレ | らル | らルル | らルレ | らレヨ |

## 演習ドリル

**次の漢文の傍線部を書き下し文にせよ。送りがなを省いてある部分がある。**

(1) 弥《び》子《し》瑕《か》見レ愛二於衛君一。（史記）

弥子瑕＝人名。衛君＝衛の国の君主。

［　　　　］

(2) 吾嘗《かつ》テ三《み》タビ仕ヘ、三見レ逐二於君一。（史記）

［　　　　］

(3) 厚キ者ハ為レ戮、薄《うす》キ者ハ見レ疑。（韓《かん》非《び》子《し》）

厚者＝程度の甚だしい者。戮＝りくス。殺す。

［　　　　］［　　　　］

(4) 寛ニシテ而見レ畏、厳ニシテ而見レ愛。（宋名臣言行録《そうめいしんげんこうろく》）

寛＝寛大。厳＝厳格。

［　　　　］［　　　　］

(5) 被ルコトレ駆《か》ラ不レ異ナラ二犬ト与一レ鶏。（杜《と》甫《ほ》）

［　　　　］

**【解答】** (1)（弥《び》子《し》瑕《か》）衛君《えいくん》に愛《あい》せらる。（訳 弥子瑕は衛国の君主に愛された。） (2)（吾嘗《われかつ》て三《み》たび仕《つか》へ）三《み》たび君《きみ》に逐《お》はる。（訳 私はかつて三度仕官し、三度とも主君に追放された。） (3)（厚《あつ》き者《もの》は）戮《りく》せられ、（薄《うす》き者《もの》は）疑《うたが》はる。（訳 程度の甚だしい者は殺され、程度の軽い者も疑われた。） (4)（寛《かん》にして）畏《おそ》れられ、（厳《げん》にして）愛《あい》せらる。（訳 寛大でありながら畏れられ、厳格でありながら愛される。） (5)駆《か》らるること犬《いぬ》と鶏《にわとり》とに異《こと》ならず。（訳 追いたてられることは犬や鶏と変わるところがない。）

☆

**【解説】** (1)「愛す」はサ変だから「愛せらる」。「衛君」は受身の対象で、置き字「於」があることから送りがなは「ニ」。 (2)「逐」は「逐ふ」。「放逐」などの熟語から考えたい。四段だから「逐はる」。「君」の送りがなは置き字「於」があることからも「ニ」。斉《せい》の桓公《かんこう》に仕えた名宰相《さいしょう》管仲《かんちゅう》のことば。 (3)「戮す」はサ変、「疑ふ」は四段。右ページの例文と同じで、「為」は連用形にして「られ」。 (4)「畏る」は下二段、「愛す」はサ変だから、ともに「見」は「らる」。前半の「見」はやはり連用形にして「られ」。蘇《そ》軾《しょく》のことば。そういう一面を持たなければならないということ。 (5)「被」は「る」の連体形「るる」。杜甫の古詩「兵車行《へいしゃこう》」の一句。

## 46 受身形

**A 為《な》ル二 B ノ 所ト一レ C**（連体形）

**読み**　ABのC(する)ところとなる

**意味**　AはBにCされる

為ル二楚ノ所ト一レ敗《やぶ》ル。（十八史略《じゅうはっしりゃく》）

**読**　楚《そ》の敗《やぶ》る所《ところ》と為《な》る。

**訳**　楚に敗られた。

### ヤマを講義

**受身の公式は覚えよう！**


春秋時代、**宋《そう》の襄公《じょうこう》**は、泓水《おうすい》のほとりで楚《そ》と戦いました。自軍がすでに陣をととのえたとき、敵はまだ川を渡りきっていない。公子《こうし》の目夷《もくい》は、進言しました。

「敵が川を渡りきらぬうちに攻めましょう。」

しかし、襄公は泰然《たいぜん》として言いました。

「君子というものは、人の困難につけこんだりしないものだ。」

やがて楚軍が川を渡って陣形をととのえてから、ワーッと戦闘スタートとなったのですが、宋は楚に大敗を喫《きっ》し、襄公自身も受けた傷がもとで亡くなります。

この話から、**無用な情《なさけ》をかけること**を「**宋襄《そうじょう》の仁《じん》**」というようになりました。


⬇**A**が主語、**B**が受身の対象、**C**が受身の内容で、「所」へ返りますから、Cの位置は連体形にします。

Cが二字以上の場合は「レ」ではなく、一二点になります。

⬇この「**ABのCする所と為る**」という**受身形**は、「ABをしてCせしむ」の使役形と並んで、入試漢文では非常に大きなポイントです。

### もうひとヤマ

**ABのためにCせらる**

「A為二B所一レC」の形は、「所」が「る・らる」とも読めるために、次のように読むこともできます。

例文で読みかえてみましょう。

**為**ニ楚ノ 所レ敗ラ。（楚《そ》の為《ため》に敗《やぶ》らる。）

意味は同じです。

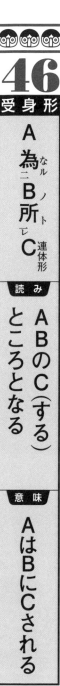

## 演習ドリル

**次の漢文の傍線部を書き下し文にし、口語訳せよ。(2)〜(5)は送りがなを省いてある。**

(1) (張《ちやう》儀《ぎ》)為ル二楚ノ相ノ所ト一レ辱シムル。（十八史略）

〔　　　　〕

(2) 吾ガ子以テレ多キヲレ財為二盗所一レ害。（李《り》娃《あ》伝《でん》）

〔　　　　〕

(3) 兵破レ士北《に》ゲ、為三秦《しん》所二禽《きん》滅《めつ》一。（史《し》記《き》）

秦＝国名。禽滅＝とりこにし、殺す。

〔　　　　〕

(4) 太《たい》祖《そ》ノ馬《ば》鞍《あん》在リテレ庫《くら》ニ為二鼠所一レ齧。（三《さん》国《ご》志《くし》）

太祖＝魏《ぎ》の曹操《そうそう》。齧＝かじル。

〔　　　　〕

(5) 先ンズレバ則チ制シレ人ヲ、後則為二人所一レ制。（史記）

〔　　　　〕

**【解答】** (1) (張儀《ちょうぎ》) 楚《そ》の相《しょう》の辱《はずか》しむる所《ところ》と為《な》る。 訳 (張儀は) 楚の宰相に恥をかかされた。 (2) (吾《わ》が子《こ》財《たから》多《おお》きを以《もっ》て) 盗《とう》の害《がい》する所《ところ》と為《な》る。 訳 (私の息子は金品をたくさん持っていたために) 盗賊に殺された。 (3) (兵破《へいやぶ》れ士北《しに》げ) 秦《しん》の禽滅《きんめつ》する所《ところ》と為《な》る。 訳 (軍は敗れ、兵士は逃げ) 秦にとらえられて殺された。 (4) (太祖《たいそ》の馬《ば》鞍《あんくら》庫に在《あ》りて) 鼠《ねずみ》の齧《かじ》る所《ところ》と為《な》る。 訳 (太祖の馬の鞍は倉庫の中にあって) ネズミにかじられた。 (5) (先《さき》んずれば則《すなわ》ち人《ひと》を制《せい》し) 後《おく》るれば則《すなわ》ち人《ひと》の制《せい》する所《ところ》と為《な》る。 訳 (先手を打てば人をおさえることができ) 後手《ごて》にまわれば人におさえられる。

☆

**【解説】** (1) 「辱しむ」は下二段活用。「所」へ返るために連体形になっている。 (2) 「盗」は、盗賊・強盗。「害す」は殺害すること で、サ変動詞。 (3) 「禽滅」は**二字の熟語だからサ変動詞**。連体形にして「禽滅する」。 (4) 「齧」は四段動詞「かじる」。 (5) は前半がヒント。「先んずれば」はサ変の已然形プラス「ば」。「後」は下二段動詞「後る」である。「先んずれば」と同じように、已然形「後るれ」プラス「ば」にする。「則」は、已然形プラス「ば則ち」の形で用いられる。「**レバ則《そく》**」と覚えておこう。「制す」はサ変。

## 47 受身形

**AハCニ̲於Bニ**

A ハ C 二（未然形＋ル・ラル） 於 B 一ニ

**読み** AはBにC（せ）らる

**意味** AはBにCされる

労スル レ力ヲ 者ハ 治メラル 二 於 人一ニ。（孟子《もうし》）

**読** 力《ちから》を労《ろう》する者《もの》は人《ひと》に治《おさ》めらる。

**訳** 肉体労働をする者は、人に治められる。

### ヤマを講義　置き字「於」による受身形

**孟子**が、農業至上《しじょう》主義者**許行**《きょこう》の考え方に、批判的に述べた長いことばの一部です。

すべて、人の仕事にはそれぞれ分担がある。世の中には、心を使う仕事もあれば肉体を使う仕事もある。

「**心を労する者は人を治め、力を労する者は人に治めらる。人に治めらるる者は人を食**《やしな》**ひ、人を治むる者は人に食はる。**」

精神労働をする者は人を治め、肉体労働をする者は人に治められる。人に治められる者は、生産し租税を納めて治める者を養い、治める側の者は、耕す暇《ひま》はないから治められる者に養われる。それが天下の道理だと、孟子は言っていますが、孟子のこのことばは、一九七〇年代の中国で、批孔《ひこう》運動のヤリ玉にあがりました。

➡この形は、「於《オ》・于《ウ》・乎《コ》」グループの置き字の、前置詞としての働きによるもので、**受身の対象をあらわす送りがな**の「ニ」にあたり、「於」の上の動詞に、**送りがなとして受身の助動詞「る・らる」**を添えます。

### もうひとヤマ　文意から受身に読むもの

受身形にはほかに、「**任**《にん》**ぜらる・封**《ほう》**ぜらる・誅**《ちゅう》**せらる**（殺される）・**謫**《たく》**せらる**（左遷《させん》される）」のように、語そのものの意味のうえから受身に読むものや、文脈上受身に読むものもあります。

狡 兎 死シテ 良 狗 烹《に》ラル。（狡兎死《こうとし》して良狗《りょうく》烹《に》らる。）（史記《しき》）

「すばしこい兎が死ぬとよい猟犬も煮殺される。」

# 演習ドリル

**次の漢文の傍線部を書き下し文にし、口語訳せよ。(2)～(5)は送りがなを省いてある。**

(1) 辱シメラル二於奴《ど》隷《れい》人《じん》之《の》手ニ一。（雑説《ざっせつ》）

「　　　　」

(2) 以テ二節倹力行ヲ一重二於斉一。（史記）

重＝重ンズ。重く用いる。斉＝国名。

「　　　　」

(3) 通ズル者ハ常ニ制シレ人ヲ、窮者常制二於人一。（荀子《じゅんし》）

通者＝知恵のある者。窮者＝おろかな者。

「　　　　」

(4) 孔子用二於楚一、則チ陳《ちん》・蔡《さい》危《あや》フカラン。（十八史略《じゅうはっしりゃく》）

楚・陳・蔡＝いずれも国名。

「　　　　」

(5) 不レ信二乎朋友一。（中庸《ちゅうよう》）

「　　　　」

**【解答】** (1)奴《ど》隷《れい》人《じん》の手《て》に辱《はずか》しめらる。訳下《げ》僕《ぼく》らの手でひどい扱いをされる。 (2)（節倹力行《せっけんりきこう》を以《もっ》て）斉《せい》に重《おも》んぜらる。訳（節約し努力するということを以て）斉の国に重く用いられた。 (3)（通《つう》ずる者《もの》は常《つね》に人《ひと》を制《せい》し）窮《きゅう》する者《もの》は常《つね》に人《ひと》に制《せい》せらる。訳（知恵のある者は常に人を支配し）愚かな者は常に人に支配される。 (4)孔子《こうし》楚《そ》に用《もち》ひらるれば、（則《すなわ》ち陳《ちん》・蔡《さい》危《あや》ふからん）。訳孔子が楚の国に用いられたならば、（陳や蔡の国は危うくなるであろう）。 (5)朋友《ほうゆう》に信《しん》ぜられず。訳友人に信頼されない。

☆

**【解説】** (1)「辱しむ」は下二段活用。下二段には「らる」がつく。(2)春秋時代の斉の名宰相晏嬰《さいしょうあんえい》のこと。「重んず」はサ変なので、やはり「らる」がついて「重んぜらる」。「斉」の送りがなは、置き字「於」があるので「ニ」。(3)は前半の読み方がヒント。「制す」もサ変なので、やはり「らる」がつく。(4)「則ち」は「レバ則《そく》」だから、「らる」の**已然形**＋「ば」で、「用ひらるれば則ち」と読みたい。「用ふ」は、**ワ行上一段**「用ゐる」ではなく、ハ行上二段で読む。(5)「信ず」はサ変。「信ぜらる」からさらに「不」へ返るので、「らる」を未然形にして「信ぜられず」。

# 漢詩のきまりと文学史のヤマ

漢詩のきまりや文学史が出たら「ヤッター!」と叫ぼう!

## ココがヤマ　形式名は漢字四字で正しく

近体詩《きんたいし》
- 五言絶句《ごごんぜっく》…一句が五文字、四句で構成。
- 七言絶句《しちごんぜっく》…一句が七文字、四句で構成。
- 五言律詩《ごごんりっし》…一句が五文字、八句で構成。
- 七言律詩《しちごんりっし》…一句が七文字、八句で構成。

古体詩《こたいし》
- 五言古詩《ごごんこし》…一句が五文字、四句・六句ないしは十句以上の偶数句（制限なし）。
- 七言古詩《しちごんこし》…一句が七文字、四句・六句ないしは十句以上の偶数句（制限なし）。

右のほか、近体詩には「排律《はいりつ》」、古体詩には「楽府《がふ》」及び四言古詩《しごんこし》などがあるが、覚える必要はない。右の六つが漢字で正しく書けるようであればよい。

## ココがヤマ　偶数句末の□は押韻の問題

決められた句の末尾の字に同じ韻《いん》の字を用いて、ひびきをそろえるきまりを「押韻《おういん》」という。次の●が押韻する字である。……線は一句の中の語構成を示す。

押韻の位置
- 五言の詩…偶数句末。
- 七言の詩…第一句末と偶数句末。

（例）五言絶句

○○○○○……起句《きく》
○○○○●……承《しょう》句
○○○○○……転《てん》句
○○○○●……結《けっ》句

（例）七言律詩

○○○○○○●
○○○○○○●……首聯《しゅれん》
○○○○○○○
○○○○○○●……頷《がん》聯……対句《ついく》になる
○○○○○○○
○○○○○○●……頸《けい》聯……対句になる
○○○○○○○
○○○○○○●……尾《び》聯

押韻は「塵《ジン》・新《シン》・人《ジン》」のように、音読みしてみて、だいたいひびきがそろえばよし。長い古詩の場合、途中で韻の種類が変わることがある。

## ココがヤマ　律詩・古詩は対句もポイント

二つの句の語構成を対《つい》にしてそろえる形を**対句**《ついく》といい、律詩では頷聯《がんれん》（第三句と第四句）・頸聯《けいれん》（第五句と第六句）は対句にするきまりになっている。
首聯《しゅれん》や尾聯《びれん》も対句になってもよく、杜甫《とほ》の「登高《とうこう》」のように全聯対句という律詩もある。
どの位置でというきまりはないが、古詩でも対句は多用されるし、質問の対象になることも多い。

## ココがヤマ　白居易・杜甫・李白で決まり

漢詩の文学史は、白居易《はくきょい》・杜甫《とほ》・李白《りはく》でほとんど決まりである。この三人については、ポイントをおさえておきたい。

**李白**《りはく》……**詩仙**《しせん》と呼ばれ、**自由奔放**《ほんぽう》で天才肌の詩風。絶句にすぐれる。**盛唐**《せいとう》の詩人。

**杜甫**《とほ》……**詩聖**《しせい》と呼ばれ、**沈痛・雄渾**《ゆうこん》な詩風の**憂愁**《ゆうしゅう》の詩人。律詩にすぐれる。**盛唐**の詩人。

**白居易**《はくきょい》…字《あざな》は**楽天**《らくてん》。詩文集『**白氏文集**《はくしもんじゅう》』は日本の平安文学に大きな影響を与えた。特に「**長恨歌**《ちょうごんか》」はよく知られている。**平易流暢**《へいいりゅうちょう》な詩風で、社会を諷刺《ふうし》した古詩にすぐれる。**中唐**《ちゅうとう》の詩人。

あとは、

**屈原**《くつげん》……戦国時代の楚《そ》の詩人。『**楚辞**《そじ》』。

**陶潜**《とうせん》……**陶淵明**《とうえんめい》とも。晋《しん》末の**田園詩人**。「飲酒」「五柳《ごりゅう》先生伝《せんせいでん》」「帰去来辞《ききょらいのじ》」「桃花源記《とうかげんのき》」。

**王維**《おうい》……**詩仏**《しぶつ》と呼ばれる。**盛唐の自然詩人**。

**杜牧**《とぼく》……杜甫に対して小杜と呼ばれる、**李商隠**《りしょういん》とともに**晩唐**《ばんとう》の代表的詩人。

**蘇軾**《そしょく》・**陸游**《りくゆう》…宋《そう》代の代表的詩人。

## ココがヤマ　文章は唐宋八大家

文章家としては、内容・思想を重んじて**古文復興運動**を推進した「**唐宋八大家**《とうそうはちたいか》」と呼ばれる八人が重要。

**唐**…**韓愈**《かんゆ》・**柳宗元**《りゅうそうげん》

**宋**…**欧陽脩**《おうようしゅう》・**蘇洵**《そじゅん》・**蘇軾**《そしょく》（号は東坡《とうば》）・**蘇轍**《そてつ》（軾と轍は兄弟、洵は父）・**王安石**《おうあんせき》・**曽鞏**《そうきょう》。

漢文では、文学史の問題は非常に少ない。これくらい覚えておけば十分である。

## 48 比較形

**AハC（ナリ）ニ於BヨリモB一**

読み

**AはBよりもC（なり）**

意味

**AはBよりもCである**

苛《か》政ハ猛《まう》ニ於虎ヨリモ一也。（礼記《らいき》）

読　苛政《かせい》は虎《とら》よりも猛《もう》なり。

訳　苛酷《かこく》な政治は人食い虎よりも恐ろしい。

### ヤマを講義

**置き字「於」による比較形**

**孔子《こうし》**が弟子たちをつれて泰山《たいざん》のふもとにさしかかったとき、一人の女が墓の前でワンワン泣いていました。

なぜ泣いているのかとたずねると、女は答えて、

「実は、私の舅《しゅうと》は、このあたりに棲《す》む人食い虎に食われました。夫も食われました。それが、今度は子どもまで食われたのです。それで泣いているのです。」

「どうしてそんな恐ろしい土地を出ていかないのか？」

「ここには厳しい政治がありませんから。」

そこで孔子は弟子たちに向かって言いました。

「諸君、覚えておきなさい。苛酷《かこく》な政治というものは、人食い虎よりも恐ろしいものなのだ。」

➡この「**AC二於B一**」という形は、見かけ上は「AはBにCせらる」の受身形と同じですね。前置詞にあたる「**於・于・乎**」**グループの置き字にはいろいろな働きがあって、**送りがな「**ヨリモ**」にあたる用法もあります。

### もうひとヤマ

**最上級の比較形**

**AハC無シレC二ナルハ於B一ヨリ**（AはBよりCなるはなし）

「Aについては、BよりもCなものはない」という形。

存ミルニハ二乎人ヲ一者、**莫**シレ良キハ二**於**眸子ヨリ一。（孟子《もうし》）

（人《ひと》を存《み》るには、眸子《ぼうし》より良《よ》きは莫《な》し。）

「人を観察するには、瞳《ひとみ》よりよいものはない。」

また、「於」を用いない、次のような形もあります。

**莫シレAナルハレ焉これヨリ**（これよりAなるはなし）

「これよりもAなものはない」という形です。

## 演習ドリル

**次の漢文(1)〜(3)の傍線部を書き下し文にせよ。(4)(5)は口語訳せよ。**

(1) 霜《さう》葉《えふ》ハ紅二於二月花一。 （杜《と》牧《ぼく》）

霜葉＝霜に色づいた紅葉。紅＝くれない。

［　　　　］

(2) 防グハ二民之《の》口ヲ一、甚二於防レ水。 （史《し》記《き》）

［　　　　］

(3) 天下莫シ三柔二-弱ナルハ于水ヨリ一。 （老《ろう》子《し》）

［　　　　］

(4) 養フニハレ心ヲ莫シレ善キハ二於寡《くわ》欲《よく》ヨリ一。 （孟子）

寡欲＝欲望が少ないこと。

［　　　　］

(5) 反《かへ》リミテレ身ニ誠ナラバ、楽シミ莫シレ大ナルハレ焉ヨリ。 （孟子）

［　　　　］

**【解答】** (1)（霜葉《そうよう》は）二月《にがつ》の花《はな》よりも紅《くれない》なり。（訳 霜に色づいた紅葉は二月の桃の花よりも赤い。） (2)（民《たみ》の口《くち》を防《ふせ》ぐは）水《みず》を防《ふせ》ぐよりも甚《はなは》だし。（訳 人民の口をふさぐのは、川の水をせきとめるよりもひどい害をもたらす。） (3)天下《てんか》水《みず》より柔弱《じゅうじゃく》なるは莫《な》し。（訳 天下に水よりも柔らかく弱いものはない。） (4)善の心を養うには欲望を少なくするよりよい方法はない。 (5)自分自身を反省してみて誠実であれば、楽しみとしてこれより大きなものはない。

☆

**【解説】** (1)「二月の花」は桃の花。「紅なり」は、形容詞「紅《あか》し」でもよい。晩唐《ばんとう》の詩人杜牧《とぼく》の七言絶句《しちごんぜっく》「山行《さんこう》」の一節。 (2)「ヨリモ」は活用語には連体形につく。「防ぐ」は四段活用だから「防ぐよりも」。「甚」は「はなはだし」。 (3)「于」は「於」と同じ。「天下」のあとは「4三2二-3于1一」の順に読む。この後、老子は「**柔弱は剛強に勝つ**」と言っている。 (4)「寡《か》」は少ない意。「善《よ》きは」の位置には、形容詞か形容動詞の連体形がくる。「善《ぜん》なるは」と読むこともできる。読 心《こころ》を養《やしな》ふには寡欲《かよく》より善《よ》きは莫《な》し。 (5)「焉」を「これ」と読む。「焉」は、文末では置き字、文頭では疑問・反語の「いづくんぞ」など、用法の多い字である。読 身《み》に反《かえ》りみて誠《まこと》ならば、楽《たの》しみ焉《これ》より大《だい》なるは莫《な》し。

## 49 比較形

**A《ハ》不ㇾ如《しカ》ㇾB《ニ》**

読み

**AはBにしかず**

意味

**AはBには及ばない**
**AよりBのほうがよい**

百聞《ハ》不ㇾ如《しカ》二一見《ニ》一。（漢書《かんじょ》）

読　百《ひゃく》聞《ぶん》は一見《いっけん》に如《し》かず。

訳　百回聞くよりも、一回見るほうがよい。

### ヤマを講義　必ず「…に」から返る

老将の**趙充国**《ちょうじゅうこく》は悩んでいました。

前線からは次々と戦況を知らせる報告が届くが、後方の大本営《だいほんえい》の机の上では、どうしても正確な実情が把握できない。趙充国は武帝《ぶてい》に前線に派遣すべき人材を問われて、言いました。

「陛下、**百聞は一見に如かず**と申します。これから前線まで馬を走らせて、実情を見て作戦を立てたいと存じますが…。」

何度人から話を聞くよりも、この目で一度見るほうがたしかだ、ということばは、諺《ことわざ》のようになっていて、日常生活でもよく使われています。このまま原文ごと覚えておきましょう。

➡「**如く**」は「及ぶ」という意味の四段動詞ですが、「…に如く」と肯定文で用いることはあまりなく、「如かず」とか「如くは無《な》し」のように否定の形で用います。「**AはBに及ばない**」ということは、「**AよりもBのほうがよい**」ということですね。

➡「如かず」には**必ず**「…に」から返り、「に」の前は**体言**か、**活用語の連体形**です。

➡「**不ㇾ若**」も「不ㇾ如」と同じ。

➡「**如**」と「**若**」は共通する用法（読み方）が多く、この比較形の「しく」以外にも、**仮定形**の「**もし**」（136ページ）、**比況形**《ひきょうけい》の「**ごとし**」（144ページ）があります。

## 演習ドリル

**次の漢文（(1)～(3)は傍線部）を書き下し文にし、口語訳せよ。傍線部は送りがなを省いてある。**

(1) 天ノ時ハ不レ如カ二地ノ利ニ一。地利不レ如二人和一。（孟子《もうし》）

天時＝時の好条件。地利＝地勢の有利さ。

(2) 巧詐不レ如二拙誠一。（韓非子《かんぴし》）

巧詐＝たくみないつわり。拙誠＝つたないまごころ。

(3) 尽《ことごとク》信ズレバレ書ヲ、則チ不レ如レ無レ書。（孟子）

(4) 跂《つまだチテ》而望ムハ不レ如カ二登ルレ高キニ之《の》博《ひろク》見ユルニ一也。（荀子《じゅんし》）

跂＝つま先だって立つ。博＝広。

**【解答】** (1)（天《てん》の時《とき》は地《ち》の利《り》に如《し》かず。）地《ち》の利《り》は人《ひと》の和《わ》に如《し》かず。**訳**（時の好条件も地勢の有利さには及ばない。）地勢の有利さは人心の和には及ばない。(2)巧詐《こうさ》は拙誠《せっせい》に如《し》かず。**訳**たくみないつわりは、つたないまごころには及ばない。(3)（尽《ことごと》く書《しょ》を信《しん》ずれば、則《すなわ》ち）書《しょ》無《な》きに如《し》かず。**訳**（書物に書かれていることをすべて信ずるのならば）書物がないほうがよい。(4)跂《つまだ》ちて望《のぞ》むは高《たか》きに登《のぼ》るの博《ひろ》く見《み》ゆるに如《し》かざるなり。**訳**つま先だって遠くをのぞむのは、高い所に登ったときに広く見えるのには及ばない。

☆

**【解説】** (1)は、「天の時」「地の利」の読みは示してあるから、「人和」は「人の和」と、同じように読めばよい。(2)は、(1)の形とまったく同じである。どんなにたくみにつかれたウソ（心をいつわった行為）よりも、へたでもまごころに基づいた行為のほうがよい、ということ。(3)「…に如かず」の「に」は活用語には連体形につくので「無きに」。(4)低い所でいくら背伸びしたりつま先立ったりしても、高い所に登っている人が見える視界の広さにはかなわない。高い所に身を置かなければ見えない世界がある、高い立場に立ってみなければわからないことがある、ということである。

# 50 比較形

## Aハ無シレ如《し》クハレBニ

**読み** AはBにしくはなし

**意味** Aに関してはBにまさるものはない

衣ハ莫シレ若《し》クハレ新シキニ。（晏子春秋《あんししゅんじゅう》）

**読** 衣《ころも》は新《あたら》しきに若《し》くは莫《な》し。

**訳** 着物に関しては、新しいものにまさるものはない。

### ヤマを講義　AとBを比べるのではない

春秋時代の斉《せい》の名宰相晏嬰《さいしょうあんえい》が、主君である景公《けいこう》に言ったことば。

**「衣《ころも》は新《あたら》しきに若《し》くは莫《な》く、人《ひと》は故《ふる》きに若《し》くは莫《な》し。」**

着るものは新しいのにまさるものはないが、人は古くからの友人にまさるものはない。「故き」は「故き人」、つまり「故人（＝旧友）」です。

晏嬰は身の丈《たけ》六尺《しゃく》（今の一三五センチくらい）にも満たない小さな人だったのですが、主君の非に対しては敢然と諫言《かんげん》する人物でした。司馬遷《しばせん》は「もし晏子《あんし》が現在生きていたら、私は御者《ぎょしゃ》となって鞭《むち》をとってもいいと思うほど敬慕《けいぼ》しているのだ」と言っています。

➡さて、この「AはBに如くは無し」の形は、「AはBに如かず」とは、「無」と「不」の違いがあるだけで同じような形に見えますが、実はだいぶ違います。

**「AはBに如かず」**のほうは、AとBとを比べて「AよりはBのほうがよい」と言っているのですが、**「AはBに如くは無し」のほうは、AとBとを比べているのではありません。**118ページの「**A無レC二於B一**」（AはBよりCなるはなし）と同じ**最上段の表現**で、「Aに関してはBが一番だ」という意味になります。

➡「如くは無し」も、「如かず」と同じく、**必ず「…に」から返り、「に」の前はやはり、体言か活用語の連体形**です。

➡「無＝莫」「如＝若」ですから、「**無レ若**」「**莫レ若**」「**莫レ如**」なども同じです。

## 演習ドリル

1 次の漢文を書き下し文にし、口語訳せよ。送りがなを省いてある部分がある。

(1) 知レ臣 莫レ如レ君。（史記《しき》）
君＝主君。

「　　　」

(2) 人之《の》所ハレ急ニスル 無レ如二其 身一。（韓非子《かんぴし》）
急＝一番大切にする。

「　　　」

2 次の書き下し文のように読むための返り点をつけよ。(2)は口語訳もせよ。

(1) 大王《だいおう》の為《ため》に計《はか》るに、六国従親《りっこくしょうしん》して以《もっ》て秦《しん》を擯《しりぞ》くるに若《し》くは莫《な》し。
為大王計、莫若六国従親以擯秦。（十八史略《じゅうはっしりゃく》）

(2) 身《み》に病《やまい》無《な》く心《こころ》に憂《うれ》ひ無《な》きに若《し》くは莫《な》し。
莫若身無病而心無憂。（蘇軾《そしょく》）
「　　　」

【解答】 1 (1)臣《しん》を知《し》るは君《きみ》に如《し》くは莫《な》し。訳臣下を知ることに関しては、主君にまさるものはない。 (2)人《ひと》の急《きゅう》にする所《ところ》は其《そ》の身《み》に如《し》くは無《な》し。訳人間が一番大切にするのは自分自身だ。

2 (1)為二大王一計、莫レ若二六国従親以擯一レ秦。 (2)莫レ若二身無レ病而心無一レ憂。訳体に病気がなく、心に心配事のないのが一番だ。

☆

【解説】 1 (1)「知レ臣」が「Aは」にあたる位置にあるから、連体形プラス「は」で、「臣を知るは」と読みたい。「如くは莫し」の部分は、(1)・(2)ともに下が体言だから、「君に如くは莫し」「其の身に如くは無し」でよい。(1)は「臣下のことは主君が一番よくわかっている」のように訳してもよい。(2)は、直訳すれば「人間が一番大切にするところのものに関しては、自分自身にまさるものはない」。

2 (1)六国《りっこく》の合従《がっしょう》同盟を説いた蘇秦《そしん》のことば。「大王の為に」は二字上だから一二点。「秦を擯くる」は一字上だからレ点。「擯」から「莫レ若」へは六字上へ返るので、「擯」の左下は一レになる。訳大王の為に計略をめぐらしてみるに、六国が南北に同盟して秦をしりぞけるのにまさる方法はない。(2)これも「憂ひ無きに」の「無」から六字上の「莫レ若」に返るために「無」の左下につく一レがポイント。

マークの数（3→1）は、多い順に入試の出題頻度を示す

# 51 選択形

与《よ》リハレA寧《むし》ロB セヨ

**読み**

AよりはむしろBせよ

**意味**

AするよりもBせよ

喪《も》ハ与リハ二其ノ易《をさ》マラン一也寧ロ戚《いた》メ。（論語《ろんご》）

**読** 喪《も》は其《そ》の易《おさ》まらんよりは寧《むし》ろ戚《いた》め。

**訳** 葬儀は形がととのっていて立派であることよりも、むしろ死者をいため。

⬇「AよりはむしろB」は、Bのほうをとる選択形です。次に示すような、いくつかの類型がありますが、要は「与《よ》りは」と「寧ろ」が読めれば、意味がわからないということはないでしょう。

「与（より）」はひらがなにします。

## ヤマを講義 「与」と「寧」が読めればOK

林放《りんぽう》が先生に「礼の根本とは何でしょうか」とたずねたときに、孔子《こうし》は「ずいぶん大きな質問だね」と言いながらも、こう答えました。

「**礼は其の奢《おご》らんよりは寧《むし》ろ倹《けん》なれ。喪は其の易《おさ》まらんよりは寧ろ戚《いた》め。**」

礼（儀式）はぜいたくであるよりはむしろ質素にしなさい。葬儀はととのって立派にすることよりもむしろ亡くなった人を心からいたみなさい。

つまり、礼は形式よりも心が大切だということを、孔子は言いたかったのでしょう。『論語』八佾《はちいつ》篇にある有名なことばです。

## もうひとヤマ 「与レA～」のその他の形

与リハレA寧ロBセン（AよりはむしろBせん）
AするよりはむしろBしよう

与リハレA不レ如カ二Bニ一（不レ若）（AよりはBにしかず）
AするよりはBするほうがいい

与リハレA孰二若レゾB一（孰与）
AとBとではどちらがよいか（Bのほうがいいだろう?）

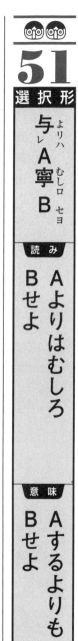

## 演習ドリル

**次の漢文を書き下し文にし、口語訳せよ。**

(1) 与リハ二其ノ不遜ナラン一也寧ロ固ナレ。（論語）

不遜＝尊大。固＝かたくなである。也＝置き字。

(2) 与リハ二其ノ生キテ而無レカラン義、固《もと》ヨリ不レ如レカ烹《に》ラルルニ。（史記《しき》）

烹＝煮殺される。

(3) 与リハレ為ル二人ノ妻一ト、寧ロ為ラン二夫子ノ妾《せふ》ト一。（荘子《そうし》）

(4) 与リハ二人ノ刃《じん》センレ我ヲ、寧ロ自刃セン。（史記）

(5) 与リハ二其ノ有レラン楽シミ二於身ニ一、孰二若レゾ無レキニ憂ヒ二於其ノ心ニ一。（韓愈《かんゆ》）

**【解答】** (1)其《そ》の不遜《ふそん》ならんよりは寧《むし》ろ固《こ》なれ。訳尊大であるよりはむしろかたくなであれ。 (2)其《そ》の生《い》きて義《ぎ》無《な》からんよりは、固《もと》より烹《に》らるるに如《し》かず。訳生きながらえていて不義であるよりは、もちろん煮殺されるほうがよい。 (3)人《ひと》の妻《つま》と為《な》るよりは、寧《むし》ろ夫子《ふうし》の妾《しょう》と為《な》らん。訳ほかの人の妻になるよりは、あなたの妾になるほうがよい。 (4)人《ひと》の我《われ》を刃《じん》せんよりは、寧《むし》ろ自刃《じじん》せん。訳他人に殺されるよりは、自殺したほうがよい。 (5)其《そ》の身《み》に楽《たの》しみ有《あ》らんよりは、其《そ》の心《こころ》に憂《うれ》ひ無《な》きに孰若《いず》れぞ。訳肉体的な快楽があるのと、心に憂いがないのとではどちらがよいか。

☆

**【解説】** (1)右ページの例文と同じで、「**也**」は置き字。 (2)「烹らる」は釜《かま》ゆでの刑にされること。「烹」は上一段動詞で、「**らる**」は**文脈から受身**に読んでいる。 (3)「**夫子**」は「先生」のことが多いが、ここでは「あなた」。「あのお方」などでもよい。「**妾**」は女性が自分のことを言う謙称として用いることが多いが、ここでは、正妻《せいさい》でない妻。 (4)「刃す」は刀剣で殺すこと。 (5)韓愈の「李愿《りげん》の盤谷《はんこく》に帰るを送る序《じょ》」という文章の一節。当然「心に憂ひ無き」のほうがよいであろうと言いたいのである。

# 52 選択形

寧《むしロ》A終止形＋トモ　無《カレ》レB連体形＋コト

**読み**

むしろA(す)とも B(する)(こと)なかれ

**意味**

Aしても、Bはするな

寧《むしロ》為《なルトモ》二鶏口《ト》一無《カレ》レ為《ル》二牛後《ト》一。（十八史略《じゅうはっしりゃく》）

**読**　寧《むし》ろ鶏口《けいこう》と為《な》るとも牛後《ぎゅうご》と為《な》る無《な》かれ。

**訳**　鶏《にわとり》のくちばしにはなっても、牛の尻《しり》にはなるな。

## ヤマを講義　「寧」と「無」が読めればOK

戦国時代、強国秦《しん》に対抗するには、燕《えん》・趙《ちょう》・魏《ぎ》・斉《せい》・韓《かん》・楚《そ》の六国《りっこく》が軍事同盟を結ぶしかないと、各国の王に自説を説いてまわるとき、縦横家《じゅうおうか》の**蘇秦**《そしん》はこの諺《ことわざ》を用いました。

「鶏のくちばしにはなっても、牛の尻にはなるな。」

小さくても一国の主であるほうが、大国の臣になりさがるよりいいではないか、ということです。鶏は、燕・趙などの六国のこと、牛はもちろん大国の秦のことです。「**鶏口牛後**《けいこうぎゅうご》」のお話です。

➡「**寧ろAすともBする無かれ**」の形は、**Aのほうをとる選択形**です。これにもいくつかのパターンがありますが、やはり「**寧ろ**」や「**無かれ**」が読めれば、意味がわからないということはないでしょう。

「**無かれ**」は「**莫・勿・毋**」でも同じです。

## もうひとヤマ　「寧A～」のその他の形

**寧《ロ》A《ストモ》不レ能《ハ》レB《スル》**（むしろAすともBするあたはず）
Aすることはあってもbすることはできない

**寧《ロ》A《ストモ》不《ラン》レB《セ》**（むしろAすともBせざらん）
AしてもBしないつもりだ

**寧《ロ》其《レ》A乎、寧《ロ》其《レ》B乎**（むしろそれAか、むしろそれBか）
Aか、それともBか、どちらがよいか
（Bのほうがいいのではないか）

## 演習ドリル

次の漢文を書き下し文にし、口語訳せよ。

(1) 寧ロ人負《そむ》クトモレ我ニ、毋カレ二我負クコト一レ人ニ。（言志後録《げんしこうろく》）

〔　　　　〕

(2) 吾ハ寧ロ闘《たたか》ハストモレ智ヲ、不レ能ハレ闘ハスレ力ヲ。（史記《しき》）

智＝知恵。

〔　　　　〕

(3) 寧ロ為ルトモ二刑罰ノ所ト一レ加フル、不ラン レ為ラ二陳君ノ所ト一レ短《そし》ル。（蒙求《もうぎゅう》）

陳君＝人名。

〔　　　　〕

(4) 此ノ亀ナル者ハ、寧ロ其レ死シテ為サン二留メテレ骨ヲ而尊バルルヲ一乎、寧ロ其レ生キテ而曳《ひ》カン二尾ヲ於塗《と》中ニ一乎。（荘子《そうし》）

塗＝泥。

〔　　　　〕

【解答】 (1)寧《むし》ろ人《ひと》我《われ》に負《そむ》くとも、我《われ》人《ひと》に負《そむ》くこと毋《な》かれ。訳 人が自分を裏切っても、自分が人を裏切ってはならない。 (2)吾《われ》は寧《むし》ろ智《ち》を闘《たたか》はすとも、力《ちから》を闘《たたか》はす能《あた》はず。訳 私は智恵を戦わすことはしても、力を戦わすことはできない。 (3)寧《むし》ろ刑罰《けいばつ》の加《くわ》ふる所《ところ》と為《な》るとも、陳君《ちんくん》の短《そし》る所《ところ》と為《な》らざらん。訳 いっそ、刑罰を加えられても、陳君にそしられないようにしたい。 (4)此《こ》の亀《かめ》なる者《もの》は、寧《むし》ろ其《そ》れ死《し》して骨《ほね》を留《とど》めて尊《とうと》ばるるを為《な》さんか、寧《むし》ろ其《そ》れ生《い》きて尾《お》を塗中《とちゅう》に曳《ひ》かんか。訳 この亀は、死んで骨を残して尊ばれていたほうがよいだろうか、それとも生きていて尾を泥の中でひきずっているほうがいいだろうか。

☆

【解説】 (1)「**寧ろAすともBすること無かれ**」の形。(2)は「**寧ろAすともBする能はず**」の形。項羽《こうう》の挑発を受けたときの、劉邦《りゅうほう》のことば。(1)・(2)とも「Aすとも」の「とも」は「負く」「闘はす」のように**終止形につく**。(3)は「**寧ろAすともBせず**」の形に、意志の「ん」がついた形。前半・後半とも、「為二A所一レB（AのBする所と為る）」の**受身形**がある。

(4)は「**寧ろ其れAか、寧ろ其れBか**」の形。「Bのほうがいいのではないか?」という気持ちを表す。宰相《さいしょう》に迎えようとする楚の国の使者に、荘子が言ったことば。自由な身でいたいということを言っている。

## 53 抑揚形

**A且《スラ》《かツ》B、況《いはンヤ》C《ヲ》乎**

**読み**

**Aすらかつ B、いはんやCをや**

**意味**

**AでさえBだ、ましてCであればなおさら(B)だ**

死馬《スラ》且《ツ》買《フ》レ之《ヲ》、況《ンヤ》生《ケル》者《ヲ》乎。（十八史略《じゅうはっしりゃく》）

**読** 死馬《しば》すら且《か》つ之《これ》を買《か》ふ、況《いわ》んや生《い》ける者《もの》をや。

**訳** 死んだ馬でさえ買うのだ。まして生きている馬ならなおさら高く買うだろう。

### ヤマを講義　「況んや…をや」の呼応がポイント

**燕《えん》の昭王《しょうおう》**は、**郭隗《かくかい》**に、国力を興《おこ》すに足る有能な人材を探してほしいと相談しました。郭隗は答えました。

「昔、ある国の王が、家来に千金を持たせて、千里《せんり》の馬を買いに行かせましたが、その男は死んだ馬の骨を五百金で買って帰ってきました。王は当然怒りましたが、その家来の者はこう申したそうです。『王様、大丈夫でございます。死んだ馬の骨でさえ五百金もの大金で買ったのですから、まして生きている千里の馬であればなおさら高く買うに違いない、と馬の持ち主は思うでしょう。千里の馬は向こうから参ります』と。そのとおり千里の馬が三頭も集まったとか。ですから、王が人材をほしいとお思いならば、まずこの私から厚遇なさってみてはいかがでしょうか。」

「**先《ま》ず隗より始《はじ》めよ**」というお話です。郭隗は、自分を死んだ馬の骨に、人材を千里の馬にたとえています。今では「言いだした人からどうぞ」という意味で使います。

⬇**一番のポイントは**、「況んや…をや」の「**をや**」。

⬇「Aすら且つB」の「**且つ**」の部分は、「**猶《な》ほ**」あるいは「**尚《な》ほ**」が用いられることもあります。

⬇また、「Aすら且つ（猶ほ）B」という前半の形が不完全で、型にはまっていない場合もありますが、全体の文意のとり方はほとんど同じと考えてよし。

⬇後半部に「而《しか》るを況んやCをや」と、逆接の「而るを」がある場合もありますが、解釈上は無視してよし。

## 演習ドリル

**次の漢文を口語訳せよ。(5)は書き下し文も答えよ。（送りがなは省いてある）**

(1) 子《し》スラ且ツ然《しか》リ、況ンヤ高《たか》綱《つな》ヲ乎。（日本外史《にほんがいし》）

［　　　　］

(2) 顔回スラ尚ホ不レ能ハレ無キレ過《あやま》チ、況ンヤ其ノ余《よ》ヲ乎。（後漢書《ごかんじょ》）

顔回＝人名。孔子の高弟。

［　　　　］

(3) 児衣ノ在ルスラレ側《かたはら》ニ尚ホ齧《かじ》ラル、況ンヤ鞍ノ懸《か》ケタルヲレ柱ニ乎。（三国志《さんごくし》）

齧＝ネズミにかじられた。

［　　　　］

(4) 至ルマデ二於犬馬ニ一尽《ことごと》ク然リ、而ルヲ況ンヤ於《お》イテヲレ人ニ乎。（礼記《らいき》）

［　　　　］

(5) 布《ふ》衣《い》之交尚不二相欺一、況大国乎。（史記《しき》）

布衣之交＝庶民の交際。

［　　　　］

**【解答】** (1)あなたでさえそうだ、ましてこの高綱《たかつな》ならなおさらそうであろう。 (2)（あの賢者として知られる）顔回《がんかい》でさえあやまちがないということはありえない、ましてその他の者であればなおさらのことだ。 (3)子どもの着物が身近にあったのでさえ（ネズミに）かじられたのだから、まして馬の鞍《くら》が柱にかけてあればなおさらかじられるだろう。 (4)犬や馬のようなものまでことごとくそうだ、まして人間であればなおさらである。 (5)庶民の交際でさえ相手をだましたりはしない、まして大国同士のつきあいではなおさらのことだ。 読布《ふ》衣《い》の交《まじ》わりすら尚《な》ほ相欺《あいあざむ》かず、況《いわ》んや大国《たいこく》をや。

☆

**【解説】** (1)読子《し》すら且《か》つ然《しか》り、況《いわ》んや高綱《たかつな》をや。 (2)**顔回**（淵）は孔子《こうし》の弟子《でし》の中でも人徳の高さで知られた人物。 読顔回《がんかい》すら尚《な》ほ過《あやま》ち無《な》き能《あた》はず、況《いわ》んや其《そ》の余《よ》をや。 (3)読児衣《じい》の側《かたわら》に在《あ》るすら尚《な》ほ齧《かじ》らる、況《いわ》んや鞍《くら》の柱《はしら》に懸《か》けたるをや。 (4)読犬馬《けんば》に至《いた》るまで尽《ことごと》く然《しか》り、而《しか》るを況《いわ》んや人《ひと》に於《お》いてをや。 前半が「…スラ…」になっていなくて不完全な形。 (5)「**布衣**」は重要単語。「**完璧**《かんぺき》」のエピソードの中での、趙《ちょう》の**藺相如**《りんしょうじょ》のことば。「大国」は趙と秦《しん》をさす。「交」は「まじわり」と読む。

# 54 抑揚形

**A 且《スラかツ》 B、安《いづクンゾ》 C 未然形＋ン 乎**

読み **Aすらかつ B、いづくんぞC(せ)んや**

意味 **Aでさえ Bだ、どうしてCであろうか、(いやBだ)**

臣死スラ且ツ不レ避ケ、卮《し》酒《しゅ》安クンゾ足ランレ辞スルニ。（史記《しき》）

読 臣《しん》死《し》すら且《か》つ避《さ》けず、卮《し》酒《しゅ》安《いず》くんぞ辞《じ》するに足《た》らん。

訳 私は死ぬことさえ何とも思わない。大杯の酒などどうして辞退しようか。

## ヤマを講義　後半が反語になる抑揚形

**「鴻門《こうもん》の会《かい》」**での場面。重臣《じゅうしん》の張良《ちょうりょう》から、沛公《はいこう》（劉邦《りゅうほう》）が宴席で、剣舞《けんぶ》にかこつけて命を狙《ねら》われていると聞いたボディガードの**樊噲《はんかい》**は、ものすごい形相《ぎょうそう》で宴席に飛び込みました。項羽《こうう》はとっさに剣を手にとって叫びました。

「貴様《きさま》は何者だ！」

張良が「沛公のボディガードの樊噲です」と答えると、豪傑《ごうけつ》タイプの好きな項羽は、表情をゆるめました。

「壮士《そうし》じゃ！　この者に卮酒《ししゅ》を与えよ。」

この「卮酒」というのは、四升《よんしょう》（現在の四合くらい）入る大杯《たいはい》に入れた酒ですが、樊噲は立ったままイッキに飲みほします。その飲みっぷりにア然とした項羽が、「もう一杯飲めるか！」と言ったときに、樊噲が答えたというのが例文のセリフです。

⬇この形は、前半はやはり「**Aすら且つB**」「**Aすら猶《な》ほ**（**尚《な》ほ**）**B**」ですが、後半に、「況《いわ》んやCをや」でなく、**反語形が来るのがポイント**です。「**安くんぞ**」だけでなく、「**何《なん》ぞ**」でも、「**豈《あ》に**」でも、「**誰《たれ》か**」でもかまいません。**文末の「乎」**はあってもなくても同じです。

## もうひとヤマ　後半がない形の抑揚形

**以テレ A ヲ 且《スラかツ》 B**（AをもってすらかつB）

という形があります。「且」は「猶ほ・而《しか》も」でも同じ。

これは、前半の「Aでさえ Bだ」という形だけがあって、後半に「況んやCをや」も反語形もない形で、**後半は類推させる**ことになります。

## 演習ドリル

**次の漢文を、口語訳せよ。**

(1) 将軍且《スラツ》死《セリ》、妾《せふ》安《クンゾ》用《ヒン》レ生《ヲ》為《ヤ》。

妾＝わたくし。用生＝生きる。

（楊娼伝《ようしょうでん》）

〔　　　　　　　〕

(2) 父母且《スラツ》不レ顧《ミ》、何《ゾ》言《ハン》二子《こト》与《とヲ》レ妻。

（曹植《そうしょく》）

〔　　　　　　　〕

(3) 以《テスラ》二菅公之《の》賢《ヲ》一猶《ホ》不レ能《ハ》レ無《キコト》二恋《フル》レ権《ヲ》之意一。

菅公＝菅原道真《すがわらのみちざね》。

（日本外史《にほんがいし》）

〔　　　　　　　〕

**【解答】** (1)将軍さえも死んでしまったのに、私がどうして生きていられようか。（いや、私も生きてはいられない。） (2)父母さえも顧《かえり》みないのに、どうして子や妻のことを口にしようか。（いや、子や妻のことなど口にしない。） (3)菅公ほどの賢人であってさえもなお、権力を慕う心をなくすことができなかったのである。（まして並の人間であればなおさら権力を慕う心を捨てられないものだ。）

☆

**【解説】** (1)ここでは、「為」は「乎・也・哉」などと同じ。読 将《しょう》軍《ぐん》すら且《か》つ死《し》せり、妾《しょう》安《いず》くんぞ生《せい》を用《もち》ひんや。 (2)曹植は、三国時代の魏《ぎ》の曹操《そうそう》の子。詩人として名高い。読 父《ふ》母《ぼ》すら且《か》つ顧《かえり》みず、何《なん》ぞ子《こ》と妻《つま》とを言《い》はん。 (3)は、**後半がない形の例文。** 読 菅公《かんこう》の賢《けん》を以《もっ》てすら猶《な》ほ権《けん》を恋《こ》ふるの意《い》無《な》きこと能《あた》はず。

# 55 累加形

**非ズ二唯ダニA一ノミニ、B**

**読み** ただにAのみにあらず、B

**意味** ただAなだけでなく、（さらに）Bである

非ズ二徒ダニ無キノミニレ益、而モ又害スレ之ヲ。（孟子《もうし》）

**読** 徒《た》だに益《えき》無《な》きのみに非《あら》ず、而《しか》も又之《またこれ》を害《がい》す。

**訳** ただ益がないだけでなく、有害なのである。

## ヤマを講義　「非二独A一B」でも同じ

昔、宋《そう》の国の人で、植えた苗が伸びなやんでいるのを苦にして、一本一本ひっぱって伸ばそうとした人がいました。疲れて家に帰り、家の者に言いました。

「いやー、くたびれた。今日、わしは苗の伸びるのを手伝ってきたぞ。」

息子が畑に行ってみると、苗はすっかりしおれていました。「**助長《じょちょう》**」というお話です。

これは、孟子が「浩然《こうぜん》の気《き》」を養うには、**せいて事をし損じてはいけない**ことを言おうとするためにあげたたとえ話で、苗の成長を手助けしようとするようなやり方は、無益なばかりか、有害だと言っているわけです。

---

↓**否定形＋限定形の累加形《るいかけい》**です。「**累加**」というのは「重ね加える」ことで、「ただAなだけでなく、さらに（そのうえ）Bだ」という表現のしかたをする形をいいます。

↓「**のみ**」**の前は、体言か、活用語の連体形**。

↓「**ただに**」と読む字はたくさんあります。

**唯・惟・徒・只・但・直・特・祇**

↓「**ただに**」のかわりに「**独り**」を用いても同じです。

**非ズ二独リA一ノミニ、B**（ひとりAのみにあらず、B）

**もうひとヤマ**　「不」を用いる形

「**非ず**」のかわりに「**不**」を用いる形がありますが、意味は同じです。

**不二唯ダニA一ノミナラ、B**（ただにAのみならず、B）

**不二独リA一ノミナラ、B**（ひとりAのみならず、B）

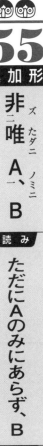

## 演習ドリル

次の漢文を書き下し文にして、口語訳せよ。(4)(5)の傍線部は送りがなを省いてある。

(1) 非ズ二特ダニ末《すゑ》見《あら》ハルル而已《のみ》ニ一。
末＝錐《きり》の先っぽ。
（十八史略《じゅうはっしりゃく》）

(2) 非ズ二独リ君ノ択《えら》ブノミニ一レ臣ヲ、臣モ亦《また》択ブレ君ヲ矣。
（後漢書《ごかんじょ》）

(3) 非ザル三独リ賢者ノミ有ルニ二是ノ心一也。人皆有リレ之。
是心＝仁義の心。
（孟子）

(4) 不二独漢朝一、今モ亦有リ。
（塩商婦）

(5) 不二唯忘一レ帰、可シ二以テ終一レ老ヲ。
帰＝都に帰る。終老＝晩年を過ごす。
（白居易《はくきょい》）

【解答】 (1)特《た》だに末見《すゑあら》はるるのみに非《あら》ず。（全部突き出てくる。）訳ただ錐《きり》の先っぽがあらわれるだけではない。 (2)独《ひと》り君《きみ》の臣《しん》を択《えら》ぶのみに非《あら》ず、臣《しん》も亦君《またきみ》を択《えら》ぶ。訳ただ主君が家臣を選ぶだけではなく、家臣のほうでも主君を選ぶのだ。 (3)独《ひと》り賢者《けんじゃ》のみ是《こ》の心《こころ》有《あ》るに非《あら》ざるなり。人皆之《ひとみなこれ》有《あ》り。訳ただ賢者だけがこの仁義の心を持っているのではない。人は誰もみなこの心を持っている。 (4)独《ひと》り漢朝《かんちょう》のみならず、今《いま》も亦有《またあ》り。訳ただ漢王朝の時代だけでなく、今もまたある。 (5)唯《た》だに帰《かえ》るを忘《わす》るるのみならず、以《もっ》て老《ろう》を終《お》ふべし。訳ただ（都に）帰ることを忘れるだけでなく、晩年を過ごすのによい土地だ。

☆

【解説】 (1)Bにあたる部分がない形。先っぽだけでなくもっとズブッと突き出るということをいう。「嚢中《のうちゅう》の錐《きり》」の話。（144ページ） (2)『後漢書』馬援伝《ばえんでん》の一節。「矣」は置き字。 (3)「賢者は能《よ》く喪《うしな》ふ勿《な》きのみ」という文が続く。人間は誰でも生来《せいらい》仁義の心を持っているのに、人はそれをだんだん失ってゆく。それを失わない人間が賢者なのだということ。 (4)「漢朝」は体言だから、そのまま「漢朝のみならず」。 (5)「忘る」は下二段だから連体形にして、「忘るるのみならず」。香炉峰《こうろほう》下に草堂《そうどう》を築いた、左遷《させん》先の江州《こうしゅう》の廬山《ろざん》の地をいっている。

## 56 累加形

**豈ニ唯ダニA、Bノミナランヤ**

**読み** あにただにAのみならんや、B

**意味** どうしてただAなだけであろうか、（さらに）Bである

豈ニ惟《た》ダニ怠ルノミナランヤレ之ヲ、又従ヒテ而盗ムレ之ヲ。（唐宋八家文《とうそうはっかぶん》）

**読** 豈《あ》に惟《た》だに之《これ》を怠《おこた》るのみならんや、又従《またしたが》ひて之《これ》を盗《ぬす》む。

**訳** どうしてただ怠けているだけであろうか、それだけでなくさらに盗んでもいるのだ。

**↓反語形＋限定形の累加形**です。

「どうしてただAなだけであろうか、いやそれだけではない。さらに（そのうえ）Bでさえある」という表現です。

↓これも、「ただに」のかわりに「**独り**」でも同じです。

「**ただに**」はやはりいろんな字を使います。

**もうひとつヤマ** 何ぞ独りAのみならんや

「**豈に**」のかわりに「**何ぞ**」を用いる形があり、この場合はだいたい「何ぞ独り」になります。

**何ソ独リA**ノミナランヤ（なんぞひとりAのみならんや）

たとえば、

**何ソ独リ丘**ノミナラン哉。（何《なん》ぞ独《ひと》り丘《きゅう》のみならんや。）（孔子家語《こうしけご》）

「どうしてただ丘だけであろうか。」

「丘」は、孔子の名前です。字《あざな》は「仲尼《ちゅうじ》」でした。

**ヤマを講義** **反語＋限定の累加形**

唐宋八大家《とうそうはちたいか》の一人、唐の**柳宗元**《りゅうそうげん》の「薛存義《せっそんぎ》の任《にん》に之《ゆ》くを送《おく》る序《じょ》」の一節。

役人というのは人民の税金で雇われている「公僕《こうぼく》」である。にもかかわらず、役人は人民に対していばったり仕事を怠ったりワイロをとったりしている。つまり、ただ雇い主である人民のための仕事を怠っているだけでなく、さらに人民から盗みとってさえいるありさまだ。

薛存義という人は非常に公正な役人だったようですが、不遇だった人で、柳宗元は、新しい任地に赴《おもむ》く薛存義の治績《ちせき》をほめる送別のことばをかりて、当時の役人批判を述べているわけです。

# 演習ドリル

次の漢文を口語訳せよ。

(1)
今之《の》君子ハ過《あやま》テバ則チ順《したが》フレ之ニ。豈ニ徒ダニ順フノミナランヤレ之ニ、又従ヒテ而為スガ二之ガ辞ヲ一。（孟子《もうし》）

順＝押し通す。辞＝弁解。

〔　　　　　〕

(2)
豈ニ惟ダニ口腹ニノミ有ランヤ二飢《き》渇《かつ》之害一、人ノ心ニモ亦《また》皆有リレ害。（孟子）

〔　　　　　〕

(3)
欽《きん》仰《ぎやう》スルモノ二藤《とう》樹《じゅ》先生ヲ一、豈ニ惟ダニ余ノミナラン哉。闔《かふ》邑《いふ》皆然リ。（先哲叢談《せんてつそうだん》）

欽仰＝敬愛。余＝私。闔邑＝村中。

〔　　　　　〕

(4)
故郷何ゾ独リ在ルノミナランヤ二長安ニ一。（白居易《はくきょい》）

〔　　　　　〕

【解答】(1)今時《いまどき》の君子は、あやまちを犯すと（改めずにごまかして）押し通《とお》そうとする。ただ押し通そうとするだけでなく、そのうえ、弁解までする。(2)どうしてただ口や腹だけに飢えや渇《かわ》きの害があるだろうか、それだけでなく、人の心にも誰も皆飢渇の害はある。(3)藤樹《とうじゅ》先生を敬愛する者はどうして私一人だけであろうか。私だけでなく、村中の者がみなそうだ。(4)故郷はどうして長安にあるだけであろうか。

☆

【解説】(1)昔の君子は過ちを犯しても隠そうとしないので誰の目にもわかった。そして、すぐに過ちを改めたものだ。ところが今時の君子は…。読 今《いま》の君子《くんし》は過《あやま》てば則《すなわ》ち之《これ》に順《したが》ふ。豈《あ》に徒《た》だに之《これ》に順《したが》ふのみならんや、又従《またしたが》ひて之《これ》が辞《じ》を為《な》す。(2)読 豈《あ》に惟《た》だに口腹《こうふく》にのみ飢渇《きかつ》の害有《がいあ》らんや、人《ひと》の心《こころ》にも亦皆害有《またみながいあ》り。(3)『先哲叢談』は江戸時代の儒学者のエピソードを集めた書。近江聖人《おうみせいじん》と呼ばれた中江藤樹《なかえとうじゅ》のことを述べた文。読 藤樹先生《とうじゅせんせい》を欽仰《きんぎょう》するもの、豈《あ》に惟《た》だに余《よ》のみならんや。闔邑皆然《こうゆうみなしか》り。(4)白居易の有名な七言律詩《しちごんりっし》「香炉峰下新《こうろほうかあら》たに山居《さんきょ》を卜《ぼく》し、草堂初《そうどうはじ》めて成《な》り偶〻《たまたま》東壁《とうへき》に題《だい》す」の第八句。左遷《させん》されているとはいえ、ここもいい土地だということ。読 故郷何《こきょうなん》ぞ独《ひと》り長安《ちょうあん》に在《あ》るのみならんや。

## 57 仮定形

**如《もシ》……未然形＋バ**

読み　**もし…(せ)ば**

意味　**もし…ならば**

# 学若《もシ》無《クンバ》レ成《ル》不二復《まタ》還《かヘラ》一。（月性《げっしょう》）

読　学若《がくも》し成《な》る無《な》くんば復《ま》た還《かえ》らず。

訳　学問が成就《じょうじゅ》しなければ、二度と故郷へは帰らない。

志を立てて、自らに酔う青年の意気軒昂《いきけんこう》なさまが彷彿《ほうふつ》とするような詩で、たいへん人気のあった作品です。

➡「もし」は「…ば」と呼応します。基本的には**未然形プラス「ば」**ですが、**漢文では古文の場合ほど厳密ではありません**。例文の「無くんば」は、「無し」の連用形「無く」に係助詞「は」のつく仮定の形で、撥《はつ》音「ン」を入れたために「は」が濁音化して「んば」になったものです。

### もうひとヤマ　「もし」と読む字

「もし」と読む字で、必ず覚えていなければならないのは「如」と「若」の二つですが、ほかにもあります。

**使・令・尚・倘・当・向・誠・即・則・設・脱**

**仮如・如使・向使・当使・如令**

➡**仮定の形は、だいたいは読めればOK。**

### ヤマを講義　「もし」は読めればよし

幕末、尊皇攘夷《そんのうじょうい》の志士たちとも交わりがあった僧、月性の「将《まさ》に東遊《とうゆう》せんとし壁《へき》に題《だい》す」の一句。

男児立志出郷関　　男児《だんじ》志《こころざし》を立《た》てて郷関《きょうかん》を出《い》づ

学若無成不復還　　学若《がくも》し成《な》る無《な》くんば復《ま》た還《かえ》らず

埋骨何期墳墓地　　骨《ほね》を埋《うず》む何《なん》ぞ期《き》せん墳墓《ふんぼ》の地《ち》

人間到処有青山　　人間《じんかん》到《いた》る処《ところ》青山《せいざん》有《あ》り

男子がいったん志を立てて故郷を出たからには、学問が成就《じょうじゅ》しなければ二度と再び故郷へは帰らないつもりだ。骨を埋めるのは何も祖先の墓のある土地でなくてよい。この世界にはどこへ行っても青々とした美しい山があるではないか。

# 演習ドリル

1 次の漢文を書き下し文にし、口語訳せよ。

(1) 如シ詩不ンバレ成ラ、罰ハ依《よ》ラン二金《きん》谷《こく》ノ酒数ニ一。（李白《りはく》）

金谷酒数＝金谷での罰杯の数の故事。

［　　　　］

(2) 我即シ死セバ、若《なんぢ》必ズ相タランレ魯《ろ》ニ。（史記《しき》）

相＝宰相になる。魯＝国名。

［　　　　］

(3) 如使《もシ》予《われ》欲セバレ富ヲ、辞シテ二十万ヲ一而受ケンヤレ万ヲ。（孟子《もうし》）

辞＝辞退する。

［　　　　］

2 次の書き下し文に従って、返り点をつけよ。

(1) 魏徴《ぎちょう》若《も》し在《あ》らば、我《われ》をして此《こ》の行《こう》有《あ》らしめざるなり。

魏徴若在、不使我有此行也。（唐書《とうじょ》）

(2) 如《も》し博《ひろ》く民《たみ》に施《ほどこ》して能《よ》く衆《しゅう》を済《すく》ふこと有《あ》らば、何如《いかん》。

如有博施於民而能済衆、何如。（論語《ろんご》）

【解答】 1 (1)如《も》し詩成《しな》らずんば、罰《ばつ》は金谷《きんこく》の酒数《しゅすう》に依《よ》らん。訳 もし詩ができなかったならば、罰は金谷での罰杯の数の故事にならうことにしよう。 (2)我即《われも》し死《し》せば、若必《なんじかなら》ず魯《ろ》に相《しょう》たらん。訳 もし私が死んだら、おまえは必ず魯の宰相になるだろう。 (3)如《も》し予《われ》富《とみ》を欲《ほっ》せば、十万《じゅうまん》を辞《じ》して万《まん》を受《う》けんや。訳 もし私が富を欲しがっているならば、十万を辞退して一万を受け取るだろうか。

2 (1)魏徴若在、不レ使三我有二此行一也。 (2)如有下博施二於民一而能済レ衆、何如。

☆

【解説】 1 (1)李白の有名な文「春夜桃李園《しゅんやとうりえん》に宴《えん》するの序《じょ》」の一節。「金谷《きんこく》の酒数」は、晋《しん》の石崇《せきすう》が、酒宴で詩の作れなかった客に罰として三斗《さんと》の酒を飲ませた故事による。 (2)魯《ろ》の大夫季桓子《たいふきかんし》が息子の季康子《きこうし》に言ったことば。宰相《さいしょう》になったら必ず孔子《こうし》を登用せよということを言っている。 (3)は「如使」二文字で「もし」。「如《も》し予《われ》をして富《とみ》を欲《ほっ》せしめば」と、「使」を「しむ」と読むこともできるが、使役の意味は薄い。

2 (1)唐《とう》の太宗《たいそう》のことば。魏徴《ぎちょう》は太宗に仕えた名臣。訳 もし魏徴が生きていたら、私にこのようなことはさせなかったであろう。 (2)弟子の子貢《しこう》が孔子に質問したことば。訳 もし広く人民に恩恵を施して、人々を救済することができたとしたら、どうでしょうか。

## 58 仮定形

**苟《いやシクモ》……　未然形＋バ**

読み　**いやしくも…(せ)ば**

意味　**かりにも…ならば**

**苟シクモ有ラバ㆑過《あやま》チ人必ズ知ル㆑之ヲ。**（論語《ろんご》）

読　苟《いや》しくも過《あやま》ち有《あ》らば人必《ひとかなら》ず之《これ》を知《し》る。

訳　かりにもあやまちがあれば、人が必ず気づいてくれる。

### ヤマを講義　「苟しくも」も「ば」と呼応

陳《ちん》の国のある人物に、誤りを指摘されたときの、孔子《こうし》のことばです。

どんな人間でもあやまちはあるわけで、あやまちに敏感に気づいてもらえるということは、それだけあやまちの少ない人間だといえるでしょうし、自分が気づかなければそのままになってしまうあやまちを、指摘されて直す機会を得られることは幸いなことというべきでしょう。何より立派なのは、自分のあやまちにそこまで素直《すなお》になれる人格というべきかもしれません。

**「君子《くんし》の過《あやま》つや日月《じつげつ》の食《しょく》するがごとし。過《あやま》つや人皆之《ひとみなこれ》を見《み》る。更《あらた》むるや、人皆之《ひとみなこれ》を仰《あお》ぐ。」**

君子のあやまちは日食や月食のようなものだ。あやまちを犯すと人々はみなそれを見る。が、改めると人々はみなふり仰いで尊敬する。『論語』の中の、子貢《しこう》のことばです。

➡**「苟しくも」も「…ば」と呼応**します。意味は「もし」と同じですが、一般に「かりにも…ならば」と訳します。

### もうひとヤマ　単純な「未然＋ば」の仮定

いうまでもないことですが、「如《も》し」や「苟しくも」がなくても、**未然形プラス「ば」は仮定**をあらわします。

朝《あした》ニ聞カバ㆑道ヲ夕《ゆふべ》ニ死ストモ可ナリ矣。（論語）

「朝、道を悟《さと》れたならば、夕方死んでもよい。」

「もし」と読む文字でも、たとえば、本来の読みをして、

**誠**ニ如《ごと》クンバ㆓父《ふ》ノ言㆒（誠《まこと》に父《ふ》の言《げん》のごとくんば）

で、全体としてはやはり仮定ということもあります。

## 演習ドリル

次の漢文を書き下し文にし、口語訳せよ。(3)(4)の傍線部は送りがなを省いてある。

(1) 苟シクモ富貴トナラバ、無二カラン相《あひ》忘一ルルコト。（史記《しき》）

(2) 苟シクモ利二アラバ社《しゃ》稷《しょく》一ニ、則チ不レ顧二ミ其ノ身一ヲ。（忠経《ちゅうきょう》）

社稷＝国家。　其身＝自分。

(3) 天運苟如レ此、且《しばら》ク進二メン杯中ノ物一ヲ。（陶潜《とうせん》）

(4) 苟正二其身一矣、於レイテ従レフニ政ニ乎何カ有ラン。（論語）

正＝正シクス。　矣・乎＝置き字。

(5) 苟シクモ為二サバ後レニシテ義ヲ而先一レニスルヲ利ヲ、不レンバ奪ハ不レ饜《あカ》。（孟子《もうし》）

饜＝満足する。

【解答】 (1)苟《いや》しくも富貴《ふうき》とならば、相忘《あいわす》るること無《な》からん。訳かりにも富貴な身分になったら、忘れることはないつもりだ。 (2)苟《いや》しくも社稷《しゃしょく》に利《り》あらば、則《すなわ》ち其《そ》の身《み》を顧《かえり》みず。訳かりにも国家に利益があるならば、自分のことはかえりみない。（それが忠というものだ。） (3)天運《てんうん》苟《いや》しくも此《か》くのごとくんば、且《しばら》く杯中《はいちゅう》の物《もの》を進《すす》めん。訳天の運命がこのようなものであるならば、まあ、酒でも飲むとしよう。 (4)苟《いや》しくも其《そ》の身《み》を正《ただ》しくせば、政《せい》に従《したが》ふに於《お》いて何《なに》か有《あ》らん。訳かりにも自分自身を正しくすれば、政治にたずさわるぐらい何でもないことだ。 (5)苟《いや》しくも義《ぎ》を後《あと》にして利《り》を先《さき》にするを為《な》さば、奪《うば》はずんば饜《あ》かず。訳かりにも義を後まわしにして利を先にするならば、奪い尽くさなければ満足しないことになってしまう。

【解説】 (1)「燕雀安くんぞ…」☆の陳勝《ちんしょう》のことば。 (2)「社稷」は重要単語。 (3)「如レ此」で「かくのごとし」。「如是・如斯・若此・若是」でも同じ。「ごとし」は形容詞型の活用なので、未然形プラス「ば」ではなく、連用形プラス「は」で仮定をあらわす。「ごとくは」は、「ずは」が「ずんば」となるのと同じように「ごとくんば」となる。 (4)「何か…ん」は反語形。 (5)「奪はずんば」も連用形「ず」プラス「は」の「ずは」から「ずんば」になった仮定形。

# 59 仮定形

**縦《たとヒ》……終止形＋トモ**

**読み**　たとひ…（す）とも

**意味**　たとえ…であっても

**縦ヒ我不レ往トモ、子寧《なん》ゾ不ル来タラ。**（詩経《しきょう》）

**読**　縦《たと》ひ我《われ》往《ゆ》かずとも、子《し》寧《なん》ぞ来《き》たらざる。

**訳**　たとえ私がたずねて行かなくても、あなたはどうして来てくれないのか。

## ヤマを講義　「縦ひ」は「…とも」と呼応

漢文だと意味まで堅苦しそうに見えますが、これは実は片想いの女心を歌った詩の一節です。殷《いん》・周《しゅう》の時代の歌謡を集めた、**『詩経』**という中国最古の詩集があります。その中の「子衿《しきん》」（あなたのえり）という詩の一節。

青青《せいせい》たる子《し》が衿《えり》　悠悠《ゆうゆう》たる我《わ》が心《こころ》
縦《たと》ひ我《われ》往《ゆ》かずとも　子《し》寧《なん》ぞ音《おん》を嗣《つ》がざる
青青《せいせい》たる子《し》が佩《はい》　悠悠《ゆうゆう》たる我《わ》が思《おも》ひ
縦《たと》ひ我《われ》往《ゆ》かずとも　子《し》寧《なん》ぞ来《き》たらざる

青々としたあなたの衿、はるかなはるかな私の心。たとえ私があなたのもとへたずねて行かなくっても、あなたはどうしてたよりもくれないの？　青々としたあなたの腰の飾りひも、はるかなはるかな私の思い。私が行かなくっても、あなたはどうして来てくれないの？

⬇**「たとひ」は「…とも」あるいは「…も」と呼応します。**

⬇**「とも」の前は終止形、「も」の前は連体形です。**

⬇**「縦使」「縦然」「縦令」「仮令」**なども、二字で「たとひ」と読みます。

これも、読めれば、意味はOKでしょう。

## もうひとヤマ　微《な》かりせば

未然形プラス「ば」なのですが、ちょっと特徴のある形があります。

**微カリセバ二……一**（…なかりせば）　…がなかったならば

古文の**反実《はんじつ》仮想《かそう》**にあたります。

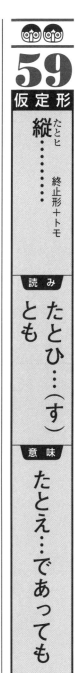

## 演習ドリル

次の漢文の傍線部を書き下し文にし、口語訳せよ。(1)は送りがなを省いてある。

(1) 縦 上《しやう》 不レ殺レ我、我 不《ラン》レ愧《はヂ》二於 心《ニ》一乎。（史記《しき》）

上＝王。

〔　　　〕

(2) 仮令《ヒ》 能《よクスルモ》レ 之《ヲ》、不レ易《やすカラ》レ 售《うルニ》。（先哲叢談《せんてつそうだん》）

之＝学問。不易售＝商売には役に立たない。

〔　　　〕

(3) 縦《ヒ》 江 東《ノ》 父 兄 憐《ミテ》 而 王《トストモ》レ 我《ヲ》、我 何《ノ》 面 目《アリテカまみエン》 見レ 之《ニ》。（史記）

〔　　　〕

(4) 微《カリセバ》二 管 仲一、吾 其《レ》 被《ひ》 髪《はっ》 左《さ》 衽《じんセン》 矣。（論語《ろんご》）

管仲＝人名。被髪左衽＝ざんばら髪で、着物を左前に着る。蛮族の習俗をいう。

〔　　　〕

【解答】 (1)縦《たと》ひ上《しょう》我《われ》を殺《ころ》さずとも、（我《われ》心《こころ》に愧《は》ぢざらんや）。訳たとえ王が私を殺さなくても、（私は心の中で恥じずにいられようか）。 (2)仮令《たと》ひ之《これ》を能《よ》くするも、（售《う》るに易《やす》からず）。訳たとえ学問ができても、（商売には何の役にも立たない）。 (3)縦《たと》ひ江東《こうとう》の父《ふ》兄《けい》憐《あわれ》みて我《われ》を王《おう》とすとも、（我《われ》何《なん》の面目《めんぼく》ありてか之《これ》に見《まみ》えん）。訳たとえ江東の父兄たちが私を憐れんで王にしてくれるとしても、（私はどのような面目があって彼らに会えようか）。 (4)管仲《かんちゅう》微《な》かりせば、（吾《われ》其《そ》れ被《ひ》髪《はっ》左《さ》衽《じん》せん）。訳もし管仲がいなかったら、（われわれは今ごろざんばら髪で左前に着物を着ているであろう）。

☆

【解説】 (1)「上」は重要語。君主、王をさす。「縦ひ」と呼応する「とも」は終止形につくから、「殺さずとも」。後半は反語形。 (2)「仮令」で「たとひ」。呼応する形が「も」なので、「能くする」と連体形に読んでいる。終止形＋「とも」で「能くすとも」と読むこともできる。 (3)は項羽《こうう》のことば。103ページの反語形の演習ドリルの(1)の解説参照。 (4)**管仲《かんちゅう》**は春秋時代の斉《せい》の名宰相《さいしょう》。鮑叔《ほうしゅく》との深い友情をいう「**管鮑《かんぽう》の交《まじわ》り**」の故事で知られる。中国の歴史のうえに管仲が存在しなかったら、漢《かん》民族は今ごろ蛮族《ばんぞく》に支配されていただろう、ということ。

# 60 仮定形

**雖《いへど》モ二…………一** 体言・終止形＋ト

**読み**

**…といへども**

**意味**

**たとえ…であっても**
**…とはいっても**

雖モ二千万人ト一吾往《ゆ》カン矣。（孟子《もうし》）

**読** 千万人《せんまんにん》と雖《いえど》も吾《われ》往《ゆ》かん。

**訳** たとえ相手が千万人であっても、私は行く。

## ヤマを講義

### 必ず「と」から返る

出典は『孟子』ですが、もとは曽子《そうし》が孔子《こうし》から聞いたことばで、「真の勇気」とは、ということを言っています。**「自《みずか》ら反《かえり》みて縮《なお》からずんば、褐寛博《かつかんぱく》と雖《いえど》も吾《われ》惴《おそ》れざらんや。自《みずか》ら反《かえり》みて縮《なお》くんば、千万人《せんまんにん》と雖《いえど》も吾《われ》往《ゆ》かん。」**

自分自身を反省して、正しくなければ、たとえ相手が身分の低い者でも、非を認めて頭をさげずにいられようか（これも勇気のいることだ）。また、自分を反省してみて、こちらが正しければ、たとえ相手が千万人であっても、臆《おく》せず立ち向かってゆくのだ。

**⬇「雖も」は、必ず「…と」から返ります。**

**⬇「と」の前は、体言か、活用語の終止形。**

**⬇古文でいえば、四段動詞「いふ」の已然形プラス接続助詞「ども」で逆接仮定条件を表し、「たとえ…であっても」となります。ただ、状況によっては「ども」は逆接確定条件のこともあり、その場合は「…けれども」と訳します。**

## もうひとヤマ 疑問の形の仮定形

ちょっと**特殊な仮定の形**があります。

譴《せ》メテ而行ハン二其誅ヲ一乎、則チ庖宰食監、法皆当タル レ死ニ。（新序《しんじょ》）

（譴《せ》めて其《そ》の誅《ちゅう》を行《おこな》はんか、則《すなわ》ち庖宰食監《ほうさいしょっかん》、法皆《ほうみな》死《し》に当《あ》たる。）

「責任を追及してその処罰を行うのか、行うとすれば、台所や食膳《しょくぜん》の役人はみな、法の上で死刑に相当する。」

「…か?、だとしたら…」という、**疑問の形をとった仮定形**なのです。

# 演習ドリル

次の漢文の傍線部を書き下し文にし、口語訳せよ。送りがなは省いてある。

(1) 江東雖レ小、地ハ方《はう》千里。（史記《しき》）

〔　　　　〕

(2) 国雖レ大、好メバレ戦ヒヲ必ズ亡ブ。（司馬法《しばほう》）

〔　　　　〕

(3) 其ノ身不レバレ正シカラ、雖レ令不レ従。（論語《ろんご》）

〔　　　　〕

(4) 苟シクモ非ザレバ二吾之《の》所ニレ有スル、雖二一毫一莫レ取。
一毫＝ほんのわずかのもの。（蘇軾《そしょく》）

〔　　　　〕

(5) 雖レ有レ過、知リテレ之ヲ而能ク改ムレバ則チ帰センレ無キニレ過《あやまチ》。（慎思録《しんしろく》）

〔　　　　〕

**【解答】** (1)江東小《こうとうしょう》なりと雖《いえど》も、(地《ち》は方千里《ほうせんり》)。訳江東《こうとう》地方は狭いとはいっても(千里四方の土地はある)。(2)国大《くにだい》なりと雖《いえど》も、(戦《たたか》ひを好《この》めば必《かなら》ず亡《ほろ》ぶ)。訳たとえ国が大きくても、(戦争を好めば必ず亡びる)。(3)(其《そ》の身《み》正《ただ》しからざれば)令《れい》すと雖《いえど》も従《したが》はず。訳(為政者自身が正しくなければ)たとえ命令したとしても、人民は従わない。(4)(苟《いや》しくも吾《われ》の有《ゆう》する所《ところ》に非《あら》ざれば)一毫《いちごう》と雖《いえど》も取《と》る莫《な》し。訳(かりにも自分のものでなければ)ほんのわずかなものでも取ったりはしない。(5)過《あやま》ち有《あ》りと雖《いえど》も(之《これ》を知《し》りて能《よ》く改《あらた》むれば則《すなわ》ち過《あやま》ち無《な》きに帰《き》せん)。訳たとえあやまちがあったとしても、(それを知って改めることができれば、あやまちがないのと同じになる)。

☆

**【解説】** (1)「狭い」意味であろうから、「小」を「小《ちい》さし」と読むのはおかしい。「小」は名詞なので、名詞につく断定の助動詞「なり」をつけて、「小なりと」とする。「と」は終止形につく。(2)も、「大なりと」としたが、「大きなり」と、形容動詞で読んでもよい。(3)「令す」はサ変。意味からすれば、「人民に従われない」のようになるので、「従はれず」と受身に読んでもよい。(4)「前《ぜん》赤壁賦《せきへきのふ》」の一節。「取ること莫からん」と読みならわしているが、「莫し」でよい。(5)「有り」はラ変。

# 61 比況形

**如《ごとシ》** 二……体言＋ノ／連体形＋ガ 一

**読み** …の（が）ごとし

**意味** …のようだ

士ノ処《を》ルハレ世ニ 若シ三錐《きり》ノ処ルガ二嚢《なう》中ニ一。（十八史略《じゅうはっしりゃく》）

**読** 士《し》の世に処《お》るは錐《きり》の嚢中《のうちゅう》に処《お》るがごとし。

**訳** 有能な人材が世にいるのは、とがった錐が袋の中にあるようなものだ。

⬇「ごとし」は、**比況《ひきょう》・例示・同等の助動詞**です。ポイントは返り方、つまり、接続です。

**体言（名詞）　＋ノ**
**活用語の連体形＋ガ** ｝ごとし

⬇書き下し文で漢字のままにしてある参考書もありますが、助動詞ですから、やはり**ひらがな**にしましょう。

## もうひとヤマ　「如・若」共通の用法

この比況形もそうですが、「如」と「若」は共通の使われ方が多かったですね。

① **仮定形**　如《もシ》（若）……バ
② **比較形**　不レ如《しカ》二（若）……一ニ　無レ如《シ》クハ二（若）……一ニ
③ **比況形**　如《シ》二（若）……一ノ（ガ）

その他、「如《ゆ》く」「若《なんじ》」など、共通しない読み方もあります。

## ヤマを講義　「のごとし」か「がごとし」か？

「**鶏鳴狗盗**《けいめいくとう》」のエピソードで有名な**斉**《せい》**の孟嘗君**《もうしょうくん》らと並んで、「**戦国の四君**《しくん》」と呼ばれる、**趙**《ちょう》**の平原君**《へいげんくん》のことば。

本当に有能な人間というのは、とがった錐《きり》が袋の中に入っているようなもので、どんなところにいても、必ず頭角《とうかく》をあらわすものだ、と言いたいわけです。

人間、「**嚢中**《のうちゅう》**の錐**《きり》」でありたいですね。袋の中の石コロやジャガイモではありたくない。

まあ、しかし、石コロには石コロの人生、ジャガイモにはジャガイモの人生もあるわけですから、とんがって生きるのだけが人生ではない。自分の「分《ぶん》」をわきまえて生きることも悪くないかもしれません。

# 演習ドリル

次の漢文を書き下し文にして、口語訳せよ。傍線部は送りがなを省いてある。

(1) 人生ハ如㆓朝露㆒。（漢書《かんじょ》）

〔　　　　〕

(2) 君子之《の》交《まじは》リハ淡キコト若㆑水。（荘子《そうし》）

〔　　　　〕

(3) 侵掠スルコト如㆑火、不㆑動如㆑山。（孫子《そんし》）

〔　　　　〕

(4) 旁《かたはら》ニ若㆑無㆑人。（史記《しき》）

〔　　　　〕

(5) 国之有ルハ㆑乱、譬《たとへ》バ若㆓人之有㆒㆑疾。（日本政記《にほんせいき》）

疾＝病気。

〔　　　　〕

【解答】 (1)人生《じんせい》は朝露《ちょうろ》のごとし。訳人生は朝の露のようにはかないものだ。 (2)君子《くんし》の交《まじわ》りは淡《あわ》きこと水《みず》のごとし。訳君子の交際は水のようにさらりとしている。 (3)侵掠《しんりゃく》すること火《ひ》のごとく、動《うご》かざること山《やま》のごとし。訳侵掠するさまは火のようであり、どっしりと動かないさまは山のようだ。 (4)旁《かたわら》に人《ひと》無《な》きがごとし。訳そばに誰もいないかのようである。 (5)国《くに》の乱《らん》有《あ》るは、譬《たと》へば人《ひと》の疾《しつ》有《あ》るがごとし。訳国内に争乱があるのは、たとえてみると、人に病気があるようなものだ。

☆

【解説】 (1)李陵《りりょう》が、友人の蘇武《そぶ》に匈奴《きょうど》に降《くだ》ることをすすめたときのことば。「朝露」は体言だから、「のごとし」。「朝の露」でもよい。 (2)「水」も体言だから、「のごとし」。「小人《しょうじん》の交《まじわ》りは甘《あま》きこと醴《れい》（甘酒）のごとし」（つまらぬ人間のつきあいは甘酒のようにベタベタしている）と対句《ついく》になっている。 (3)武田信玄《たけだしんげん》の「風林火山《ふうりんかざん》」の旗じるしの文句として有名。「其《そ》の疾《はや》きこと風《かぜ》のごとく、其《そ》の徐《しず》かなること林《はやし》のごとく」が上にある。軍の動かし方をいっている。 (4)「無し」は活用語であるから、連体形「無き」プラス「がごとし」。「傍若無人《ぼうじゃくぶじん》」という熟語のもと。 (5)「譬へば…ごとし」の形。「有り」も活用語であるから、連体形「有る」プラス「がごとし」。

## 62 願望形

**願《ねが》ハクハ……**｛未然形＋ン／命令形｝

**読み**

**ねがはくは……**｛(せ)ん／(せよ)｝

**意味**

**どうか…させてください**
**どうか…してください**

**願ハクハ大王急ギ渡レ。**（史記《しき》）

**読** 願《ねが》はくは大王《だいおう》急《いそ》ぎ渡《わた》れ。

**訳** どうか大王様、急いでお渡りください。

**ヤマを講義**

### 文末が口語訳のポイント

残る兵は二十六騎《き》、ボロボロになった**項羽《こうう》**は、長江《ちょうこう》のほとり、烏江《うこう》まで逃れてきました。江を渡れば、故郷の江東《こうとう》の地。捲土《けんど》重来《ちょうらい》を期すことも…。

そのとき、烏江の宿場の長《おさ》が、船の用意をして待っていました。「大王様、急いでお渡りください。今、私だけが船を持っております。漢《かん》軍が追ってきても、渡ることはできません。」

しかし、項羽は、江を渡らず、天命を甘受して、英雄らしい最期《さいご》をとげる決心をします。

項羽は、愛馬騅《すい》と、二十六人の兵の馬のすべてを長に与え、刀剣だけで死地に赴《おもむ》きました。

↓願望形は、「**願はくは**（**幸《ねが》はくは**）」以外にも、「**請《こ》ふ**（**乞《こ》ふ**）」「**庶《こひねが》はくは**（**庶幾《こひねが》はくは・冀《こひねが》はくは**）」などを用いても同じですが、ポイントは文末です。

**願**ハクハ
**請**フ
**庶**ハクハ《こひねが》
……｛**ン……自己の願望**（どうか…させてください）／**命令形…相手への願望**（どうか…してください）｝

↓例文は、文末が「渡れ」で、命令形ですから、「どうか渡ってください」と訳すわけです。

請フ以テレ剣ヲ舞ハン。（請《こ》ふ剣《けん》を以《も》つて舞《ま》はん。）（史記）

これですと、**文末が**「**ん**」ですから、「どうか私に剣舞をさせてください」となります。文末が「ん」の場合、「何とかして…したい」のような訳になることもあります。

# 演習ドリル

**次の漢文を書き下し文にし、口語訳せよ。**

(1) 願ハクハ賜《たま》ハリテ二骸骨ヲ一帰ラン二卒《そつ》伍《ご》ニ一。　（史記）

賜骸骨＝辞職させてもらうこと。卒伍＝一兵卒。

〔　　　　〕

(2) 幸《ねが》ハクハ分カタレヨ二我ニ一桮《ばい》ノ羹《かう》ヲ一。　（史記）

羹＝スープ。

〔　　　　〕

(3) 請フ君為ニレ我ガ傾ケテレ耳ヲ聴ケ。　（李白《りはく》）

〔　　　　〕

(4) 王庶幾《こひねが》ハクハ改メヨレ之ヲ。　（孟子《もうし》）

〔　　　　〕

(5) 庶《こひねが》ハクハ免レンレ為ルヲ二人ノ所ト一レ笑フ。　（資治通鑑《しじつがん》）

〔　　　　〕

**【解答】** (1)願《ねが》はくは骸骨《がいこつ》を賜《たま》はりて卒伍《そつご》に帰《かえ》らん。**訳**どうか辞職させていただいて、一兵卒の身に戻らせてもらいたい。 (2)幸《ねが》はくは我《われ》に一桮《いっぱい》の羹《こう》を分《わ》かたれよ。**訳**どうか私に一杯のスープを分けてほしい。 (3)請《こ》ふ君《きみ》我《わ》が為《ため》に耳《みみ》を傾《かたむ》けて聴《き》け。**訳**どうか諸君、私のために耳を傾けて聞いてくれ。 (4)王庶幾《おうこいねが》はくは之《これ》を改《あらた》めよ。**訳**王様、どうかこれをお改めください。 (5)庶《こいねが》はくは人《ひと》の笑《わら》ふ所《ところ》と為《な》るを免《まぬか》れん。**訳**何とかして人に笑われないようにしたいものだ。

☆**【解説】** (1)大切な参謀であった**范増《はんぞう》**が、項羽を見限って辞職を願い出た時のことば。**辞職を願い出ることを「骸骨を乞《こ》う」**という。文末が「ん」だから、自己の願望。 (2)「分かたれよ」の「れよ」は尊敬の助動詞「る」の命令形だから、相手に対する願望。「幸」も**「ねがはくは」と読んで用いる。** (3)「聴け」は命令形だから、相手への願望。「君が与《ため》に一曲を歌はん」という句が上にある。「将進酒」という詩の一節。 (4)「改めよ」が命令形だから、王に対する願望。**「こひねがはくは（庶・庶幾・冀）」は「願はくは」よりいくぶんていねいな表現。**相手が王であるから、ことばづかいにも配慮して訳したい。 (5)の「人の笑ふ所と為る」は**受身形。**文末は「ん」で、自己の願望。

# 63 限定形

唯《ただ》……耳《のみ》
（体言・連体形）

**読み** ただ…のみ

**意味** ただ…なだけだ

直《タダ》不《ル》㆓百歩《ナラ》㆒耳。（孟子《もうし》）

**読** 直《た》だ百歩《ひゃっぽ》ならざるのみ。

**訳** ただ百歩でないだけだ。

## ヤマを講義 「ただ」も「のみ」も読めればOK

前にも紹介した「五十歩百歩」の故事。
「五十歩逃げた者が、百歩逃げた者を、臆病だと笑ったとしたら、王様、どうでしょうか?」
「それはいかん。百歩でないというだけのことだ。そいつも逃げたことにかわりない。」

⬇「ただ」と読む文字も、「のみ」と読む文字も、たくさんあります。

そして、この「ただ…のみ」は、例文のようにセットになっていることもありますが、「ただ」プラス送りがなで「ノミ」の形や、「ただ」はなく、「のみ」だけの形などもあります。

いずれにしても、読めればよし。

［ただ］
唯・惟・但・只
直・徒・特・祇
……
［のみ］
耳・已・爾・而已
而已矣・也已矣　など

⬇「のみ」の前は、連体形か体言です。

## もうひとヤマ 「ひとり」と「わづかに」

「ただ」ではなく、「ひとり」や「わづかに」を用いても限定形といえます。

今独《リ》臣《ノミ》有《リ》レ船。（今独《いまひと》り臣《しん》のみ船《ふね》有《あ》り。）（史記《しき》）

これは、反語形「独り…（せ）んや」の102ページに前出。

初《メハ》極《メテ》狭《ク》纔《わづカニ》通《ズルノミ》レ人《ヲ》。（初《はじ》めは極《きわ》めて狭《せま》く纔《わず》かに人《ひと》を通《つう》ずるのみ。）（桃花源記《とうかげんのき》）

「わづかに」は「僅」「才」「財」なども用います。

## 演習ドリル

**次の文を書き下し文にして、口語訳せよ。**

(1) 口耳之《の》間《ハ》則《チ》四寸耳。（荀子《じゅんし》）

（　　　　）

(2) 書《ハ》足《ル》三以《テ》記《しるスニ》二名姓《ヲ》一而已。（史記）

書＝字。名姓＝姓名。

（　　　　）

(3) 夫子之道《ハ》忠恕而已矣。（論語《ろんご》）

夫子＝先生。孔子のこと。

（　　　　）

(4) 空山不レ見レ人《ヲ》、但《ダ》聞《クノミ》二人語《ノ》響《キヲ》一。（王維《おうい》）

空山＝人けのないひっそりとした山。

（　　　　）

(5) 雖《モ》レ殺《スト》レ之《ヲ》無《シ》レ益《えき》。祇《ダ》益《まス》レ禍《ヒヲ》耳。（史記）

（　　　　）

**【解答】** (1)口耳《こうじ》の間《かん》は則《すなわ》ち四寸《よんすん》のみ。訳 口と耳の間は四寸にすぎない。 (2)書《しょ》は以《もっ》て名姓《めいせい》を記《しる》すに足《た》るのみ。訳 文字は姓名が書けるだけで十分だ。 (3)夫子《ふうし》の道《みち》は忠恕《ちゅうじょ》のみ。訳 先生（孔子《こうし》）の道は忠（まごころ）と恕（思いやり）だけだ。 (4)空山《くうざん》人《ひと》を見《み》ず、但《た》だ人語《じんご》の響《ひび》きを聞《き》くのみ。訳 ひっそりとした山には人かげも見えず、ただどこからか人の話し声が聞こえてくるだけだ。 (5)之《これ》を殺《ころ》すと雖《いえど》も益《えき》無《な》し。祇《た》だ禍《わざわ》ひを益《ま》すのみ。訳 これを殺しても無益だ。ただ禍いを増やすだけだ。

☆

**【解説】** (1)「小人《しょうじん》の学問は、耳から入ってすぐに口から出てしまう」という文が上にある。浅薄《せんぱく》な学問のことを「**口耳四寸《こうじよんすん》の学**」という。 (2)項羽《こうう》が少年時代に、習字をさせようとした叔父《おじ》の項梁《こうりょう》に言ったことば。「而已」や、次の(3)の「而已矣」は、**「已」が「のみ」**で、**「而」「矣」は強調のための置き字**。ふりがなは「而已《のみ》」「而已矣《のみ》」のようにふることが多い。 (3)曽子《そうし》のことば。**「夫子」は重要語**。 (4)王維《おうい》の有名な五言絶句《ごごんぜっく》「鹿柴《ろくさい》」の起承句《きしょうく》。文末に**「のみ」と読む字がない場合、「ただ」は、送りがなで「ノミ」と呼応する**。 (5)の「之」は沛公《はいこう》（劉邦《りゅうほう》）の父親をさす。項羽が沛公の父を煮殺そうとしたとき項伯《こうはく》が諫《いさ》めて言ったことば。

# 64 詠嘆形

**嗚呼《ああ》……連体形矣《かな》**

読み　**ああ…かな**

意味　**ああ…だなあ**

于《あ》嗟《あ》徂《ゆカン》兮命之《の》衰《ヘタルかな》矣。（史記《しき》）

読　于嗟《ああ》徂《ゆ》かん命《めい》の衰《おとろ》へたるかな。

訳　ああもう死のう、わが命運も衰えたことだ。

ああもう死のう、わが命運も衰えた…。

↓この**詠嘆形**《えいたんけい》も、「ああ」だけの形、「かな」だけの形、セットの形があり、「ああ」や「かな」が読めればよし。

| ［ああ］ | | ［かな］ |
|---|---|---|
| 嗚呼・嗚乎・嗟呼・嗟乎<br>吁嗟・于嗟・嗟于・噫・<br>唉・嘻・噫嘻・於乎など | ……… | 夫・乎・矣<br>哉・也・与<br>歟　など |

↓「かな」の前は、**連体形**。

## ヤマを講義

**「ああ…かな」も読めればOK**

周《しゅう》の武王《ぶおう》が、父文王《ぶんおう》の喪《も》も明けないうちに、殷《いん》の紂王《ちゅうおう》を討つための軍をおこしたことを、「孝《こう》と謂《い》ふべけんや」「仁《じん》と謂《い》ふべけんや」と諫《いさ》めて聞き入れられなかった**伯夷**《はくい》と**叔斉**《しゅくせい》の兄弟は、周王朝が建ってのち、周王朝に仕えるのを潔《いさぎよ》しとせず、首陽山《しゅようざん》に隠れ住み、ワラビやゼンマイを食べて命をつないでいましたが、やがて餓死してしまいます。死を覚悟して、二人は歌いました。

あの西の山に登り、薇《わらび》をとって食べている。周の武王は暴力で暴政にとってかわった非を知らない。古《いにしえ》の聖王の世は遠く去り、われわれは今どこに身を寄せたらよいのだろう。

## もうひとヤマ

**A《ナル》哉《かな》B也《や》**　Aなるかな Bや

（Aなるかな Bや）

の形で、「**Aだなあ、Bは！**」という詠嘆形があります。

賢《ナル》哉、回也。（賢《けん》なるかな、回《かい》や。）（論語《ろんご》）

「賢明であるなあ、顔回《がんかい》は！」。

## 演習ドリル

**次の漢文を書き下し文にして、口語訳せよ。**

(1) 嗚呼哀《シイ》哉。 (春秋左氏伝《しゅんじゅうさしでん》)

〔　　　〕

(2) 嗟乎士《ハ》為《ニ》二知《ル》レ己《おのれヲ》者《ノ》一死《ス》。 (史記)

〔　　　〕

(3) 逝《ゆク》者《ハ》如《キ》レ斯《かクノ》夫、不レ舎《おカ》二昼夜《ヲ》一。 (論語)

逝者＝流れゆくもの。川の流れを言っている。

〔　　　〕

(4) 甚《ダシイ》矣、吾《ガ》衰《ヘタル》也。 (論語)

〔　　　〕

(5) 宜《むベナル》乎、百姓《ひゃくせい》之《の》謂《いフ》二我《ヲ》愛《をシムト》一也。 (孟子《もうし》)

百姓＝人民。愛＝けちだ。

〔　　　〕

**【解答】** (1)嗚呼《ああ》哀《かな》しいかな。訳ああ哀しいなあ。 (2)嗟乎《ああ》士《し》は己《おのれ》を知《し》る者《もの》の為《ため》に死《し》す。訳ああ、男は自分を理解してくれる者のために死ぬものだ。 (3)逝《ゆ》く者《もの》は斯《か》くのごときかな、昼夜《ちゅうや》を舎《お》かず。訳去りゆくものはみなこのようなものだなあ、昼も夜もとどまることがない。 (4)甚《はなは》だしいかな、吾《わ》が衰《おとろ》へたるや。訳ひどいものだなあ、私の衰えようは。 (5)宜《むべ》なるかな、百姓《ひゃくせい》の我《われ》を愛《お》しむと謂《い》ふや。訳もっともだなあ、人民が私のことをケチだというのは。

☆

**【解説】** (1)「ああ」は、**漢字のままでよいが、ひらがなにしてもよい。**「哀しい」は「哀しき」のイ音便。 (2)戦国時代の刺客予譲《しかくよじょう》のことば。「**女《おんな》は己《おのれ》を説《よろこ》ぶ者《もの》の為《ため》に容《かたち》づくる**」(女は自分を愛してくれる人のために容色をととのえる)と対句《ついく》になっている。 (3)は、**孔子《こうし》**が川のほとりに立って、川の流れを見ながらつぶやいたとされることば。『**方丈記《ほうじょうき》**』の冒頭文「**行く川の流れは絶えずして、しかももとの水にあらず**」のもととされる。 (4)は、孔子のことばで、あとに「久《ひさ》しいかな、吾《われ》復《ま》た夢《ゆめ》に周公《しゅうこう》を見《み》ず」と続く。周公は周の武王《ぶおう》の弟で周王朝の基盤をつくった旦《たん》のこと。孔子は周公を敬愛してやまず、夢にまで見たという。 (5)「**宜なり**」は、重要語で、もっともだ、当然だ。「**百姓**」も重要語である。

## 65 詠嘆形

**何ゾ……連体形……也**

**読み** なんぞ…や

**意味** なんと…なことよ

何ゾ楚人之多キ也。（史記《しき》）

**読** 何《なん》ぞ楚人《そひと》の多《おお》きや。

**訳** なんと楚の人間の多いことよ。

### ヤマを講義　疑問・反語による詠嘆形

「**四面楚歌**《しめんそか》」の場面。垓下《がいか》の城にたてこもった楚《そ》軍を幾重にも取り囲んだ漢《かん》軍のあちこちから、故郷楚の民謡が聞こえてくるのを耳にした**項羽**《こうう》は、一人つぶやきます。

「なんと、敵軍の中に楚の人間の多いことよ…！」

実は、楚軍の戦意をくじくための、漢の名参謀《さんぼう》**張良**《ちょうりょう》の作戦だったといわれています。

➡さて、この「**何ぞ…や**」という形は、見かけ上はもちろん**疑問形**です。しかし、ここでは項羽は誰かに「どうして楚の人間が多いのか？」と質問しているわけではなく、心の中で自問しているわけです。ですから、これは**実質的に詠嘆形**《えいたんけい》になります。

➡詠嘆形は、「ああ」とか「…かな」よりも、この、**疑問や反語の形の詠嘆形**のほうが大事です。

### もうひとヤマ　豈不…哉・豈非…哉

ふつうは反語形のはずの、「**豈不…哉**」を、「あに…ざらんや」ではなく、「**あに…ずや**」と読んで詠嘆形とする形があります。

豈ニ不《ず》レ悲シカラ哉。（豈《あ》に悲《かな》しからずや。）（呂氏春秋《りょししゅんじゅう》）

「なんと悲しいことではないか…。」

➡「不」のかわりに「非」を用いても同じです。「**豈非…哉**」で「**あに…にあらずや**」と読み、同じく「**なんと…ではないか**」と訳します。

豈ニ非ズレ天ニ哉。（豈《あ》に天《てん》に非《あら》ずや。）（蒙求《もうぎゅう》）

「まことに天運ではないか…。」

# 演習ドリル

**次の漢文の傍線部を書き下し文にし、口語訳せよ。送りがなを省いた部分がある。**

(1) 鳳《ほう》ヤ兮鳳ヤ兮、何ゾ徳之《の》衰ヘタルヤ。（論語《ろんご》）

(2) 何ゾ其レ志《こころざし》之小ナル也。（昭代記）

(3) 夫子ハ聖者与《か》。何其多能也。（論語）

(4) 張儀ハ豈不㆓誠大丈夫㆒哉。（孟子《もうし》）

大丈夫＝意志の強い立派な男。

(5) 豈非㆑可㆑惜哉。（貞観政要《じょうがんせいよう》）

**【解答】** (1)（鳳《ほう》や鳳《ほう》や）何《なん》ぞ徳《とく》の衰《おとろ》へたるや。**訳**（鳳よ鳳よ）何と徳の衰えたことよ。(2)何《なん》ぞ其《そ》れ志《こころざし》の小《しょう》なるや。**訳**なんと志の小さいことよ。(3)（夫子《ふうし》は聖者《せいじゃ》か。）何《なん》ぞ其《そ》れ多能《たのう》なるや。**訳**（先生は聖人でしょうか。）なんとまあ多能なことよ。(4)（張儀《ちょうぎ》は）豈《あ》に誠《まこと》の大丈夫《だいじょうふ》ならずや。**訳**（張儀は）なんと真の大丈夫ではないか。(5)豈《あ》に惜《お》しむべきに非《あら》ずや。**訳**なんともったいないことではないか。

**【解説】** (1)「鳳《ほう》」は乱世《らんせ》には隠れ、治世《ちせい》に現れるとされる瑞鳥《ずいちょう》。孔子《こうし》にたとえていて、「乱世なのに現れ出るとは何と徳の衰えたことよ」と、狂人の接輿《せつよ》という者が歌いながら孔子の家の前を通って行ったという。文末に「也」がセットになっていないが、送りがなで読んでいる。(3)「多能」が名詞なので、**断定の「なり」を接着剤にして「也」**へつないで、「多能なるや」。(2)の「小なるや」という読み方がヒントになっている。(4)も、「大丈夫」が名詞なので、断定の「なり」を接着剤にして、「大丈夫なら」から「不」へつなげる。(5)「惜」は「惜しむ」。人は誰でも玉《ぎょく》を貴重だとするが、もし玉で雀を撃ったりしたら、という文に続いている。

## 66 詠嘆形

### 不㆓亦《また》……（未然形）㆒乎

**読み** また…ずや

**意味** なんと…ではないか

学ンデ而時ニ習ㇾフ之ヲ、不㆓亦説《よろこ》バシカラ㆒乎。（論語《ろんご》）

**読** 学《まな》んで時《とき》に之《これ》を習《なら》ふ、亦説《またよろこ》ばしからずや。

**訳** 教わったことを折にふれて復習する。なんと喜ばしいことではないか。

### ヤマを講義　「学び習う」ことの楽しさ

**『論語』の冒頭の一文**です。

「学ぶ」は先生からものを教わること、「習ふ」は自分で練習したり復習したりすることをいいます。

教わったことを折にふれて復習するのが、「なんと喜ばしいことではないか」というのはワカラナイなーと思われるかもしれません。まあしかし、「理解が深まってよくわかるようになるから」とかいうことなのだろう、とは思うでしょう。

**孔子《こうし》**が自ら学んだり弟子《でし》に教えたりしていた**春秋時代**には、紙なんか発明されていませんから、テキストもノートもありません。生徒は先生から『詩経《しきょう》』とか『書経《しょきょう》』といった古典や、礼法や音楽などを教わるわけですが、先生が言ってくれたりやってみせたりしてくれることを、ひたすら見聞きして覚えるのです。

そうなると、教わったことを常に、反復して練習しないと、あっというまに忘れてしまいます。復習の重み、身についてわかるようになったときの喜びは、今日の受験生の比ではないでしょうね。

孔子はひかえめに「学問の楽しさ」を言っています。左ページのドリルの(1)・(2)は、これに続くことばです。

➡この一文は昔から『論語』の中でも特別に重要視されてきました。江戸時代、公家の学問所であった「学習院《がくしゅういん》」や、熊本藩の藩校であった「時習館《じしゅうかん》」などの名前は、ここからとられています。

## 演習ドリル

**次の漢文の傍線部を書き下し文にし、口語訳せよ。送りがなを省いた部分がある。**

(1) 有《リ》レ朋《とも》 自《より》二遠 方一来《タル》、不二亦 楽一乎。（論語）

〔　　　　〕

(2) 人 不《シテ》レ知《ラ》 而 不レ慍《いきどほラ》、不二亦 君 子一乎。（論語）

〔　　　　〕

(3) 余《よ》 之《の》 好《ムハ》レ高《キヲ》、不二亦 宜一乎。（焚書《ふんしょ》）

余＝私。高＝崇高。

〔　　　　〕

(4) 父 窃《ぬすミテ》レ羊《ヲ》 而 謁《つグルハ》レ之《ヲ》、不二亦 信一乎。（呂氏春秋）

謁＝訴える。信＝正直。

〔　　　　〕

**【解答】** (1)（朋《とも》有《あ》り遠方《えんぽう》より来《き》たる）亦楽《またたの》しからずや。 訳 （友がいて遠い所からもやってくるのは）なんと楽しいことではないか。(2)（人知《ひとし》らずして慍《いきどお》らず）亦君子《またくんし》ならずや。 訳 （人が知ってくれないからといって腹を立てたりしない）なんとまことの君子ではないか。 (3)（余《よ》の高《たか》きを好《この》むは）亦宜《またむべ》ならずや。 訳 （私が崇高さを好むのは）なんともっともなことではないか。 (4)（父羊《ちちひつじ》を窃《ぬす》みて之《これ》を謁《つ》ぐるは）亦信《またしん》ならずや。 訳 （自分の父親が羊を盗んで、それを訴えたのは）なんと正直ではないか。

☆

**【解説】** (1)「楽」は形容詞「楽し」なので、未然形は「楽しから」。右ページの例文に続くことば。山県有朋《やまがたありとも》という人名や、有朋堂《ゆうほうどう》といった書店名はこの「有レ朋」からきている。 (2)も、右ページの例文および(1)の文に続くことば。「君子」は名詞なので、**接着剤に断定の「なり」**を用い、「君子ならずや」と読む。 (3)「宜」は「**むべなり**」と読む重要語で、「当然だ。もっともだ」の意。形容動詞なので、未然形は「むべなら」に。 (4)「信」も名詞である。「しん」と音読みしても、「まこと」と訓読みしてもよいが、いずれにせよ、「信ならずや」と「**なり**」を**接着剤**に用いる。この話を聞いた孔子は、そんなものは本当の正直ではないと言っている。

# 思想史のヤマ

出るのは決まっているから、これもカンタンなことだ!

## ココがヤマ　春秋戦国の諸子百家だけ

思想史では、春秋・戦国時代のいわゆる諸子百家《しょしひゃっか》しか出ない。中でも重要なのは、儒家《じゅか》・道家《どうか》・法家《ほうか》の三つである。

**儒家**……**孔子**《こうし》を祖とし、**曽子**《そうし》・**孟子**《もうし》・**荀子**《じゅんし》らに続く。前《ぜん》漢《かん》の武帝《ぶてい》以後は国教の扱いを受け、長く中国思想の正統として尊重されてきた。

**道家**……**老子**《ろうし》を祖とし、**荘子**《そうし》・**列子**《れっし》らに続く。儒家の説く道徳や礼義を人為《じんい》として否定し、**無為自然**《むいしぜん》の道を説く。

**法家**……戦国初期の**商鞅**《しょうおう》・**申不害**《しんふがい》らを先駆者《せんくしゃ》とし、**韓**《かん》**非子**《びし》が大成した。**信賞必罰**《しんしょうひつばつ》・刑名審合《けいめいしんごう》の**法律至上**《しじょう》**主義の政治論**を説く。

**墨家**《ぼくか》……**墨子**《ぼくし》の学派。兼愛《けんあい》（無差別平等の博愛）・非攻《ひこう》・節用《せつよう》（倹約）などを唱えた。

**縦横家**《じゅうおうか》…合従連衡《がっしょうれんこう》で有名な**蘇秦**《そしん》・**張儀**《ちょうぎ》のように、策謀・弁舌で諸侯を遊説《ゆうぜい》してまわった外交戦術家。

**兵家**《へいか》……**孫子**《そんし》・**呉子**《ごし》。兵法や戦争の心構えを説く。

そのほかにも、**名家**《めいか》・**陰陽家**《いんようか》・**農家**《のうか》等があるが、覚える必要はない。

## ココがヤマ　孔子と孟子は別格だ

**孔子**《こうし》……春秋時代末期の儒家の思想家。名は**丘**《きゅう》。字《あざな》は**仲尼**《ちゅうじ》。**魯**《ろ》の国に生まれる。**修己治人**《しゅうこちじん》（己れを修め、人を治める＝**徳治主義**《とくち》の政治論）・**仁**《じん》（愛・思いやり）を唱えた。『**論語**《ろんご》』は門人による記録。

**孟子**《もうし》……戦国時代の儒家の思想家。**仁義**《じんぎ》・**王道政治**《おうどう》（徳治政治）・**性善説**《せいぜんせつ》（人間の本性は善だという考え）等を唱えた。

**荀子**《じゅんし》……戦国時代の儒家の思想家。門下から法家の韓非子が出た。**性悪説**《せいあくせつ》・礼の重視を唱えた。

**PART 3**

# 共通テスト　ヤマのヤマ

## 実戦的な試験問題に挑戦だ！

句法がマスターできたら，
いよいよ大学入学共通テストの試行調査問題と
センター試験の問題にチャレンジしてみよう！
一題一題，本番のつもりで時間を区切ってやってみること。
何点取れたかより，解き方をよく読んで自分の弱点を知ることが大切だ。

1

解法の心得

# 共通テストはセンターとほぼ同じ！

令和三（二〇二一）年一月に実施される、大学入試のための共通試験から、これまでの**センター試験**が、**大学入学共通テスト**に切りかわります。

国語に関しては、改訂の柱であった大問1の記述問題の導入が見送りになり、すべてマークシート方式の選択肢問題である点、センター試験と変わりませんし、特に古文・漢文の部分には大きな変更はありません。

大学入試センターから発表された、問題作成方針の中には、「**思考力・判断力・表現力を発揮して解くことが求められる問題を重視する**」とありますが、思考力・判断力はともかく、記述問題が見送られた以上、表現力をマークシートで見るのは難しいと思われます。

共通テストの本番実施を前に、平成二十九年と三十年に、**試行テスト**が行われました。むろん、この試行テストの形が本番スタート後、ずっと持続されるのかどうかは、何年度か経過してみなければわからないという不透明さがありますが、長年続いていたセンター試験の傾向との違いを認識しておくことは、当然大事です。

新しいテストが今までとどう違っているのか、実際の試行テストに当たってみて、体感しておきましょう。

2

解法の心得

# 複数の素材・生徒の会話に新傾向！

漢文に関して最も顕著なのは、二度の試行テストとも、**複数の素材**で作問されている点です。二十九年度は、**【文章Ⅰ】**の司馬遷《しばせん》の『史記』と、**【文章Ⅱ】**の江戸末期の儒学者、佐藤一斎《さとういっさい》の詩及びその詩についての文章。三十年度は、**【文章Ⅰ】**の中国文学者金谷治《かなやおさむ》の『荘子』についての短い文章と、**【文章Ⅱ】**の劉基《りゅうき》の『郁離子《いくりし》』の組合せです。

**二つの素材の違いを考えさせる**というねらいがあるのでしょう。

もう一つは、ある高校の**生徒たちが調べて発表した形**や、**生徒たちが話し合った形**の文章が、問題文や設問文に使われている点です。

こうした授業風景を設定することで、受験生が学習に参加し、主体的に考える**思考力を試す**意図があるものと思われます。

**日本人の漢文**は、センター試験でも、二〇一七年度本試で新井白石《あらいはくせき》、二〇一二年度追試で頼山陽《らいさんよう》が出たことはありますが、これからも時々出るかもしれません。

ただ、何とか新味《しんみ》を出そうと工夫はしてありますが、要は、与えられている**問題文そのものの読解力**と、**本文と選択肢との合致の判断**を問うている点で、センター試験の解き方と大きな差異はありません。

心配したり動揺したりせず、読解のための土台の力をしっかりつけることが大切です。

3

解法の心得

# 知識で行けそうな問題の答を絞れ!

共**通テスト**に切りかわっても、国語の「現代文・現代文・古文・漢文」の四題を八十分で解くという形は変わりません。この四題の中で最も易しく、手間もかからずに解けるのが、実は漢文です。

マーク式ですから、**答は見つければいい**わけです。

古文・漢文は、現代文に比べて、知識のポイントで答が絞れる問題、何を質問しようとしているかが見えやすい問題が多いんですが、漢文は古文以上にそれが顕著です。それだけ漢文は手加減されているということです。それでいて、配点は古文と同じ五十点ですからね。

問題を見たら、まず、**「句法」や「漢字」などの「知識」でいけそうな問題がないか**をチェックしましょう。

たとえば、**漢字の読みの問題、文中の漢字の意味と熟語の合致問題、語の意味の問題、返り点の付け方と書き下しの組合せ問題、傍線部の読み方（書き下し文）の問題、解釈の問題、漢詩のきまりの問題**などは、「知識」タイプの問題といえます。

イッパツで答が出るというほど単純ではなくても、持っている知識で答が絞れそうな選択肢はすぐに絞っておいて、スピーディーに正解を見つける力が必要です。

4
解法の心得

# 説明問題はすべて内容合致問題だ!

知識で答が絞れる問題でも、最終的には、**前後の文脈の中に解答の根拠を**探して正解を決めるのがふつうですが、説明タイプの問題はなおさらです。

**内容説明**（…はどういうことか？）
**理由説明**（…なのはなぜか？）
**心情説明**
**趣旨説明**（どういうことを言おうとしているのか？）

これらの説明問題は配点も大きく、しかも、なかなか「句法」で一発というわけにはいきません。まさに「**文脈**」**判断型の問題**ですが、これには大原則があります。

それは、**説明問題はすべて選択肢と本文との内容合致問題である**ということです。

出題者は、なぜその選択肢が正解であるかを、根拠をあげて説明できる問題しか作りません。その「**解答の根拠**（**着眼点・ヒント**）」**は必ず問題文の中に**あります。しかも、漢文の場合、たいてい、**解答の根拠は設問の傍線部の近くにあります**。解答の根拠が見つかったら、あとは、それが書いてある正解の選択肢を見つけるだけです。

5

解法の心得

# 着眼のポイントを意識して解け！

**傍線部の近くに「解答の根拠」を探せ！** と言いましたが、「解答の根拠」を見つけるには、いくつかの**着眼のポイント**があります。

本番ではもちろんですが、過去問の演習をしたり、模擬試験を受験したりするときも、ただ漫然と問題に向かうのでなく、常に、**着眼のポイントを意識しながら解く**習慣をつけましょう。

**解釈の問題**や**内容説明問題**は、傍線部そのものについて聞いているのですから、傍線部の中に、何か**句法**の訳し方や**重要語**のポイント、あるいは、**指示語**のさす内容の判断ポイントがないか？

**理由説明問題**では、「だから」と訳す「**故**《ゆえ》**に**」「**是**《ここ》**を以**《もっ》**て**」、「なぜならば」と訳す「**何となれば則ち**」、「理由・わけ」の意の「**所以**《ゆえん》」「**故**《ゆえ》」、「…ので」になる「**已然形＋バ**」、「…だからである」になる「**…ナレバナリ**」のような、理由を表す語や表現が、傍線部の近くにないか？

**心情説明問題**では、傍線部の近くに、その人物自身が自分の心情を述べている、「　」でくくられた**会話文**や、「　」でくくってはいないが、その人物の心中を述べている**心中思惟**《しい》（**心話文**）がないか？

そういうことに気をつけながら解くことが、上達のポイントです。

6
解法の心得

# 臨場感をもって時間制限を守って解く！

設問形式ごとにいくつかの着眼のポイントをお話ししましたが、もう少し注意しておきたいことがあります。

現代文などでも、先生方は、よく「**キーワード**」を押さえろ！　とか言いますが、どれが「**キーワード**」なのかは、なかなか難しいものです。たいへん大雑把《おおざっぱ》な言い方になりますが、論理的な文章の場合、**何度も繰り返し出てくる大事そうな語**や、**類似表現**に気をつけましょう。

**対比**しながら論じられている形がみられないか、これも、論理的な文章の場合、たいへん大きなポイントです。特に漢文では、「**対**《つい》**句**《く》」に気がつくことで読み方や意味が類推できることがよくあります。

選択肢の並べ方に、**2対3とか**、**2対2対1とかの配分**がないか、そのうちのどれが妥当なのか？

**前書き**や（**注**）にしっかりヒントが与えてあることもあります。

さあ、それでは、問題演習にチャレンジしてみましょう。

練習の段階から、**臨場感**をもって、**時間制限**を守って、**時間配分**も体感しながら取り組むことが大切です。では、スタート！

# 問題演習 1 平成29年度共通テスト試行調査

〈標準解答時間 20分〉

次の【文章Ⅰ】は、殷《いん》王朝の末期に、周《しゅう》の西伯《せいはく》が呂尚《りょしょう》（太公望《たいこうぼう》）と出会った時の話を記したものである。授業でこれを学んだC組は太公望について調べてみることになった。二班は、太公望のことを詠んだ佐藤一斎《さとういっさい》の漢詩を見つけ、調べたことを【文章Ⅱ】としてまとめた。【文章Ⅰ】と【文章Ⅱ】を読んで、後の問い（問1〜7）に答えよ。なお、返り点・送り仮名を省いたところがある。

【文章Ⅰ】

呂尚ハ蓋シ(1)嘗窮困シ、年老イタリ矣。以テ二漁釣ヲ一奸《もと》ム(注1)二周ノ西伯ニ一。A西伯将出猟卜之。曰ハク、「所レ獲ル非ズレ龍ニ、非ズレ彲《みづち》ニ、非ズレ虎ニ、非ズレ羆《ひぐま》ニ、所レ獲ル覇王之輔《たす》ケナリト。」於イテレ是ニ周ノ西伯猟《か》リス。果(ア)遇フ二太公ニ於渭《ゐ》(注3)之陽《きた》ニ(2)一。与語リテ大イニ説《よろこ》ビテ曰ハク、「自リ二吾ガ(注4)先君太公一曰ハク、『当(イ)下有リテ二聖人一適《ゆ》ク上レ周ニ。周以テ興ラント。』B子ハ真ニ是レナルか邪。吾ガ太公望レ子ヲ久シト矣。」故ニ号シテレ之ヲ曰フ二太公望ト一。載セテ与倶ニ帰リ、立テテ為スレ師ト。

（司《し》馬《ば》遷《せん》『史《し》記《き》』による。）

**書き下し文**

【文章Ⅰ】

呂尚《りょしょう》は蓋《けだ》し嘗《かつ》て窮困《きゅうこん》し、年老《としお》いたり。漁釣《ぎょちょう》を以《もっ》て周《しゅう》の西伯《せいはく》に奸《もと》む。西伯将《せいはくまさ》に出《い》でて猟《か》りせんとし之《これ》を卜《うらな》ふ。曰《い》はく、「獲《う》る所《ところ》は龍《りゅう》に非《あら》ず、彲《みずち》に非《あら》ず、虎《とら》に非《あら》ず、羆《ひぐま》に非《あら》ず、獲《う》る所《ところ》は覇王《はおう》の輔《たす》けなり」と。是《ここ》に於《お》いて周《しゅう》の西伯猟《せいはくか》りす。果《は》たして太公《たいこう》に渭《い》の陽《きた》に遇《あ》ふ。与《とも》に語《かた》りて大《おお》いに説《よろこ》びて曰《い》はく、「吾《わ》が先《せん》君太公《くんたいこう》より曰《い》はく、『当《まさ》に聖人《せいじん》有《あ》りて周《しゅう》に適《ゆ》くべし。周以《しゅうもっ》て興《おこ》らん』と。子《し》は真《まこと》に是《こ》れなるか。吾《わ》が太公子《たいこうし》を望《のぞ》むこと久《ひさ》し」と。故《ゆえ》に之《これ》を号《ごう》して太公望《たいこうぼう》と曰《い》ふ。載《の》せて与《とも》に倶《とも》に帰《かえ》り、立《た》てて師《し》と為《な》す。

【文章Ⅱ】

太公垂釣《たいこうすいちょう》の図《ず》

（注）1　奸——知遇を得ることを求める。
2　太公——ここでは呂尚を指す。
3　渭之陽——渭水《いすい》の北岸。渭水は、今の陝西《せんせい》省を東に流れて黄河に至る川。
4　吾先君太公——ここでは西伯の亡父を指す（なお諸説がある）。

【文章Ⅱ】

## 佐藤一斎の「太公垂釣の図」について

平成二十九年十一月十三日
愛日楼高等学校二年C組二班

太公垂釣ノ図　　佐藤一斎

謬《あやま》リテ被《れ》二文王ニ載セ得テ帰ラ一
一《いっ》竿《かん》ノ風月与レ心違《たが》フ
想《おも》フ君ガ牧《ぼく》野《や》鷹《よう》揚《よう》ノ後
夢ハ在ラン二磻《はん》渓《けい》ノ旧釣《てう》磯《き》ニ一

不本意にも文王によって周に連れていかれてしまい、
釣り竿《ざお》一本だけの風月という願いとは、異なることになってしまった。
想うに、あなたは牧野で武勇知略を示して殷を討伐した後は、
磻渓の昔の釣磯《つりいそ》を毎夜夢に見ていたことであろう。

謬《あやま》りて文王《ぶんおう》に載《の》せ得《え》て帰《かへ》られ
一竿《いっかん》の風月《ふうげつ》心《こころ》と違《たが》ふ
想《おも》ふ君《きみ》が牧野《ぼくや》鷹揚《ようよう》の後《のち》
夢《ゆめ》は磻渓《はんけい》の旧《きゅう》釣《ちょう》磯《き》に在《あ》らん

**通釈**

【文章Ⅰ】
呂尚はそもそもの以前から貧乏で、年老いていた。魚釣りをしながら（いつか機会を得て）周の西伯に知遇を得たいと思っていた。（ある時）西伯は狩《か》りに出ようとして、どんな獲物があるかを占った。（占いの結果は次のように言った、「獲物は龍でもなく、みずち（水中にすむ龍の一種）でもなく、虎でもなく、羆でもなく、獲るものは、天下を支配する王を輔佐する人物であろう」と。こうして周の西伯は猟に出かけた。（すると）案の定、（釣りをしている）呂尚に渭水の北岸で出会った。互いに語り合い、（呂尚の人柄・才覚の優れて

幕末の佐藤一斎（一七七二〜一八五九）に、太公望（呂尚）のことを詠んだ漢詩があります。太公望は、七十歳を過ぎてから磻渓（渭水のほとり）で文王（西伯）と出会い、周に仕えます。殷との「牧野の戦い」では、軍師として活躍し、周の天下を盤石のものとしました。しかし、その本当の思いは？

C　佐藤一斎の漢詩は、**【文章Ⅰ】**とは異なる太公望の姿を描きました。

ある説として、この漢詩は佐藤一斎が七十歳を過ぎてから昌平坂《しょうへいざか》学問所（幕府直轄の学校）の教官となり、その時の自分の心境を示しているとも言われています。

公益財団法人アルカンシエール美術財団所蔵（原六郎コレクション）

**狩野探幽《かのうたんゆう》画「太公望釣浜図」**

日本でも太公望が釣りをする絵画がたくさん描かれました。

〈コラム〉
太公望＝釣り人？
文王との出会いが釣りであったことから、今では釣り人のことを「太公望」と言います。
**【文章Ⅰ】**の、西伯が望んだ人物だったからという由来とは違う意味で使われています。

いることを知り）大いに喜んで（西伯は）言った、「私の亡き父太公から（こう）言われている、『必ずや聖人が周にやってくるであろう。周はその人によって大いに興るであろう』と。あなたはまさにその人ではないか。私の父は久しくあなたを待ち望んでいました」と。それゆえ、呂尚を名づけて太公望という。（西伯は、呂尚を）自分の車に乗せていっしょに（邸に）帰り、立てて師としたのであった。

問1　波線部(1)「嘗」・(2)「与」の読み方として最も適当なものを、次の各群の①～⑤のうちから、それぞれ一つずつ選べ。

(1)「嘗」
① かつて
② こころみに
③ すなはち
④ なめて
⑤ なんぞ

(2)「与」
① あたへ
② あづかり
③ ここに
④ すでに
⑤ ともに

問2　二重傍線部(ア)「果」・(イ)「当」の本文中における意味として最も適当なものを、次の各群の①～⑤のうちから、それぞれ一つずつ選べ。

(ア)「果」
① たまたま
② 案の定
③ 思いがけず
④ やっとのことで
⑤ 約束どおりに

(イ)「当」
① ぜひとも～すべきだ
② ちょうど～のようだ
③ どうして～しないのか
④ きっと～だろう
⑤ ただ～だけだ

**問3**　傍線部A「西 伯 将 出 猟 卜 之」の返り点の付け方と書き下し文との組合せとして最も適当なものを、次の①～⑤のうちから一つ選べ。

① 西 伯 将㆓出㆑猟 卜㆒㆑之　　西伯将に猟《か》りに出《い》でて之を卜《うらな》ふべし

② 西 伯 将 出 猟 卜㆑之　　西伯の将出でて猟りして之を卜ふ

③ 西 伯 将 出㆑猟 卜㆑之　　西伯将《は》た猟りに出でて之を卜ふか

④ 西 伯 将㆑出㆑猟 卜㆑之　　西伯猟りに出づるを将《ひき》ゐて之を卜ふ

⑤ 西 伯 将㆓出 猟㆒卜㆑之　　西伯将に出でて猟りせんとし之を卜ふ

**問4**　傍線部B「子 真 是 邪」の解釈として最も適当なものを、次の①～⑤のうちから一つ選べ。

① 我が子はまさにこれにちがいない。

② あなたはまさにその人だろうか、いや、そんなはずはない。

③ あなたはまさにその人ではないか。

④ 我が子がまさにその人だろうか、いや、そんなはずはない。

⑤ 我が子がまさにその人ではないか。

問5 【文章Ⅱ】に挙げられた佐藤一斎の漢詩に関連した説明として正しいものを、次の①～⑥のうちから、**すべて**選べ。

① この詩は七言絶句という形式であり、第一、二、四句の末字で押韻している。

② この詩は七言律詩という形式であり、第一句と偶数句末で押韻し、また対句を構成している。

③ この詩は古体詩の七言詩であり、首聯《しゅれん》、頷聯《がんれん》、頸聯《けいれん》、尾聯《びれん》からなっている。

④ この詩のような作品は中国語の訓練を積んだごく一部の知識人しか作ることができず、漢詩は日本人の創作活動の一つにはならなかった。

⑤ この詩のような作品を詠むことができたのは、漢詩を日本独自の文学様式に変化させたからで、日本人は江戸時代末期から漢詩を作るようになった。

⑥ この詩のように優れた作品を日本人が多く残しているのは、古くから日本人が漢詩文に親しみ、自らの教養の基礎としてきたからである。

**問6**　**【文章Ⅱ】**の□で囲まれた**〈コラム〉**の文中に一箇所誤った箇所がある。その**誤った箇所**を次の**A群**の①～③のうちから一つ選び、**正しく改めたもの**を後の**B群**の①～⑥のうちから一つ選べ。

**A群**

① 文王との出会いが釣りであった
② 釣り人のことを「太公望」と言います
③ 西伯が望んだ人物だったから

**B群**

① 文王が卜《うらな》いをしている時に出会った
② 文王が釣りをしている時に出会った
③ 釣りによって出世しようとする人のことを「太公望」と言います
④ 釣り場で出会った友のことを「太公望」と言います
⑤ 西伯の先君太公が望んだ人物だったから
⑥ 西伯の先君太公が望んだ子孫だったから

**問7** 【文章Ⅱ】の傍線部C「佐藤一斎の漢詩は、【文章Ⅰ】とは異なる太公望の姿を描きました。」とあるが、佐藤一斎の漢詩からうかがえる太公望の説明として最も適当なものを、次の①～⑥のうちから一つ選べ。

① 第一句「謬りて」は、文王のために十分に活躍することはできなかったという太公望の控えめな態度を表現している。

② 第一句「謬りて」は、文王の補佐役になって殷を討伐した後の太公望のむなしさを表現している。

③ 第二句「心と違ふ」は、文王に見いだされなければ、このまま釣りをするだけの生活で終わってしまっていたという太公望の回想を表現している。

④ 第二句「心と違ふ」は、殷の勢威に対抗するために文王の補佐役となったが、その後の待遇に対する太公望の不満を表現している。

⑤ 第四句「夢」は、本来は釣磯で釣りを楽しんでいたかったという太公望の望みを表現している。

⑥ 第四句「夢」は、文王の覇業が成就した今、かなうことなら故郷の磻渓の領主になりたいという太公望の願いを表現している。

**解答・配点**

問1　(1)＝①　(2)＝⑤　（各4点）
問2　(ア)＝②　(イ)＝④　（各4点）
問3　⑤　（6点）
問4　③　（6点）
問5　①・⑥　※完答（7点）
問6　A＝③　B＝⑤　※完答（7点）
問7　⑤　（8点）

※配点は公表されていませんが、参考用に目安の点数を掲載しました。

**問1　「嘗」「与」ともに読みの超頻出語！**

(1)「**嘗**」は、動詞として、「こころミル（マ・上一）」「な**ム**（マ・下二）」のように読むこともあるので、②・④の可能性もあるが、読みの問題として問われる場合は、「**かつて**（＝以前。今までに。ある時）」しかない。「**未ニ嘗～一**（いまダかつテ～セず）」のように、再読文字「未」とともに用いられることも多い。

③「**すなはち**」は「**則・乃・即・便・輒**」など、⑤「**なんゾ**」は「**何・胡・奚・庸・曷・盍**」などである。

(2)「**与**」は、漢文の受験勉強では最も重要な多義語で、動詞として、①のように「**あたフ**（ハ・下二）」、②のように「**あづカル**（ラ・四＝かかわる。関与する）」のほか、「**くみス**（サ変＝仲間になる。賛成する。支持する）」などの用法もあるが、「与レA（Aと）」「Aト与レB（AとBと）」のように返読して「**と**」と読んだり、やはり返読して、「与レA寧B（Aよりはむしろ B）」と**比較形**になったり、文末で、**疑問・反語の**「**や・か**」、**詠嘆の**「**かな**」と読んだりする。

ここでは、西伯と呂尚とが「**ともに語りて**」である。

③「**ここニ**」は「**此・是・斯・焉**」など、④「**すでに**」は「**既・已**」である。

正解は、(1)は①、(2)は⑤。

**問2　「当」は再読文字「まさニ…べシ」！**

(ア)「**果**」は「**はタシテ**」で、「思っていたとおり。案の定《じょう》」の意である。ズバリ②。文脈から考えても、「狩りに出る前に占ったとおりに」でなくてはならない。

①「たまたま」でも、③「思いがけず」でも、④「やっとのことで」でも、⑤「約束どおりに」でもない。

(イ)「**当**」は、五つの選択肢を見ても、明らかに**再読文字**である。「**まさニ…ベシ**」で、「当然…すべきだ。…しなければならない」の意。ただし、同じ読み方をする「**応**」と同様、「きっと…だろう」と推量に訳すこともあり、ここは、先君太公の推量の言葉なので、①よりも④のほうが適切である。

**再読文字**は大きなポイントである。(⬇**34ページ**)

**当**ニシレ**A**ス　**読**まさニAスベシ

**訳**当然Aすべきだ。Aしなければならない。

**(応)**　きっとAするだろう。

正解は、(ア)は②、(イ)は④。

## 問3 「将」も再読文字「まさニ…ントす」!

**返り点の付け方と書き下し文の組合せ問題**は、センター試験時代から頻出する形である。この形では、返り点の付け方はどうでもよく、ポイントは、傍線部中に、読み方のうえで何らかの**句法上のポイントがないか**、であり、書き下し文のように読んだ場合の**文意が通るか**、その文意が前後の**文脈**(**話の流れ**)に**あてはまるか**、が大切である。

ここにも**再読文字**のポイントがある。(⬇**32ページ**)

**将**ニレ**A**セント　**読**まさニAセントす

**(且)**　**訳**いまにもAしようとする。いまにもAしそうだ。

「**将**」は「**まさニ…ントす**」の「**ント**」がポイントである。まず「将《まさ》に」と読んでいるのが、①か⑤しかなく、①は末尾が「べし」になっているので間違い。「将に…んとす」になっているのは⑤しかない。

「将」は、②のように「将《しょう》」、③のように「将《は》た」、④のように「将《ひき》ゐる」とも読めるが、問われるポイントはあくまで再読文字である。正解は⑤。

## 問4 「子(し)」は「あなた」!

「**子は真《まこと》に是れなるか**」には、ポイントが二つある。

一つは、文頭の「**子**」。選択肢の**配分**を見ると、

①・④・⑤は「我が子は(が)」

②・③が「あなたは」

と、**3対2**になっているが、これは、文脈からみて、狩りの途中で占いどおりの、さらに、太公が言っていたとおりの人物に

出会った西伯が、呂尚に向かって言っている「子は」であるから、当然、①・④・⑤の「我が子は」でなく、②・③の「あなたは」である。

もう一つは、文末の「邪」。これは、「**乎・也・哉・与・耶・歟**」と同じく、**疑問・反語**の「**や・か**」と読む字であるが、ここは「是れなる」と連体形についているから、読み方は「か」で、**疑問**の形である。（⬇**82ページ**）

**A 邪**　読 Aか。Aスルか。Aスや。
訳 A（なの）か。Aするのか。　**［疑問］**

**A 邪《セン》**　読 Aセンや
訳 Aするだろうか、いやAしない　**［反語］**

②は反語の訳になっているので間違い。
正解は③である。

**問5　四句の詩は「絶句」！「律詩」は八句！**

**漢詩の形式と押韻のきまり**については⬇**116ページ**を参照してほしいが、**【文章Ⅱ】**の佐藤一斎の詩は、一句が七文字、全体が四句であるから、「**七言絶句《しちごんぜっく》**」である。

七言の詩は、原則として、第一句末と偶数句末が「**押韻**」する。この詩でも、

第一句末…「帰《き》（ki）」
第二句末…「違《い》（i）」
第四句末…「磯《き》（ki）」

と、「i（イ）」の音でひびきがそろっている。よって、まず①が正しい。

②は「律詩」「対句を構成」が間違い。

③は「古体詩」「首聯、頷聯、頸聯、尾聯からなっている」が間違っている。しかも、「首聯、頷聯、頸聯、尾聯」は律詩の形式である。

④は、「中国語の訓練を積んだごく一部の人しか作ることができず」「漢詩は日本人の創作活動の一つにはならなかった」が間違い。中国語の訓練は関係ないし、一斎のように、漢詩を作っている人はたくさんいる。

⑤は、「日本人は江戸時代末期から漢詩を作るようになった」が間違い。奈良時代から漢詩は作られており、平安時代の菅原道真の漢詩などは、古文の『枕草子』や『大鏡』の学習を通して勉強しているはずである。

⑥は正しい。

正解は①・⑥。両方完答で○。

## 問6 「吾先君太公」＝西伯の父は（注4）にあり！

A群から間違っているものを探す。

「**太公望**」という呼ばれ方は、「太公」が「望」んでいた人物という意味である。「太公」には（**注4**）があり、「西伯の亡父を指す」とあるのだから、間違っているのは、③である。

B群の中で正しいのは、やはり（**注4**）から考えて、⑤である。ちなみに、A群・B群のどちらにもある「文王」が「西伯」であることは、【**文章Ⅱ**】の中に書かれている。

正解は、**A群**は③、**B群**は⑤。両方完答で○。

## 問7 漢詩の訳と生徒の文章との内容合致！

佐藤一斎の漢詩には、**現代語訳**がついている。さらに、それについて**生徒たちがまとめた文章**がある。

要は、右の二点との内容合致問題である。

第一句の「**謬《あやま》りて**」は、詩の現代語訳から見て、「文王によって周に連れていかれてしま」ったことの「不本意」さを言っている。【**文章Ⅱ**】の末尾の説明によれば、この「不本意」は、一斎が呂尚と同様、七十歳を過ぎて昌平坂学問所の教官となったときの気持ちを暗に示している。

よって、①の「文王のために十分に活躍することはできなかった」も、②の「殷を討伐した後の…むなしさ」も、いずれも適当ではない。

第二句の「**心と違ふ**」は、「釣り竿一本だけの風月という願い」と「異なることになってしまった」ことを言っている。「釣り竿一本だけの風月」とは、「毎日釣りをして日々を送る風流な生活」ということである。

よって、「心と違ふ」は、③の「このまま釣りをするだけの生活で終わってしまっていた」というマイナスの「回想」でもなく、④の「その後の待遇に対する…不満」でもない。

第四句で見ている「**夢**」は、「昔」よく釣り糸を垂れていた「磻渓《はんけい》」の「釣磯《つりいそ》」である。つまり、官につくよりも、呂尚は、毎日釣りをして日々を送る生活をしていたかったのではないか、ということを言っているのである。

よって、⑤**が正解**。

⑥は、「故郷の磻渓の領主になりたい」が間違っている。

# 問題演習 2 平成30年度共通テスト試行調査 〈標準解答時間 20分〉

次の【文章Ⅰ】と【文章Ⅱ】は、いずれも「狙公《そこう》」（猿飼いの親方）と「狙《そ》」（猿）とのやりとりを描いたものである。【文章Ⅰ】と【文章Ⅱ】を読んで、後の問い（問1〜5）に答えよ。なお、設問の都合で返り点・送り仮名を省いたところがある。

（配点 50）

【文章Ⅰ】

猿飼いの親方が芧《とち》の実を分け与えるのに、「朝三つにして夕方四つにしよう、」といったところ、猿どもはみな怒った。「それでは朝四つにして夕方三つにしよう、」といったところ、猿どもはみな悦《よろこ》んだという。

（金谷《かなや》治《おさむ》訳注『荘子』による。）

【文章Ⅱ】

楚ニ(注1)有リ㆓養ヒテ㆑狙《そ》ヲ以テ為ス㆑(1)生者㆒。楚人謂フ㆓之ヲ狙《そ》公《こう》ト㆒。旦(注2)日必ズ部(注3)㆓-分シテ衆狙ヲ于庭ニ㆒、A使老狙率以之山中、求草木之実。賦(注4)シテ㆓什《じふ》ノ一ヲ㆒以テ自ラ(注5)奉ズ。或イハ不ンバ㆑給セ、則チ加フ㆓鞭《べん》(注6)箠《すい》ヲ㆒焉。群狙皆畏レテ苦シムモ㆑之ニ、弗ざル㆓敢ヘテ違《たが》ハ㆒也。一日、有リテ㆓小狙㆒謂ヒテ㆓衆狙ニ㆒曰ハク、B「山之果、

**書き下し文**

楚《そ》に狙《そ》を養《やしな》ひて以《もっ》て生《せい》を為《な》す者有《ものあ》り。楚人之《そひとこれ》を狙公《そこう》と謂《い》ふ。旦日必《たんじつかなら》ず衆狙《しゅうそ》を庭《にわ》に部分《ぶぶん》して、老狙《ろうそ》をして率《ひき》ゐて以《もっ》て山中《さんちゅう》に之《ゆ》き、草木《そうもく》の実《み》を求《もと》めしむ。什《じゅう》の一《いち》を賦《ふ》して以《もっ》て自《みずか》ら奉《ほう》ず。或《ある》いは給《きゅう》せずんば、則《すなわ》ち鞭箠《べんすい》を加《くわ》ふ。群狙皆畏《ぐんそみなおそ》れて之《これ》に苦《くる》しむも、敢《あ》へて違《たが》はざるなり。一日《いちじつ》、小狙《しょうそ》有《あ》りて衆狙《しゅうそ》に謂《い》ひて曰《い》はく、「山《やま》の果《か》は、公《こう》の樹《う》うる所《ところ》か」と。曰《い》はく、「否《しから》ざるなり。天《てん》の生《しょう》ずるなり」と。曰《い》はく、「公《こう》に非《あら》ずんば得《え》て取《と》らざるか」と。曰《い》はく、「否《しから》ざるなり。皆得《みなえ》て取《と》るなり」と。曰《い》はく、「然《しか》らば則《すなわ》ち吾何《われなん》ぞ彼《かれ》に仮《か》りて之《これ》が役《えき》を為《な》すや」と。言未《げんいま》だ既《つ》きざるに、衆狙皆寤《しゅうそみなさ》む。其《そ》の夕《ゆうべ》、相《あ》ひ与《とも》に狙公《そこう》の寝《い》ぬるを伺《うかが》ひ、柵《さく》を破《やぶ》り柙《おり》を毀《こぼ》ち、其《そ》の積《せき》を取《と》り、相《あ》ひ携《たずさ》へ

公所樹与。」曰ハク、「否《しから》ザル也。天ノ生ズルト也。」曰ハク、「非ズンバ公ニ不ル得テ而取ラ与ト。」曰ハク、「否ザル也。皆得テ而取ル也ト。」曰ハク、「然ラバ則チ吾何ゾ仮リテ於彼ニ而為スガ之ガ役ヲ乎ト。」言未ダ既《つ》キルニ、衆狙皆寤《さ》ム。其ノ夕、相ヒ与ニ伺ヒ狙公之寝《い》ヌルヲ、破リ柵ヲ毀《こぼ》チ柙《をり》ヲ、取リ其ノ(2)積ヲ、相ヒ携ヘテ而入リ于林中ニ、不復タ帰ラ。狙公卒《つひ》ニ餒《う》ヱテ而死ス。

(注7)郁《いく》離《り》子《し》曰ハク、「世ニ有ルハ以テ術ヲ使ヒテ民ヲ而無キ道揆(注8)者、其レ如キ狙公ノ乎。惟其昏而未覚也。一旦有ラバ開クコト之ヲ、其ノ術窮セント矣。」

（劉《りゅう》基《き》『郁離子』による。）

（注）
1 楚——古代中国の国名の一つ。
2 旦日——明け方。
3 部分——グループごとに分ける。
4 賦什一——十分の一を徴収する。
5 自奉——自らの暮らしをまかなう。
6 鞭箠——むち。
7 郁離子——著者劉基の自称。
8 道揆——道理にかなった決まり。

て林中《りんちゅう》に入《い》り、復《ま》た帰《かえ》らず。狙公《そこう》卒《つい》に餒《う》ゑて死《し》す。

郁離子《いくりし》曰《い》はく、「世《よ》に術《じゅつ》を以《もっ》て民《たみ》を使《つか》ひて道揆《どうき》無《な》き者《もの》有《あ》るは、其《そ》れ狙公《そこう》のごときか。惟《た》だ其《そ》れ昏《くら》くして未《いま》だ覚《さと》らざるなり。一旦之《いったんこれ》を開《ひら》くこと有《あ》らば、其《そ》の術窮《じゅつきゅう》せん」と。

**通釈** 楚の国に、猿を飼って生計を立てている者がいた。楚の人々は彼のことを「狙公（猿飼いの親方）」と呼んでいた。明け方（になると）必ずたくさんの猿たちを庭でグループごとに分けて、（そのグループの中で年長の）老猿に（群を）率いて山の中に行き、草木の実を探させた。（そうして猿が集めたうちの）十分の一を徴収して自らの暮らしをまかなっていた。（実を）探してこない猿がいると、むちで打った。群の猿たちは皆恐れて困っていたが、（狙公には）決してさからおうとはしな

**問1** 傍線部(1)「生」・(2)「積」の意味として最も適当なものを、次の各群の①～⑤のうちから、それぞれ一つずつ選べ。

(1)「生」
① 往生
② 生計
③ 生成
④ 畜生
⑤ 発生

(2)「積」
① 積極
② 積年
③ 積分
④ 蓄積
⑤ 容積

**問2** 傍線部A「使老狙率以之山中、求草木之実」の返り点・送り仮名の付け方と書き下し文との組合せとして最も適当なものを、次の①～⑤のうちから一つ選べ。

① 使ム下老狙ヲシテ率ヰテ以テ之キ二山中ニ一、求メ中草木之実ヲ上
老狙をして率《ひき》ゐて以て山中に之《ゆ》き、草木の実を求めしむ

② 使ヒテ二老狙ヲ一率ネ以テ之カシメ二山中ニ一、求ム二草木之実ヲ一
老狙を使ひて率《おほむ》ね以て山中に之かしめ、草木の実を求む

③ 使メテ二老狙ヲシテ率ヘ一以テ之キ二山中ニ一、求ム二草木之実ヲ一
老狙をして率《とら》へしめて以て山中に之き、草木の実を求む

④ 使シ老狙率ヰテ以テ之カバ二山中ニ一、求ム二草木之実ヲ一
使《も》し老狙率《ひき》ゐて以て山中に之かば、草木の実を求む

⑤ 使ム下老狙ヲバ率ヘテ以テ之キ二山中ニ一、求メ中草木之実ヲ上
老狙をば率《とら》へて以て山中に之き、草木の実を求めしむ

---

かった。ある日、小猿が群の猿たちに言った、「山の木の実は、狙公が植えたものなのか」と。（群の猿は）言った、「そうではない。（山の木の実は）天が生じさせたものだ」と。（小猿は）言った、「狙公でなければ取ることができないものなのか」と。（群の猿は）言った、「そんなことはない。誰でも取ることができるものだ」と。（小猿は）言った、「それならば、我々はどうしてあの人（狙公）の所にいて、（自分たちが取ってきた実を与えられて）あの人のために働いているのか」と。（小猿の）言葉がまだ終わらないうちに、猿たちは皆（自分たちが狙公に使われていることの不当さに）気がついた。その日の夕方、（猿たちは）皆で狙公の寝ている隙をうかがい、柵を破り、檻《おり》をこわし、狙公の蓄え（た木の実）を奪い、皆で手を取り合って林の中に入り、二度と（狙公のもとに）帰らなかった。（生活ができ

**問3**　傍線部B「山之果、公所樹与」の書き下し文とその解釈との組合せとして最も適当なものを、次の①～⑤のうちから一つ選べ。

①　山の果は、公の樹《う》うる所か
　　山の木の実は、猿飼いの親方が植えたものか

②　山の果は、公の所の樹《き》か
　　山の木の実は、猿飼いの親方の土地の木に生《な》ったのか

③　山の果は、公の樹《う》ゑて与ふる所か
　　山の木の実は、猿飼いの親方が植えて分け与えているものなのか

④　山の果は、公の所に樹《う》うるか
　　山の木の実は、猿飼いの親方の土地に植えたものか

⑤　山の果は、公の樹《う》うる所を与ふるか
　　山の木の実は、猿飼いの親方が植えたものを分け与えたのか

---

なくなって）狙公はとうとう餓死してしまった。

郁離子は言う、「世の中に、小手先の術で民を使って、道理にかなった決まりのない者（＝為政者）がいるのは、この狙公と同じではないか。（小猿に言われるまで、群の猿たちの誰もが気づかなかったように）ただ民たちが疎くてこれまで（治められていることの不当さに）気づかなかっただけなのである。いったんそれに気づかれてしまうと、その術は行き詰まってしまうのである」と。

**問4** 傍線部C「惟其昏而未レ覚也」の解釈として最も適当なものを、次の①～⑤のうちから一つ選べ。

① ただ民たちが疎くてこれまで気付かなかっただけである
② ただ民たちがそれまでのやり方に満足していただけである
③ ただ猿たちがそれまでのやり方に満足しなかっただけである
④ ただ猿飼いの親方がそれまでのやり方のままにしただけである
⑤ ただ猿飼いの親方が疎くて事態の変化にまだ気付いていなかっただけである

**問5** 次に掲げるのは、授業の中で【文章Ⅰ】と【文章Ⅱ】について話し合った生徒の会話である。これを読んで、後の(i)～(iii)の問いに答えよ。

**生徒A** 【文章Ⅰ】のエピソードは、有名な故事成語になっているね。
**生徒B** それって何だったかな。[X]というような意味になるんだっけ。
**生徒C** そうそう。もう一つの【文章Ⅱ】では、猿飼いの親方は散々な目に遭っているね。【文章Ⅰ】と【文章Ⅱ】とでは、何が違ったんだろう。
**生徒A** 【文章Ⅰ】では、猿飼いの親方は言葉で猿を操っているね。
**生徒B** 【文章Ⅱ】では、猿飼いの親方はむちで猿を従わせているよ。
**生徒C** 【文章Ⅰ】では、猿飼いの親方の言葉に猿が丸め込まれてしまうけど……。
**生徒A** 【文章Ⅱ】では、[Y]が運命の分かれ目だよね。これで猿飼いの親方と猿との関係が変わってしまった。
**生徒B** 【文章Ⅱ】の最後で郁離子は、[Z]と言っているよね。

**生徒C**　だからこそ、**【文章Ⅱ】**の猿飼いの親方は、「其の術窮せん。」ということになったわけか。

(i) **X** に入る有名な故事成語の意味として最も適当なものを、次の①～⑤のうちから一つ選べ。

① おおよそ同じだが細かな違いがあること
② 朝に命令を下し、その日の夕方になるとそれを改めること
③ 二つの物事がくい違って、話のつじつまが合わないこと
④ 朝に指摘された過ちを夕方には改めること
⑤ 内容を改めないで口先だけでごまかすこと

(ii) **Y** に入る最も適当なものを、次の①～⑤のうちから一つ選べ。

① 猿飼いの親方がむちを打って猿をおどすようになったこと
② 猿飼いの親方が草木の実をすべて取るようになったこと
③ 小猿が猿たちに素朴な問いを投げかけたこと
④ 老猿が小猿に猿飼いの親方の素性を教えたこと
⑤ 老猿の指示で猿たちが林の中に逃げてしまったこと

(iii) Z に入る最も適当なものを、次の①～⑤のうちから一つ選べ。

① 世の中には「術」によって民を使うばかりで、「道揆」に合うかを考えない猿飼いの親方のような者がいる

② 世の中には「術」をころころ変えて民を使い、「道揆」に沿わない猿飼いの親方のような者がいる

③ 世の中には「術」をめぐらせて民を使い、「道揆」を知らない民に反抗される猿飼いの親方のような者がいる

④ 世の中には「術」によって民を使おうとして、賞罰が「道揆」に合わない猿飼いの親方のような者がいる

⑤ 世の中には「術」で民をきびしく使い、民から「道揆」よりも多くをむさぼる猿飼いの親方のような者がいる

**解答・配点**

問1 (1)＝②　(2)＝④　（各4点）

問2 ①　（7点）

問3 ①　（7点）

問4 ①　（7点）

問5 (i)＝⑤　(ii)＝③　(iii)＝①　（各7点）

## 問1 文の流れから「意味」を判断する

問題文中の語（漢字）の意味（字義）を、熟語が並んでいる選択肢から選ぶ問題には、三つのパターンがある。

A　傍線部の漢字を含む熟語そのものの意味が、傍線部の字義と合致するものを選ぶ。

B　熟語の中における、傍線部の漢字の用いられ方（意味）が、傍線部の字義と合致するものを選ぶ。

C　傍線部の字義と、その漢字を含まない熟語群の中の一つとの意味の合致を求める。

今回はAパターンである。

(1)「生」は、【文章Ⅱ】の冒頭の一文、「**楚**《そ》**に狙**《そ》**を養ひて以**《もっ》**て生を為**《な》**す者有り**」の中にある。

この人物が「狙公」と呼ばれるのであるが、「狙公」については、前書きに「猿飼いの親方」とある。猿に芸をさせて見物客から金をとるというのではないようであるが、「猿飼い」という生業《なりわい》である以上、「狙を養ひて以て生を為す」は、「猿を飼って生計を立てている」ということであろう。

(1)の正解は②「**生計**」（＝暮らしを立てるためのてだて）。

①「往生《おうじょう》」は「死ぬこと」、あるいは「どうにもしようがなくなること」。③「生成《せいせい》」は「生じて形をなすこと」。④「畜《ちく》生《しょう》」は「鳥・獣・虫・魚などの生きものの総称」。⑤「発生《はっせい》」は「事が起こり生ずること」で、いずれも、本文傍線部にはあてはまらない。

(2)「**積**」は、猿たちが、狙公の寝ている隙をうかがって、柵《さく》や檻《おり》をこわし、「**其の積を取り**」、手に手をとって林の中へ逃げ、二度と狙公のもとに戻ってこなかった、という話の流れの中にある。

狙公は、猿たちに山の木の実を取って来させ、その「什《じゅう》の一《いち》を賦して（注4＝十分の一を徴収して）」、生計を立てていたようである。（エ？　猿から徴収？　とツッコミたくなるが）とすると、猿たちから集めた木の実をためこんでいたのであろう。猿たちは、逃げるにあたって、その「ためこんであった」木の実を奪って行ったのである。

(2)の正解は④「**蓄積**（＝たくわえてたまったもの）」。

①「積極《せっきょく》」は「対象に対して進んで働きかけること」。②「積年《せきねん》」は「つもる年月。長年」。③「積分《せきぶん》」は数学用語。ここにはまったく関係ない。⑤「容積」は「器物の中を満たしうる分量」。

## 問2　使役の公式のポイントは「ヲシテ」！

傍線部Aの冒頭の「使」で、すぐに、これは**使役の公式**の問題であることに気づかなければならない。（⬇106ページ）

A　使ム二B ヲシテ C セ一　　読 ABヲシテCセシム

訳 AはBにCさせる。

Aは**主語**で、傍線部中にも直前部にも見えないが、ここでは「狙公」である。Bは**使役の対象**（誰にやらせるか）で、ここでは「老狙」。この、「使（しム）」の**直下にある使役の対象の名詞（体言）に、「ヲシテ」という送り仮名がつくこと**が、読み方のうえでは最大のポイントである。

「老狙をして」になっているかどうかのチェックだけで、答は①か③に絞られる。いずれも「…しむ」もある。

「使」は、むろん、「つかフ（ハ・四段）」と動詞に読んだり、「如・若」などと同様に、「もシ」と仮定形に読むこともあるが、あとの三つの選択肢が「しむ」と読んでいるのに、②だけが「使ひて」、④だけが「もし」になっているのは、当然、正解ではない。②・④は消去する。

⑤は、「しむ」はあるが、「をして」がないので、これも消去する。

残るは、①か、③か。あとは、そのように読んだときの**文意が通じるか**、**文脈にあてはまるか**、である。

①は、「老猿に（群を）率いて山の中に行き、草木の実を探させた」。

③は、「老猿に（群を）とらえさせて山の中に行き、草木の実を探した」。これは、「率」を「とらフ」と読んでいることで

文意が通じないし、実を探した主体が狙公になってしまう。そもそも、「とらフ」という訓読みは、あて読みにする例があるのかもしれないが、一般的とはいえない。

問2の正解は①。

ちなみに、**返り点の付け方と書き下し文の組合せの問題**は、センター試験時代からも頻出する形であるが、返り点の付け方をチェックしても時間のムダである。要は、読むうえで何か**句法のポイントがないか**、書き下し文のように読んだときの**文意が通るか**、それが**文脈（話の流れ）にあてはまるか**である。

## 問3 「所」が返読文字であること！

今度は、**書き下し文と解釈の組合せ**である。

選択肢を見比べてみると、①〜⑤のすべての選択肢で、傍線部前半の三文字「**山之果**」は、

書き下し文は「山の果は」

解釈は「山の木の実は」

という形で共通している。

また、**文末の「与」**も、すべての選択肢が、疑問の「か」と読み、解釈の文末もすべて疑問になっている。

「**与**」は用法の多い字であるが、**文末**に用いられて、「**乎・也・哉・邪・耶・歟**」と同じく、**疑問・反語の「や・か」**になることがある。（⬇82ページ）

**A与**《スル》 読 Aか。Aスルか。 **[疑問]**

訳 A（なの）か。Aするのか。

**A与**《ス》 読 Aスや **[疑問]**

訳 Aするのか

**A与**《セン》 読 Aセンや **[反語]**

訳 Aするだろうか、いやAしない

さて、「与」が疑問で共通しているのであるが、③と⑤は、「与」を「与ふる」とも読んで、しかも「か」もあり、「与」を二重に読んでいるミスがある。

よって、③・⑤は消去する。

残るは「公 所 樹」の三文字であるが、ここにも一つ、かすかなポイントがある。

それは、「所」が**返読文字**であるということである。

よって、「公 所 樹」は「公の樹《う》うる所」とならなければならない。「公の樹うる所」と読んでいるのは、①か⑤であるが、

⑤は、「与」の段階で先に消去している。
問3の正解は①。
解釈も、傍線部のあとで、群の猿が「否《しか》ざるなり。天の生ずるなり（＝そうではない。天が生じさせたものだ）」と答えている文脈にあてはまる。

## 問4 末尾の段落は「狙」の話ではない！

**末尾の段落の郁離子《いくりし》の言葉**は、もちろんそこまでの狙公と猿たちの話を受けているが、「猿」のことについて述べているのではない。

この「**世に…**」の一文では、「**狙公のごとき**」、「**術を以て民を使ひて道揆無き者**」がいると、暗に「人の上に立つ人間」「為政者」のことを言っているのである。

狙公は、猿たちに山の木の実を取ってこさせて、そこから十分の一を搾取していた。猿たちがそれを疑問にも思わず従っていたのは、まさに、傍線部Cで言っている、「**昏《くら》くして未だ覚《さと》らざる**（＝愚かで気がついていなかった）」だったからである。猿たちは、小猿に言われるまで、自分たちが狙公にこき使われていることが、あたりまえなことではないことに気づいていなかった。その無知につけ込んで、狙公はむちでおどして猿たちを従わせていたのであるが、やがて、猿たちが、狙公にそのように使われていることに「道揆（注8＝道理にかなった決まり）」があるわけではないことに気づいて、皆で逃げ、狙公のやり方は破綻した。

正解は、**主語が**「**民たち**」になっている①か②に絞られるが、②は「それまでのやり方に満足していた」が間違い。「気づいていなかった」のである。
問4の正解は①。

## 問5 ここからが新傾向の問題！

(i)の X は、**【文章Ⅰ】**が「**朝三暮四《ちょうさんぼし》**」の話であることがわかったうえで、その意味を問う問題である。知識の有無を問う問題のようにも見えるが、**【文章Ⅰ】**を読んで判断することもできる。

狙公が猿たちに言った、「朝三つ、夕方四つ」と「朝四つ、夕方三つ」は、計七つであることは変わらないのであるが、愚かな猿たちは、「朝（今）四つ」につられて喜んだのである。ゆえに、「朝三暮四」は、猿側からは、「目先の違いにとらわれて結果が同じなのに気づかない」愚かさという意味。狙公側からは、「口先でうまいことを言って人をだますこと」の意味である。

よって、(i)の正解は⑤。

(ii)の **Y** は、生徒Aの三つめの会話文の中にある。

**Y** に入るべきものは、生徒Aの言う、それによって「猿飼いの親方（狙公）と猿との関係が変わってしまった（＝運命の分かれ目になった）」あること、である。

猿たちは、むちがこわくて、狙公の言うことを聞いて、山中の木の実を取りに行き、十分の一を搾取されても文句も言わず従っていた。しかし、問4の説明でも見たように、やがて、それが当然のことでないことに気づき、狙公の言うことを聞く必要はないと知って、皆で逃げ、狙公は生計が成り立たなくなって飢えて死んだのである。

そのきっかけになったのは、小猿が言った、問3の**傍線部B**「**山の果は、公の樹うる所か**」である。そこからの小猿との会話を通じて、猿たちは不当さに気づいてゆくのである。

よって、(ii)の正解は③。

①は関係が変わる前のこと。②の「草木の実をすべて取るようになった」、④の「親方の素性を教えた」、⑤の「老猿の指示で」などは、本文に相当する記述がない。

(iii) **Z** は、生徒Bの三つめの会話文の中にある。

これも、問4の説明でほぼ見てきたことであるが、**末尾の段落の郁離子の言葉の内容との合致問題**である。

①**が正解**。

②は、「『術』をころころ変えて民を使い」が間違い。

③は、前半は○であるが、後半で、「『道揆』を知らない」主体が「民」になっている点が間違っている。

④も、前半は○であるが、後半の、「賞罰が『道揆』に合わない」が、本文とズレている。

⑤は、前半の「きびしく使い」が△、後半の、「民から『道揆』よりも多くをむさぼる」が間違いである。

# 問題演習 3 センター試験

出典 西畬瑣録

〈標準解答時間 20分〉

北宋の文人政治家蘇東坡《そとうば》（蘇軾《そしょく》）は、かつて讒言《ざんげん》にあって捕らえられ、厳しい取り調べを受け黄州に流されたが、その後復権した。次の文章は、東坡が都に戻る道中での話である。これを読んで、後の問い（問1～7）に答えよ。（設問の都合で返り点・送り仮名を省いたところがある。）（配点 50）

東坡元豊《げんぽう》(注1)ノ間ニ繫《つな》ガレ二御史《ぎょ》(注2)ノ獄ニ一、謫《たく》セラル二黄州《くわうしう》ニ一。元祐《げんいう》(注3)ノ初メ、起コサレテ知《ち》タリテ(注4)二登《とう》州ニ一(1)、未ダレ幾、以テ二礼部員外郎(注5)ヲ一召サル。道中偶《たまたま》遇フ二当時ノ獄官ニ一、甚ダ有リ二愧《は》ヅル色一。東坡戯レテレ之ニ曰ハク、「有リ蛇螫殺人、為冥官《めいくわん》(注6)所追(注7)議、法当死。蛇前《すすみ》ヘテ訴ヘテ曰ハク、『誠ニ有リレ罪、然レドモ亦タ有リレ功、可シトレ以テ自ラ贖《あがな》フ。』冥官曰ハク、『何ノ功ナル也カト。』蛇曰ハク、『某《それがし》ニ有リレ黄、可シレ治スレ病ヲ、所レ活《い》カス已ニ数人ナリト矣。』吏考(注8)験スルニ、固ヨリ不レバレ誣《し》ヒ(注9)、遂ニ X 。良久《やや》シクシテ、牽《ひ》キテ二一牛ヲ一至ル。獄吏曰ハク、『此ノ牛触《つ》キテ殺スレ人ヲ。亦タ当タルト死ニ。』牛曰ハク、『我モ亦タ有リレ黄、可シ二以テ治スレ

**書き下し文**

東坡元豊《とうばげんぽう》の間《かん》に御史《ぎょし》の獄《ごく》に繫《つな》がれ、黄州《こうしゅう》に謫《たく》せらる。元祐《げんゆう》の初《はじ》め、起《お》こされて登州《とうしゅう》に知《ち》たりて、未《いま》だ幾《いくばく》ならずして、礼部員外郎《れいぶいんがいろう》を以《もっ》て召《め》さる。道中偶《どうちゅうたまたま》当時《とうじ》の獄官《ごくかん》に遇《あ》ふに、甚《はなは》だ愧《は》づる色《いろ》有《あ》り。東坡之《とうばこれ》に戯《たわむ》れて曰《い》はく、「蛇《へび》有《あ》りて螫《か》みて人《ひと》を殺《ころ》し、冥官《めいかん》の追議《ついぎ》する所《ところ》と為《な》り、法《ほう》は死《し》に当《あ》たる。蛇前《へびすす》み訴《うった》へて曰《い》はく、『誠《まこと》に罪《つみ》有《あ》り、然《しか》れども亦《ま》た功《こう》有《あ》り、以《もっ》て自《みずか》ら贖《あがな》ふべし』と。冥官《めいかん》曰《い》はく、『何《なん》の功《こう》なるか』と。蛇曰《へびい》はく、『某《それがし》に黄《こう》有《あ》り、病《やまい》を治《なお》すべし、活《い》かす所《ところ》已《すで》に数人《すうにん》なり』と。吏考験《りこうげん》するに、固《もと》より誣《し》ひざれば、遂《つい》に免《まぬか》るるを得《う》。良久《ややひさ》しくして、一牛《いちぎゅう》を牽《ひ》きて至《いた》る。獄吏《ごくり》曰《い》はく、『此《こ》の牛触《うしつ》きて人《ひと》を殺《ころ》す。亦《ま》た死《し》に当《あ》たる』と。牛《うし》曰《い》はく、『我《われ》も亦《ま》た黄有《こうあ》り、以《もっ》て病《やまい》を治《なお》

病、亦活数人矣。』良久、亦[X]。久之、獄吏引一人至。曰、『此人生常殺人、幸免死。今当還命。』其人倉《さう》皇《くわう》(注10)妄《みだ》言亦有黄。C冥官大怒、詰《なじ》之曰、『(注11)蛇黄・牛黄皆入薬、天下所共知。D汝為人、何黄之有。』左右交(2)訊《と》、其人窘《くる》甚曰、『某別無黄。但有些《いささ》(注12)慚《ざん》惶《くわう》。』」

（孫宗鑑《そんそうかん》『西畬瑣録《せいよさろく》』による）

（注）
1 元豊―年号。
2 御史―官吏の不正を取り調べる役人。
3 元祐―年号。
4 知登州―登州の知事となる。
5 礼部員外郎―官職の名。
6 冥官―冥界の裁判官。古来中国では、死後の世界にも役所があり、冥官が死者の生前の行いによって死後の処遇を決すると考えられていた。
7 追議―死後、生前の罪を裁くこと。
8 考験―取り調べること。
9 誣―欺く。いつわって言う。
10 倉皇―あわてて。
11 蛇黄・牛黄―ともに薬の名。蛇の腹や牛の肝からとるとされる。
12 慚惶―恥じて恐れ入ること。

すべし、亦《ま》た数人《すうにん》を活《い》かす』と。良久《ややひさ》しくして亦《ま》た免《まぬか》るるを得《う》。之《これ》を久《ひさ》しくして、獄吏一人《ごくりいちにん》を引《ひ》きて至《いた》る。曰《い》はく、『此《こ》の人生《ひとい》くるとき常《かつ》て人《ひと》を殺《ころ》すも、幸《さいわ》ひにして死《し》を免《まぬか》る。今当《いままさ》に命《めい》を還《かえ》すべし』と。其《そ》の人倉皇《ひとそうこう》として妄《みだ》りに亦《ま》た黄有《こうあ》りと言《い》ふ。冥官大《めいかんおお》いに怒《いか》り、之《これ》を詰《なじ》りて曰《い》はく、『蛇黄《じゃこう》・牛黄皆薬《ぎゅうこうみなやく》に入《い》ること、天下《てんか》の共《とも》に知《し》る所《ところ》なり。汝《なんじ》は人《ひと》たり、何《なん》の黄《こう》か之《こ》れ有《あ》らん』と。左右《さゆう》交《こもごも》訊《と》ふに、其《そ》の人窘《ひとくる》しむこと甚《はなは》だしくして曰《い》はく、『某《それがし》には別《べつ》に黄無《こうな》し。但《た》だ些《いささ》かの慚惶有《ざんこうあ》るのみ』と。」

**通釈**　蘇東坡は、元豊年間に（讒言にあって捕らえられて）御史台に投獄され、黄州に流された。（その後）元祐年間の初めに許されて（復権し）登州の知事となり、まもなく召し出されて礼部員外郎となった。（都に戻る）道中、たまたま（かつて自分を取り調べ

**問1** 傍線部(1)「未ㇾ幾」・(2)「交」の意味として最も適当なものを、次の各群の①～⑤のうちから、それぞれ一つずつ選べ。

(1)「未ㇾ幾」
① 突然に
② 思いがけず
③ おもむろに
④ たえず
⑤ まもなく

(2)「交」
① 向かいあって
② かわるがわる
③ 立て続けに
④ 手を替え品を替え
⑤ あべこべに

**問2** 傍線部A「有蛇螫殺人、為冥官所追議、法当死」の返り点の付け方と書き下し文との組合せとして最も適当なものを、次の①～⑤のうちから一つ選べ。

① 有ㇾ蛇螫殺ㇾ人、為三冥官所二追議一、法当ㇾ死
蛇有りて螫《か》みて人を殺し、冥官の追議する所と為《な》り、法は死に当たる

② 有ㇾ蛇螫殺ㇾ人、為二冥官所追議一、法ㇾ当ㇾ死
蛇有りて螫みて人を殺さんとし、冥官の所に追議を為すは、死に当たるに法《のっと》る

③ 有ㇾ蛇螫殺人、為二冥官一所二追議一、法ㇾ当ㇾ死
蛇有りて螫まれ殺されし人、冥官と為りて追議する所は、死に当たるに法る

④ 有二蛇螫一殺人、為三冥官所二追議一、法ㇾ当ㇾ死
蛇の螫むこと有らば殺す人、冥官の追議する所の為《ため》に、死に当たるに法る

⑤ 有ㇾ蛇螫殺人、為冥官所二追議一、法当ㇾ死
蛇有りて螫まれ殺されし人、為に冥官の追議する所にして、法は死に当たる

**問3** 傍線部B「誠有ㇾ罪、然亦有ㇾ功、可二以自贖一」の解釈として最も適当なものを、次の①～⑤のうちから一つ選べ。

た）当時の（御史台の）獄官に出会ったところ、（獄官は）ひどく恥ずかしそうな素振りであった。蘇東坡は戯れに彼に向かって言った、「（ここに）蛇がいて、噛んで人を殺し、冥界の裁判官に生前の罪を裁かれて、死罪の判決を受けた。（そのとき）蛇は前に進み出て（裁判官に）訴えて言った、『たしかに（人を殺したという）罪はあるのですが、私には功績もあって、自分自身で罪を償うことができます』と。冥界の裁判官は言った、『何の功績があるというのか』と。蛇が言った、『私には薬効があり、病気を治すことができ、（治して）生かした人間はすでに何人もあります』と。役人が取り調べたところ、もともといつわりではないので（蛇の言ったとおりであり）、結局罪を免れることができた。しばらくして、（役人が）一頭の牛を引いてやってきた。牢役人が言った、『この牛は人を突き殺しまし

① 実際には罪がありますので、またすぐれた仕事をして自分で罪を帳消しにすべきなのです。

② たしかに罪はあるのですが、私には功績もあって自分自身で罪を償うことができます。

③ 結局は罪があるのですが、仕事の腕前によっておのずと罪は埋め合わされるのです。

④ もし罪があったとしても、当然私の功名によって自然と罪が許されるようになるはずです。

⑤ 本当は罪があるのですが、それでもあなたの功徳によって私の罪をお許しいただきたいのです。

**問４** 本文中の二箇所の空欄[X]にはどちらも同じ語句が入る。その語句を(i)の①～⑤のうちから一つ選べ。また、(i)の解答をふまえて、本文から読み取れる蛇と牛に対する冥官の判決理由を説明したものとして最も適当なものを、(ii)の①～⑤のうちから一つ選べ。

(i) 空欄に入る語句

① 得㆑免

② 不㆑還

③ 有㆑功

④ 得㆑死

⑤ 治㆑病

(ii) 判決理由の説明

---

た。（よって）これもまた死罪にあたります』と。（そこで）牛が言うには、『私もまた薬効があり、病気を治すことができ、（蛇と）同様に何人か（治して）生かしました』と。しばらくして（取り調べた結果、これも）また死罪を免れることができた。だいぶ経ってから、牢役人が一人の人間をつれてやって来た。（牢役人が）言うには、『この人間は生前かつて人を殺しましたが、運よく死罪を免れました。（ですから）今（死罪に処して）命をさし出すべきかと思います』と。その人はあわてて苦しまぎれに（自分にも）同じように薬効があると言った。冥界の裁判官はたいそう怒って、その人を責めとがめて言った、『蛇黄や牛黄がいずれも薬の部類に入ることは、世間では誰もが知っている。（しかし）おまえは人間である、何の薬効があるというのか』と。（裁判官の）左右の役人がかわるがわる問いた

① 蛇も牛も、生前人を殺した上に、死後も「黄」によって人を病気から救うことができるとでたらめを言って、反省していない。よって、死罪とする。

② 蛇も牛も、人を殺してきた罪は許しがたい。よって、今後「黄」によって人を救う可能性はあっても、冥界に留め置き罪を償わせることとする。

③ 蛇も牛も、人を殺してきたが、体内の「黄」で将来は人の命を救う可能性は残っている。よって、人の病気を治すことで罪を償わせることとする。

④ 蛇も牛も、人を殺すという重大な罪を犯したが、自らの「黄」によって人を病気から救ってもきた。よって、生前の罪を許すこととする。

⑤ 蛇も牛も、人を殺してきたというのは誤解で、むしろ大勢の人を「黄」によって病から救うという善行を積んできた。よって、無罪とする。

**問5** 傍線部C「冥 官 大 怒」とあるが、その理由として最も適当なものを、次の①～⑤のうちから一つ選べ。

① 蛇や牛と同様に人にも「黄」があるので人を殺した罪は許されるはずであると、その人に理路整然と説明され、獄吏の言葉が論破されそうになったことにいらだちを感じたから。

② 蛇も牛も人もみな生前は人を殺していたのに、体内に「黄」があるのを良いことに言い逃ればかりし、全く反省の色が見られないその人の不謹慎な態度が気に障ったから。

③ 生前に人を殺した上に、冥界に連れてこられてからは自分にも蛇や牛のように体内に「黄」が欲しいと、獄吏にわがままばかりを言うその人の態度に我慢がならなかったから。

---

だすと、その人はひどく苦しげに言った、『私には別に何のコウ（＝薬効）もありません。ただいささかの慚コウ（＝恥じて恐れ入る気持ち）があるばかりです』と」。

④ 蛇や牛は体内の「黄」で人を救っているのに、その人は「黄」の用い方を知らずにあいまいなことを言って、人を救わずに殺してばかりいることに憤りを感じたから。

⑤ 生前に人を殺したにもかかわらず、自分の罪を逃れるために、蛇や牛のまねをして自分の体内に「黄」があると、その場しのぎのいい加減なことを言うその人の態度に腹を立てたから。

**問6** 傍線部D「汝 為レ人、何 黄 之 有」の書き下し文として最も適当なものを、次の①～⑤のうちから一つ選べ。

① 汝の人と為《な》り、何《いづ》れの黄の有るや

② 汝は人の為《ため》に、何《なん》ぞ黄の之《こ》れ有らん

③ 汝は人為《た》り、何《なん》の黄か之《こ》れ有らん

④ 汝は人を為《つく》りて、何《なに》をか黄の有るや

⑤ 汝の人を為《をさ》むるや、何《いづ》れに黄の之《ゆ》く有るか

**問7** 蘇東坡が獄官に語った話の内容と表現上の特色に関する説明として最も適当なものを、次の①～⑤のうちから一つ選べ。

① 相手が獄官であることから冥界での裁きの冗談を語って戯れ、黄州に流されたことを踏まえて「黄」を用いた話にしている。また、この「黄（くわう）」とこれに近い音の「当（たう）」を繰り返し用いることで、獄官の罪を執拗《しつよう》に追及する気迫がこもった表現になっている。

② 相手が獄官であることから冥界での裁きの冗談を語って戯れ、黄州に流されたことを踏まえて「黄」を用いた話にしている。また、この「黄」という明るい色

彩の語を多用することで、自己の恨みの気持ちが完全に消えたことを獄官の心に深く印象づける表現になっている。

③ 相手が獄官であることから冥界での裁きの冗談を語って戯れ、判決の際に使われた「当」という語を多用した話にしている。また、この「当」という重々しい裁判用語を蛇と牛の滑稽《こっけい》な寓話《ぐうわ》の中に効果的に用いることで、自分を苦しめた獄官の行為を風刺する表現になっている。

④ 相手が獄官であることから冥界での裁きの冗談を語って戯れ、黄州に流されたことを踏まえて「黄」を用いた話にしている。また、この「黄（くわう）」と同じ音の語を含む「惝惶」を話の結末に効果的に用いることで、皮肉の中にもユーモアを込めた表現になっている。

⑤ 相手が獄官であることから冥界での裁きの冗談を語って戯れ、判決の際に使われた「当」という語を多用した話にしている。また、「当（たう）」という語と近い音の「功（こう）」という語を笑い話のキーワードにすることで、獄官を恥じ入らせる辛辣《しんらつ》な表現になっている。

**解答・配点**

| | | |
|---|---|---|
| 問1 | (1)＝⑤　(2)＝② | （各4点） |
| 問2 | ① | （6点） |
| 問3 | ② | （6点） |
| 問4 | (i)＝①　(ii)＝④ | （各5点） |
| 問5 | ⑤ | （7点） |
| 問6 | ③ | （5点） |
| 問7 | ④ | （8点） |

**問1　まずは読めることがポイント！**

送りがな・ふりがながついていないので、読めるかどうかである。読めてしまえば答えはカンタンなレベル。

(1)「**未㆑幾**」は、「**未**」が**再読文字**「**いまダ…ず**」。「**幾**」はやや厳しいが、「幾何・幾許」と同じで「**いくばく**」。活用しないから、断定の「ナリ」をつけて、「いまだいくばくならず」、さらに下に続けるために接続助詞「シテ」をつけて、「**いまだいくばくならずして**」と読む。「まだどれほどもなくして」であるから、正解は⑤の「**まもなく**」。

(2)「**交**」は「訓《と》ふ」という動詞を修飾しているから副詞で、「**こもごも**」と読む。「交互」の意であるから、正解は②「**かわるがわる**」。

**問2　受身の公式で答は一発！**

傍線部の中間にある、「**為…所…**」に着眼したい。これは次のような**受身の公式**である。（⬇112ページ）

A 為ル㆓Bノ所ト㆑Cスル　**読** ABノCスルところトなル

**訳** AはBにCされる

とすると、「（Aにあたるのは『蛇』）為㆔冥官所㆓追議㆒」は、「冥官《めいかん》の追議《ついぎ》する所と為る」と読む以外はないのだから、正解はズバリ①。

「蛇は冥界の裁判官（**注6**）に生前の罪を裁かれ（**注7**）」という意味になる。②〜⑤はすべて、公式どおりに読めていないし、文意も文脈にあてはまらない。

**問3　ポイントごとにキズをチェック！**

「**誠に**」は、①「実際に」、②「たしかに」、⑤「本当は」は○。③「結局は」、④「もし」は×。

「**然れども**」の**逆接**が○なのは、②・③・⑤。①・④は×。

「**亦《ま》た**」は細かいが、①「また」、②「功績も」は○。③・④・⑤は×。

「**功**」は、この傍線部の直後で、冥官が「何の功なるか」と尋ね、蛇が「某《それがし》に黄《こう》有り、病《やまい》を治すべし、活《い》かす所已《すで》に数人なり」と答えている。これが「功」だとすると、②「功績」が○。①「すぐれた仕事」は微妙に×。③・④・⑤は×。

「**自《みずか》ら**」の意味が○なのは、①「自分で」、②「自分自身で」。

「**贖《あがな》ふ**」は「つぐないをする。罪ほろぼしをする」ことであるから、正しいのは②の「罪を償う」のみ。

「**べし**」の意が○なのは、①・②・④。

よって、すべてが○なのは、②のみとなる。

## 問4 空欄は判決―有罪か、無罪か？

(i)空欄に入る語句、(ii)判決理由の説明、の組合せ問題である。

(ii)が、この(i)をふまえての「蛇と牛に対する判決理由」を問う質問になっているのであるから、この(i)の**空欄に入る語句は判決**、あるいは判決の結果ということになる。

空欄Xは2ヵ所ある。

**蛇**は「**螫《か》みて人を殺し**」たことで、「法は死に当たる」ことになり、牛は「**触《つ》きて人を殺**」したことで、「亦た死に当たる」ことになったのであるが、蛇は、「某に黄有り、病を治すべし、活かす所已に数人なり」、牛は、「我も亦た黄有り、以て病を治すべし、亦た数人を活かす」と弁明して、「吏」が「考験（**注8・取り調べる**）」したところ、訴えどおりだったので、空欄Xとなった。ここが、**判決の理由**になるところである。

**調べてみたら、「自分には功績がある」という訴えどおり**だったのだから、当然、**判決は「無罪」**であろう。

(ii)は、①・②・③では「有罪」である。⑤は「人を殺してきたというのは誤解で」が**キズ**。蛇も牛も、人を殺してはいるのである。(ii)の正解は④。

(i)の選択肢は、送りがなが省かれている。

①「免《まぬか》るるを得《う》」＝（処罰を）免れることができた。→判決になっていない。
②「還《かえ》らず」＝帰ってこなかった。→判決になっていない。
③「功有り」＝功績があった。→判決になっていない。
④「死を得《う》」＝死罪（の判決）を受けた。
⑤「病《やまい》を治す」＝病気を治した。→判決になっていない。

「**無罪**」なのは①のみ。(i)の正解は①である。

**問6 型にはまった句法で一発！**

**問5を考えるには、**傍線部Dの意味がわかる必要があるので
こちらを先に解く。

これも、**問2と同じく、**句法の型で一発解答の問題。

**何ノA カ之レ有ラン**　読 なんノAカこレあラン

訳 何のAがあるだろうか、何のAもない

正解はズバリ③。「おまえは人間である、何の黄があるだろうか、そんなものはあるはずがない」という意味になる。

**問5 理由は傍線部の直後にあり！**

冥官は、**傍線部Cの直後**で、怒ってこう言っている。「蛇《じゃ》黄《こう》・牛黄《ぎゅうこう》皆薬に入《い》ること、天下の共に知る所なり。汝は人たり、何の黄か之《こ》れ有らん（＝蛇黄や牛黄が薬の部類に入ることは、世間では誰もが知っている。しかし、おまえは人間だ、黄なんかあるはずがない）」。

それは、何に対する怒りの言葉かというと、**傍線部Cの前**に答えがある。獄吏につれてこられた人間が、死罪になりそうになって、「倉皇《そうこう》として（**注10**・あわてて）妄《みだ》りに（苦しまぎれに）」自分にも「黄」があると言ったからである。正解は⑤。

①～④は、いずれもこの直前直後の内容にそぐわない。

**問7 話のキーワードは「黄」！**

冒頭は全選択肢共通であるが、直後に**3対2の配分**がある。

①・②・④は「黄州に流されたことを踏まえて『黄』を用いた話にしている」。

③・⑤は「判決の際に使われた『当』という語を多用した話にしている」。

これは、話の展開を見ても、「**黄**」**がキーワード**なのは明らかで、「当」にはとりたてて意味はない。③は、「当」を「裁判用語」としている点、「滑稽な寓話」にも**キズ**があり、⑤は、「功」をキーワードとしている点に**キズ**がある。③・⑤は×。

①は、「当」を用いることで、「獄官の罪を執拗《しつよう》に追及する気迫」をこめているとする点が**キズ**。「戯れて」いるはずである。

②は、「黄」を「明るい色彩」ゆえに「多用」とする点、それによって「恨みの気持ちが完全に消えた」ことを「印象づける」としている点が**キズ**。

正解は④。「黄《こう》」はなく、「惝惶《こう》」があるだけで…という言い方に「皮肉」と「ユーモア」をこめているのである。

## 問題演習 4 センター試験

出典 張耒集 〈標準解答時間 20分〉

次の文章を読んで、後の問い（問1～8）に答えよ。（設問の都合で返り点・送り仮名を省いたところがある。）（配点 50）

始メ余以テ二丙《へい》(注1)子ノ秋ヲ一、寓《ぐう》-居《きよ》ス二宛《ゑん》(注2)丘《きう》南門ノ霊(注3)通禅《ぜん》刹《さつ》之
西堂ニ一。是ノ歳ノ季冬、(1)手植ウ二両海《かい》(注4)棠《だう》ヲ于堂下ニ一。至リ二丁《てい》(注5)丑《ちう》
之春ニ一、A時(注6)沢屢《しばしば》至リ、棠茂(注7)悦スル也。仲春、且ニレ華サカント矣。余
約シ下常ニ所ノ二与ニ一飲ム一者ト上、(2)且ツ致二美酒ヲ一、将ニ三一-酔セント二于樹間ニ一。是ノ
月ノ六日、予被リ二謫《たく》(注8)書《しよ》ヲ一、治(注9)行シテ之ク二黄州(注10)ニ一。俗(注11)事紛然トシ、余モ
亦タ遷《うつ》シレ居ヲ、因リテB不二復省一レ花。到リテレ黄ニ且ニ二周歳ナラント一矣。C寺僧ノ書
来タリテ、言フ二花ノ自(注12)如タルヲ一也。余因リテ思フニ、茲ノ棠之所ハレ植ヱシ、去ルコト二余ノ
寝ヲ一無ク二十歩ト一、D欲与隣里親戚一飲而楽之、宜シク可キ二
必ズ得レ無キヲレ難キコト也。然レドモ垂《なんなん》トシテレ至ルニ而失フレ之ヲ。E事之不ルコトレ可カラレ知ル

### 書き下し文

始《はじ》め余《よ》丙子《へいし》の秋《あき》を以《もっ》て、宛丘南門《えんきゅうなんもん》の霊通禅刹《れいつうぜんさつ》の西堂《せいどう》に寓居《ぐうきょ》す。是《こ》の歳《とし》の季冬《きとう》、手《て》づから両海棠《りょうかいどう》を堂下《どうか》に植《う》う。丁丑《ていちゅう》の春《はる》に至《いた》り、時沢《じたく》屢《しばしば》至《いた》り、棠茂悦《どうもえつ》するなり。仲春《ちゅうしゅん》、且《まさ》に華《はな》さかんとす。余《よ》常《つね》に与《とも》に飲《の》む所《ところ》の者《もの》と約《やく》し、且《か》つ美酒《びしゅ》を致《いた》し、将《まさ》に樹間《じゅかん》に一《いっ》酔《すい》せんとす。是《こ》の月《つき》の六日《むいか》、予《よ》謫書《たくしょ》を被《こうむ》り、治行《ちこう》して黄州《こうしゅう》に之《ゆ》く。俗事紛然《ぞくじふんぜん》とし、余《よ》も亦《ま》た居《きょ》を遷《うつ》し、因《よ》りて復《ま》た花《はな》を省《み》ず。黄《こう》に到《いた》りて且《まさ》に周歳《しゅうさい》ならんとす。寺僧《じそう》の書《しょ》来《き》たりて、花《はな》の自如《じじょ》たるを言《い》ふなり。余《よ》因《よ》りて思《おも》ふに、茲《こ》の棠《どう》の植《う》ゑし所《ところ》は、余《よ》の寝《しん》を去《さ》ること十歩《じっぽ》と無《な》く、隣里親戚《りんりしんせき》と一飲《いちいん》して之《これ》を楽《たの》しまんと欲《ほっ》せば、宜《よろ》しく必《かなら》ず難《かた》きこと無《な》きを得《う》べきなり。然《しか》れども至《いた》るに垂《なんなん》として之《これ》を失《うしな》ふ。事《こと》の知《し》るべからざる

如此。今去棠且千里、又身在罪籍、其行止（注13）未能自期、其于棠未遽得見也。然均于不可知、則F亦安知此花不忽然在吾目前乎。

（張耒《ちょうらい》『張耒集』による）

（注）
1 丙子―十干十二支による年の呼び方。北宋の紹聖三年（一〇九六）。
2 宛丘―現在の河南省にあった地名。
3 霊通禅刹―霊通は寺の名。禅刹は禅宗の寺院。
4 海棠―バラ科の花樹。春に紅色の花を咲かせる。
5 丁丑―十干十二支による年の呼び方。北宋の紹聖四年（一〇九七）。
6 時沢―時宜を得て降る雨。
7 茂悦―盛んにしげり成長していること。
8 謫書―左遷を命じる文書。
9 治行―旅支度をする。
10 黄州―現在の湖北省にあった地名。
11 俗事紛然―世の中が騒がしいこと。ここでは、当時の政変で多くの人物が処罰されたことを指す。
12 自如―もとのまま。ここでは、以前と同じように花を咲かせたことをいう。
13 行止―出処進退。

**問1** 傍線部(1)「手」・(2)「致」と同じ意味の「手」「致」を含む熟語として最も適当なものを、次の各群の①〜⑤のうちからそれぞれ一つずつ選べ。

こと此《か》くのごとし。今棠《いまどう》を去《さ》ること且《まさ》に千里《せんり》ならんとし、又《ま》た身《み》は罪籍《ざいせき》に在《あ》りて、其《そ》の行止《こうし》は未《いま》だ自《みずか》ら期《き》すること能《あた》はざれば、其《そ》の棠《どう》に于《お》いては未《いま》だ遽《にわ》かには見《み》るを得《え》ざるなり。然《しか》れども均《ひと》しく知《し》るべからざるに于《お》いては、則《すなわ》ち亦《ま》た安《いず》くんぞ此《こ》の花《はな》の忽然《こつぜん》として吾《わ》が目前《もくぜん》に在《あ》らざるを知《し》らんや。

**通釈** 以前私は丙子《へいし》の年（紹聖三年）の秋に、宛丘の南門にあった霊通寺の西堂に仮り住まいしていた。この年の冬の末に、自分の手で二本の海棠の木を西堂のそばに植えた。（翌）丁丑の年（紹聖四年）の春に、時宜を得て降る恵みの雨もたびたび降って、海棠は盛んに茂って成長した。陰暦の二月、いまにも花が咲きそうになった。私はいつもいっしょに酒をくみかわす友人と約束し、美酒を取り寄せて、（花の咲いた海棠の）木の下で飲もうと思った。

(1)「手」
① 名手
② 挙手
③ 手記
④ 手腕
⑤ 手法

(2)「致」
① 筆致
② 招致
③ 極致
④ 風致
⑤ 一致

**問2** 傍線部A「時沢屢至、棠茂悦也」から読み取れる筆者の心情として最も適当なものを、次の①～⑤のうちから一つ選べ。

① 恵みの雨を得て海棠が喜んでいるように、筆者自身も寺院での心静かな生活に満足を感じている。

② 春の雨が海棠を茂らせることに今年の豊作を予感し、人々が幸福に暮らせることを期待している。

③ 恵みの雨を得て茂る海棠の成長を喜びつつも、宛丘での変化のない生活に退屈を覚え始めている。

④ 春の雨に筆者は閉口しているが、海棠には恵みの雨であると思い直して花見を楽しみにしている。

⑤ 恵みの雨を得て茂る海棠を喜びながらも、雨天の続く毎日に筆者は前途への不安を募らせている。

**問3** 傍線部B「不二復 省レ花」から読み取れる筆者の状況を説明したものとして最も適当なものを、次の①～⑤のうちから一つ選べ。

① 筆者は政変に際して黄州に左遷され、ふたたび海棠を人に委《ゆだ》ねることになった。

（ところが）その月の六日、私は左遷を命じる文書を受けて、（すぐに）旅支度をして黄州に向かった。（政変によって）世の中は騒がしくなり、私もまた住まいを移し、それで、それきり海棠の花を見ることもなかった。黄州に来て一年がたとうとしていた。（そのころ、あの宛丘の）霊通寺の僧から手紙が届いて、（私が植えた海棠の）花が以前と同じように花を咲かせたということであった。私はそこで思った。あの海棠を植えたところは、私の（住んでいた）部屋から十歩と離れておらず、隣近所の人や親戚の者と（花を見て）宴を開いて楽しもうと思えば、何の難しいこともなかったのである。しかし（あのとき）まさにそうしようとするときにできなかった。これから先に起こることを予測できないのは、このようである。今海棠とは千里もあろうかというほど離れており、またわが身は左遷の

② 筆者は政変に際して黄州に左遷され、もう一度海棠を移し替えることができなかった。

③ 筆者は政変に際して黄州に左遷され、それきり海棠の花を見ることがなかった。

④ 筆者は政変に際して黄州に左遷され、またも海棠の花見の宴を開く約束を果たせなかった。

⑤ 筆者は政変に際して黄州に左遷され、二度と海棠の花を咲かせることはできなかった。

**問4** 傍線部C「寺 僧 書 来」について、このことがあったのはいつか。最も適当なものを、次の①〜⑤のうちから一つ選べ。

① 筆者が左遷された年の春。

② 筆者が左遷された年の歳末。

③ 筆者が左遷された翌年の春。

④ 筆者が左遷された翌年の歳末。

⑤ 筆者が左遷された二年後の春。

**問5** 傍線部D「欲 与 隣 里 親 戚 一 飲 而 楽 之」について、返り点のつけ方と書き下し文との組合せとして最も適当なものを、次の①〜⑤のうちから一つ選べ。

① 欲㆘与㆓隣 里 親 戚㆒一 飲㆖而 楽㆑之　隣里親戚と一飲せんと欲して之を楽しむは

② 欲㆘与㆓隣 里 親 戚㆒一 飲 而 楽㆖之　隣里親戚と一飲して之を楽しまんと欲せば

---

罪をこうむっていて、自分の出処進退も自分で決めることができない（不自由な身な）のであるから、（自分が植えた）海棠の花をすぐには見ることもできないのである。しかし、同じく一寸先のことはわからないということにおいては、また、どうしてこの（海棠の）花が思いがけず私の目の前に存在することがないと分かるだろうか（いや、逆に、思いがけず罪を許される日が来て、目の前であの海棠の花を見る日も訪れるかもしれないのだ）。

③ 欲レ与二隣里親戚一飲一而楽レ之　隣里親戚の一飲に与《あづか》らんと欲して之を楽しむは

④ 欲レ与二隣里親戚一一飲而楽レ之　隣里親戚に与らんと欲して一飲して之を楽しむは

⑤ 欲下与二隣里親戚一一飲而楽上之　隣里親戚に与へて一飲して之を楽しませんと欲せば

**問6** 傍線部E「事之不レ可レ知如レ此」の解釈として最も適当なものを、次の①～⑤のうちから一つ選べ。

① この地で知人を見つけられない事のいきさつは、このようである。
② 事の善悪を自分勝手に判断してはいけないのは、このようである。
③ 自分の事が他人に理解されるはずもないのは、このようである。
④ これから先に起こる事を予測できないのは、このようである。
⑤ 努力しても事が成就するとは限らないのは、このようである。

**問7** 傍線部F「安知四此花不三忽然在二吾目前一乎」について、書き下し文と解釈との組合せとして最も適当なものを、次の①～⑤のうちから一つ選べ。

① [書き下し文] 安くにか此《こ》の花の忽然として吾が目前に在らざるを知るあらんか
[解　釈] どこにこの花が思いがけず私の目の前に存在することがないと分かる人がいるのか。

② [書き下し文] 安くんぞ此《ここ》に花の忽然として吾が目前に在らざるを知らんか
[解　釈] どうしてここで花が私の目の前から存在しなくなるとぼんやり

とでも分かるのか。

③［書き下し文］安くんぞ此の花の忽然として吾が目前に在らざるを知らんや
［解　釈］どうしてこの花が思いがけず私の目の前に存在することがないと分かるだろうか。

④［書き下し文］安くにか此の花の忽然として吾が目前に在らざるを知るあらんや
［解　釈］どこにこの花が私の目の前に存在しないとぼんやりとでも分かる人がいるだろうか。

⑤［書き下し文］安くんぞ此に花の忽然として吾が目前に在らざるを知らんや
［解　釈］どうしてここで花が私の目の前から不意に存在しなくなると分かるだろうか。

**問8**　この文章全体から読み取れる筆者の心境を説明したものとして最も適当なものを、次の①～⑤のうちから一つ選べ。

① 不遇な状況にある自分だが、しばらく過ごしただけの寺の僧からの手紙を受け取って、宗教的修行を積んだ人間への敬意を深め、ひいては人間という存在を信頼しようと思い直している。

② 我が身の不遇はともかく、主のいなくなった海棠の行く末を心配しながらも、無心の存在である海棠と対照的に花への執着を捨てられない自分を嫌悪し、将来に対して悲観的になっている。

③ 不遇な状況に陥るやいなや人々から交際を絶たれるという体験を通して人を信じられなくなったが、これまでと変わることなく咲いた海棠の花によって心がい

やされ、安らぎを感じている。

④ 自分の不遇な状況には変化がないのに、海棠の花は以前と同じく華やかに咲いたという手紙を受け取って、現状から早く脱出したいと思いながらも何もできないと、焦燥感に駆られている。

⑤ 今は不遇な状況にある自分だが、いつの日か罪を許されて再び海棠の花を愛《め》でるときが来るかもしれないと、悲しみに没入することなく運命を大局的にとらえ、乗り越えようとしている。

**解答・配点**

| | | |
|---|---|---|
| 問1 | (1)＝③　(2)＝② | （各4点） |
| 問2 | ① | （6点） |
| 問3 | ③ | （6点） |
| 問4 | ③ | （6点） |
| 問5 | ② | （6点） |
| 問6 | ④ | （6点） |
| 問7 | ③ | （6点） |
| 問8 | ⑤ | （6点） |

## 問1　「熟語の中のその字の意味」の合致！

問われているのは、選択肢の熟語そのものの意味でなく、熟語の中のその字の意味・用法であることに注意したい。

(1)「手」は、動詞の「植う」を修飾するから副詞で、「**手**《て》**づから**」と読む。「**自分の手で。自ら**」の意であるから、合致するのは③「**手記**《しゅき》（自ら記したもの）」の「手」である。

(2)「**致**」は、「**いたす**」と読む動詞。「送り届ける。招く。集める。与える」などいろいろな意味を表すが、ここは、「美酒を致し」て花見の宴を開こうという文脈にあるから、「**手に入れて。取り寄せて**」のような意味であろう。②「**招致**《しょうち》（まねき寄せる）」が最も近い。①「筆致《ひっち》」、③「極致《きょくち》」、④「風致《ふうち》」の「致」は「おもむき」の意。⑤「一致《いっち》」の「致」は「重なる」意である。

## 問2　プラス方向の心情のはず！

「**時沢**」「**茂悦**」には（**注6・7**）があるから、傍線部そのものは、「時宜《じぎ》を得て（＝ちょうどよいタイミングで）降る恵みの雨もたびたび降って、海棠は盛んに茂り成長した」という意味である。とすると、この傍線部から読み取るべき心情は、当然**プラス方向**のものである。

③のように、「退屈を覚え始めている」とか、④のように、「春の雨に」「閉口している」とか、⑤のように、「前途への不安を募《つの》らせている」とかいうような、マイナスの心情とは考えにくい。③・④・⑤は消去する。

②は、「今年の豊作を予感し、人々が幸福に暮らせることを期待」が、文中に根拠がない。筆者はそこまでの思いを抱いてはいない。よって、正解は①。

## 問3 「不復…」の部分否定に着眼せよ！

傍線部は送りがなが省かれているが、ここは即「不復…」の**部分否定**の形に着眼しなければならない。（⬇76ページ）

不二復タＡセ一　読 まタＡセず
　訳 二度と（再び）Ａしない　**（部分否定）**

復タ不レＡセ　読 まタＡセず
　訳 今度もまたＡしない　**（全部否定）**

傍線部は「**復《ま》た花を省《み》ず**」と読むことになる。部分否定であるから、「二度と再び花を見ることがなかった」という訳し方になるので、正解は③である。

前半は全選択肢共通であるから、判断は後半部である。

①は、「ふたたび…になった」で、否定の意がない。

②は、「できなかった」の不可能が余計であり、前に一度「移し替え」たことがあるわけではないので間違い。

④は、「またも…なかった」で、**全部否定**の内容になってしまう。「花見の宴を開く約束」も**キズ**。

⑤は、「二度と…なかった」はよさそうであるが、不可能の意がよけいである。また、筆者は、「仲春（陰暦二月）、且《まさ》に華《はな》さかんと」していた「是《こ》の月の六日」に左遷されて、おそらく、花が咲くのを見ないまま黄州に向かったと考えられる。よって、「二度は花を咲かせることができたが」という前提のある部分否定ではないので、⑤は間違いである。

## 問4 直前の「周歳」がポイント！

「寺僧の書」が届いたのは、傍線部直前によれば、筆者が「黄《こう》州に到りて且《まさ》に周歳《しゅうさい》ならんと」していたころである。つまり、左遷先の黄州に着いて、ちょうど一年になろうとするころであった。

「**周歳**」は「**まる一年。満一年**」の意。

黄州に着いたのは、はっきり示されているわけではないが、「謫書**（注8・左遷を命じる文書）**」を受け取った「是の月（＝仲春）の六日」から間もなくのことであろう。そこからまる一年になろうとするころなのであるから、「寺僧の書」が届いたのは、③「筆者が左遷された**翌年の春**」である。

## 問5 書き下し文の意味を考えよ！

この形の問題のポイントは、**書き下し文の文意が文脈にあてはまるかどうか**である。返り点は無視してよい。

読み方のポイントは「**与**」の**2対2対1の配分**。「与」は①・②のように「**と**」とも、③・④のように「**あづかる**」とも、⑤のように「**あたふ**」とも読める。

しかし、「あづかる」は「かかわる」意であり、③では「隣近所や親戚の宴にかかわろうとして」となる。花見の宴は「隣里親戚」が開こうとしていたのではない。また、④は「隣近所や親戚にかかわろうとして」となる。宴は「隣里親戚」にかかわろうとして開こうというのでもない。③・④は×である。

⑤は、「隣近所や親戚に与えて」と始まるが、何を「与え」るのかわからない。⑤も×である。

①は、「隣近所や親戚と宴を開こうとしてこれを楽しむのは」となるが、これも、④同様、花見の宴は、「隣里親戚と一飲」するためではない。

あくまでここは、「そうしようと思えば」という**仮定**でものを言っているのである。正解は②。

### 問6 「此くのごとし」は何をさすのか？

「此くのごとし」の解釈は全選択肢共通しているから、問題は「事の知るべからざること」の解釈なのであるが、実は、それが「此くのごとし」の内容と合致することになる。

「**此くのごとし**」は、筆者が宛丘の霊通寺の西堂に寓居していたころに植えた海棠が、仲春になって「且に華さかんと」していたとき、「常に与《とも》に飲む所の者と」約束して、花が咲いたら花見の宴をやろうと思っていた矢先、「至るに垂《なんなん》として之《これ》を失」ったこと、つまり、左遷されて黄州に行かなくてはならなくなって、花見ができなくなってしまったことをさしている。左遷は予測できなかったことであり、人生、まさに「**一寸先は闇《やみ》**」だということであろう。よって、正解は④。

### 問7 対義的な対比表現に着眼できるか！

句法上のポイントは明らかに「**安…乎**」で、①・④は「**安《いづ》くにか**」、②・③・⑤は「**安《いづ》くんぞ**」で、**2対3の配分**になっているが、「どこに…」と場所を尋ねる雰囲気は乏しいし、解釈に「人」が入っているのも違和感があり、ここは「どうして」の「安くんぞ」のほうが適当であろう。また、「…んか」という読みはあり得なくはないが、基本的には「…んや」で**反語形**であるから、「**安くんぞ…んや**」と読んでいる③・⑤が適当なように思われる。（➡86ページ）

**安《クンゾ》A乎《セン》**　**読**いづクンゾAセンや
**訳**どうしてAするだろうか、いやAしない

ところで、この傍線部Fの直前にある、「均《ひと》しく知るべからざるに于《お》いては」は、傍線部Eの「事の知るべからざること」と対応している。

そして、一見見つけにくいが、「茲《こ》の棠《どう》の植ゑし所は、余《よ》の寝《しん》を去ること十歩と無く」と「今棠を去ること且《まさ》に千里ならんとし」が「**対**《つい》」になっている。

さらに、「隣里親戚と一飲して之《これ》を楽しまんと欲せば、宜《よろ》しく必ず難《かた》きこと無きを得《う》べきなり」と「身《み》は罪籍《ざいせき》に在りて、其《そ》の行止《こうし》は未だ自ら期《き》すること能はざれば、其の棠に于《お》いては未だ遽《にわ》かには見るを得《え》ざるなり」も「**対**」になっている。

ということは、この**傍線部F**は、「至るに垂《なんなん》として之《これ》を失ふ」と「**対**」になっていることになる。

それぞれ、**対義的な**「**対**」になっているから、傍線部Fが言いたいことは、まさに花見の宴をするところだったのに、思いもかけぬことでダメになってしまったのと反対に、「**いまはマイナスだが、思いがけずプラスになることだってあるかもしれない**」という内容であってほしいことになる。正解は③。

⑤では、今日の前に海棠の花があることになってしまう。

## 問8 言いたいことは文末にある！

**問7**になっている**傍線部F**で言いたいことが、文章全体の筆者の心情の最も重要なポイントになっている。

これから先に起こることは予測しがたいものであるが、悪い事態の到来も予測しがたいのと同じように、**よい事態の到来《とうらい》も予測しがたい**のではないか。つまり、今は左遷《させん》されて不遇な日々をすごしているが、思いがけず、罪を許されて、海棠の花を見ることのできる日が来るかもしれない、ということである。

正解は⑤。

問2の場合と同じように、心情はマイナス方向には向いていないので、②・④は×。

①は、「宗教的修行を積んだ人間への敬意」「人間という存在を信頼しようと思い直している」**がキズ**。

③は、「人々から交際を絶たれるという体験」**がキズ**。本文にそのような事実がない。

# 漢文　ヤマのヤマ　年表

中国史、中国文学史、日本史、日本文学史の重要なことがらを、それぞれの時代ごとに見ていこう。

※年表の年号・時代区分は実際の時代の長さや出来事の時期を正確に表すものではありません。

| 西暦 | 王朝 | 歴史上の事項 | 文学史上の事項・人名 | 日本 | 日本史・文学史上の事項 |
|---|---|---|---|---|---|
| 589 | 隋 | 文帝（楊堅《ようけん》）、隋《ずい》を建立 | | 飛鳥 | 聖徳太子《しょうとくたいし》、摂政 |
| | | 大運河開通（煬帝《ようだい》） | | | 遣隋使《けんずいし》を派遣（607〜） |
| 618 | 唐 | 高祖《こうそ》（李淵《りえん》）、唐《とう》を建国 | | | 遣唐使を派遣（630〜） |
| | | 太宗《たいそう》（李世民《りせいみん》）の貞観《じょうがん》の治《ち》 | 盛唐　孟浩然《もうこうねん》・王維《おうい》・ | 奈良 | 平城京遷都（710） |
| | | | 李白《りはく》・杜甫《とほ》 | | 『古事記《こじき》』『日本書紀』 |
| | | 武韋《ぶい》の禍《か》 | 古文復興運動 | | |
| | | 玄宗《げんそう》の開元《かいげん》の治《ち》 | 中唐　柳宗元《りゅうそうげん》・韓愈《かんゆ》・ | | 『万葉集』 |
| | | 安史《あんし》の乱（755） | 白居易《はくきょい》『白氏文集《はくしもんじゅう》』 | 平安 | 平安京遷都（794） |
| | | 黄巣《こうそう》の乱（875） | 晩唐　杜牧《とぼく》・李商隠《りしょういん》 | | 遣唐使を廃止（894） |
| 907 | | 五代十国の興亡 | | | 『竹取物語』 |
| 960 | 宋 | 太祖《たいそ》（趙匡胤《ちょうきょういん》）、宋《そう》を建国 | 欧陽脩《おうようしゅう》・蘇洵《そじゅん》 | | 『古今和歌集』 |
| | | | | | 『土佐日記』『伊勢物語』 |
| | | 王安石《おうあんせき》の新法 | 蘇軾《そしょく》・蘇轍《そてつ》 | | 『源氏物語』『枕草子』 |
| | | | 王安石《おうあんせき》・曽鞏《そうきょう》 | | 『今昔物語集』 |

漢文ヤマのヤマ

別冊 重要句法66

## 1 返り点 レ点

少年易《やす》ク㆑老イ学難《がた》シ㆑成リ。

［朱熹《しゅき》］

読 少年《しょうねん》老《お》い易《やす》く学《がく》成《な》り難《がた》し。

訳 若者はいつのまにか老いやすく、学問はなかなか成就《じょうじゅ》しない。

## 2 返り点 一二点・一二三点

懸《か》ケテ㆓羊《やう》頭《とう》ヲ㆒売ル㆓狗《く》肉《にく》ヲ㆒。

［恒言録《こうげんろく》］

読 羊頭《ようとう》を懸《か》けて狗肉《くにく》を売《う》る。

訳 店先に羊の頭をかけて、実は犬の肉を売っている。

## 3 返り点 上下点・上中下点

有リ㆘能《よ》ク為《な》ス㆓狗《く》盗《たう》ヲ㆒者㆖。

［史記《しき》］

読 能《よ》く狗盗《くとう》を為《な》す者《もの》有《あ》り。

訳 こそどろの得意な者がいた。

## 4 返り点

**甲乙点・甲乙丙丁点・天地人点**

有《リ》乙一言《ニシテ》可《ベキ》下以《テ》解《キ》二燕《えん》国《こく》之《の》患《うれヒヲ》一報《ユ》中将軍之仇《あだニ》上者甲。［史記《しき》］

**読** 一言《いちげん》にして以《もっ》て燕国《えんこく》の患《うれ》ひを解《と》き将軍《しょうぐん》の仇《あだ》に報《むく》ゆべき者有《ものあ》り。

**訳** たった一言で、燕国の心配事をとりのぞき、将軍の仇を報ずることのできる方法がある。

## 5 置き字

**而《ジ》・矣《イ》・焉《エン》・也《ヤ》**

樹欲《スレドモ》レ静《カナラント》而風不《ず》レ止《マ》。［韓詩外伝《かんしがいでん》］

**読** 樹《き》静《しず》かならんと欲《ほっ》すれども風《かぜ》止《や》まず。

**訳** 樹が静かにしていようと思っても、風が止まない。

## 6 置き字

**於《オ》・于《ウ》・乎《コ》・兮《ケイ》**

良薬《ハ》苦《ケレドモ》二於口《ニ》一而利《アリ》二於病《やまひニ》一。［孔子家語《こうしけご》］

**読** 良薬《りょうやく》は口《くち》に苦《にが》けれども病《やまい》に利《り》あり。

**訳** よい薬は口には苦いが、病気にはよくきく。

## 7 再読文字

未《いまダ》二……未然形一（ず）

### 読み

いまだ…(せ)ず

### 意味

まだ…しない

未ダ二嘗テ見レ泣クヲ。［説苑《ぜいえん》］

読　未《いま》だ嘗《かつ》て泣《な》くを見《み》ず。

訳　まだ泣くのを見たことがない。

## 8 再読文字

将《まさニ》二……未然形＋ント一（す）

### 読み

まさに…(せ)んとす

### 意味

いまにも…{しようとする／しそうだ}

将ニレ限ラント二其ノ食ヲ一。［列子《れっし》］

読　将《まさ》に其《そ》の食《しょく》を限《かぎ》らんとす。

訳　いまにも食糧を制限しようとする。

## 9 再読文字

当《まさニ》（ベシ）二……終止形一

応《まさニ》（ベシ）二……終止形一

### 読み

まさに…(す)べし

### 意味

当然…すべきだ

きっと…だろう

及ンデレ時ニ当ニシ二勉励ス一。［陶潜《とうせん》］

読　時《とき》に及《およ》んで当《まさ》に勉励《べんれい》すべし。

訳　時をのがさず、当然勉《つと》め励《はげ》むべきである。

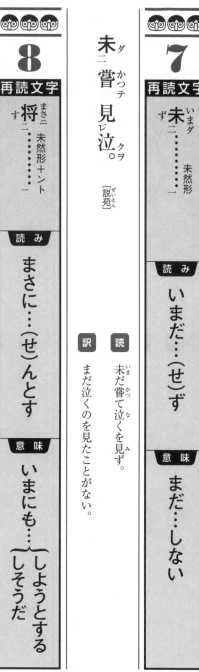

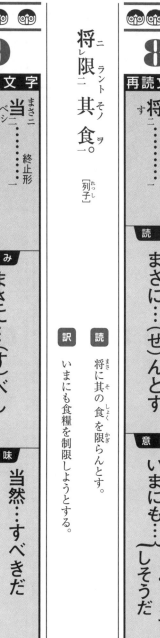

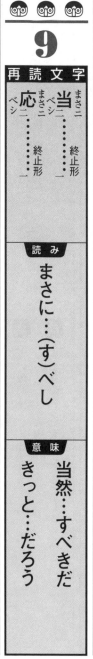

## 10 再読文字

宜《よろシク》ニ……一《ベシ》 終止形

**読み**
よろしく…(す)べし

**意味**
…するのがよろしい

人之《の》過誤ハ宜シク（シ）レ恕《ゆる》ス。［菜根譚《さいこんたん》］

読　人《ひと》の過誤《かご》は宜《よろ》しく恕《ゆる》すべし。

訳　人のあやまちは大目に見るのがよろしい。

## 11 再読文字

須《すべかラク》ニ……一《ベシ》 終止形

**読み**
すべからく…(す)べし

**意味**
…する必要がある
…すべきである

行楽須ラク（シ）レ及ブレ春ニ。［李白《りはく》］

読　行楽《こうらく》須《すべか》らく春《はる》に及《およ》ぶべし。

訳　楽しみはぜひとも春の去らぬうちにすべきである。

## 12 再読文字

猶《なホ》ニ……ノ(ガ)一《ごとシ》

**読み**
なほ…(の・が)ごとし

**意味**
あたかも…のようだ
ちょうど…と同じだ

過ギタルハ猶ホ（シ）レ不ざルガレ及バ。［論語《ろんご》］

読　過《す》ぎたるは猶《な》ほ及《およ》ばざるがごとし。

訳　行き過ぎているのは、足りないのと同じだ。

## 13 再読文字

盍《なんゾ》ざル 二……未然形 一

**読み**

なんぞ…(せ)ざる

**意味**

どうして…しないのか
…したらどうか

盍ゾル三各《おのおの》ゝ言ハ二爾《なんぢ》ノ志ヲ一。
［論語《ろんご》］

読 盍《なん》ぞ各《おのおの》ゝ爾《なんじ》の志《こころざし》を言《い》はざる。

訳 どうしてそれぞれおまえたちの志を言わないのか。

## 14 否定形

不《ず》二……未然形 一

**読み**

…(せ)ず

**意味**

…しない

覆《ふく》水《すい》不レ返ラレ盆ニ。
［拾遺記《しゅういき》］

読 覆水盆《ふくすいぼん》に返《かえ》らず。

訳 こぼれた水はもとの器《うつわ》には戻らない。

## 15 否定形

無《なシ》二体言・連体形 一

**読み**

…なし

**意味**

…がない　…はない
…なものはない

水清ケレバ無シ二大魚一。
［後漢書《ごかんじょ》］

読 水清《みずきよ》ければ大魚《たいぎょ》無《な》し。

訳 水があまりに澄んでいると大きな魚はいない。

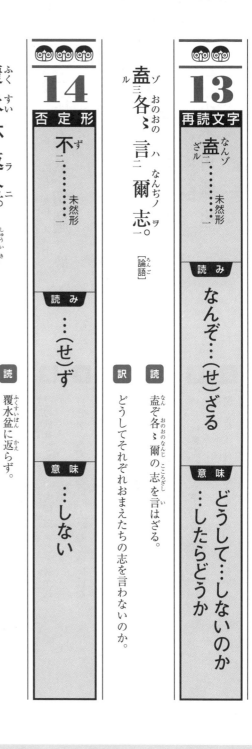

## 16

### 否定形

非《あらズ》二……一 体言・連体形＋ニ

**読み**

…(に)あらず

**意味**

…でない　…ではない

…なわけではない

百戦百勝ハ非ザル二善之《の》善ナル者ニ一也《なり》。[孫子《そんし》]

**読** 百戦百勝《ひゃくせんひゃくしょう》は善《ぜん》の善《ぜん》なる者《もの》に非《あら》ざるなり。

**訳** 戦えば必ず勝つのが最善の用兵ではない。

## 17

### 禁止形

勿《なカレ》二……一 連体形(コト)

**読み**

…(する)なかれ

**意味**

…するな

…してはいけない

己《おのれ》ノ所レ不ルレ欲《ほっ》セ、勿カレレ施スコト二於人ニ一。[論語《ろんご》]

**読** 己《おのれ》の欲《ほっ》せざる所《ところ》、人《ひと》に施《ほどこ》すこと勿《な》かれ。

**訳** 自分がいやなことは、人にしてはいけない。

## 18

### 不可能形

不レ可《ベカラ》二……一 終止形

**読み**

…(す)べからず

**意味**

…できない

朽《きう》木ハ不ルレ可カラレ雕《ゑ》ル也。[論語《ろんご》]

**読** 朽木《きゅうぼく》は雕《え》るべからざるなり。

**訳** 腐《くさ》った木には彫刻することができない。

## 19 不可能形

不レ能《あた》ハ二……一 連体形（コト）

**読み** …（する）あたはず

**意味** …できない

其《そ》ノ人弗ル二レ能ハ一レ応《こた》フル也。［韓非子《かんぴし》］

読 其《そ》の人応《こた》ふる能《あた》はざるなり。

訳 その人は答えることができなかった。

## 20 不可能形

不レ得《え》二……一 連体形＋ヲ

**読み** …（する）をえず

**意味** …できない

荘《さう》不レ得レ撃《う》ツヲ。［史記《しき》］

読 荘《そう》撃《う》つを得《え》ず。

訳 荘は撃つことができなかった。

## 21 二重否定

無シレ不《ざル》（ハ）二……一 未然形

**読み** …（せ）ざる（は）なし

**意味** …しないものはない

無シレ不ルハレ知ラレ愛スルヲ二其ノ親ヲ一。［孟子《もうし》］

読 其《そ》の親《おや》を愛《あい》するを知《し》らざるは無《な》し。

訳 自分の親を愛することを知らない者はない。

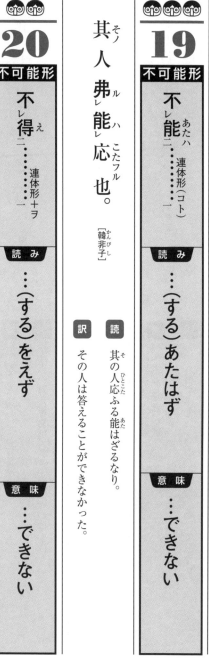

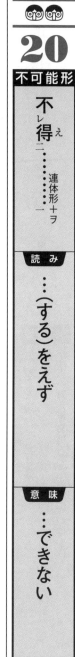

## 22 二重否定

無シレ非ザル(ハ)二……一ニ

**読み**

…(に)あらざる(は)なし

**意味**

…でないものはない

立ツルハ二我ガ烝民《じょうみん》ヲ一、莫《な》シレ匪《あら》ザル二爾《なんぢ》ノ極ニ一。

［十八史略《じゅうはっしりゃく》］

読　我《わ》が烝民《じょうみん》を立《た》つるは、爾《なんじ》の極《きょく》に匪《あら》ざる莫《な》し。

訳　われわれ人民の暮らしが成り立つのは、天子様の徳のおかげでないものはない。

## 23 二重否定

非ズレ不ざルニ二……一 未然形

**読み**

…(せ)ざるにあらず

**意味**

…しないのではない
…しないわけではない

非ズレ不ルニレ説《よろこ》バ二子《し》之《の》道ヲ一。

［論語《ろんご》］

読　子《し》の道《みち》を説《よろこ》ばざるに非《あら》ず。

訳　先生の教えを喜ばしく思わないわけではない。

## 24 二重否定

非ズレ無キニ二……一 体言・連体形

**読み**

…なきにあらず

**意味**

…がないものはない
…がないわけではない

丈《ぢやう》夫《ふ》非ズレ無キニレ涙。

［古文真宝《こぶんしんぽう》］

読　丈夫《じょうふ》涙《なみだ》無《な》きに非《あら》ず。

訳　一人前の男といえども涙がないわけではない。

## 25 二重否定

未《いま》ダ《ず》三嘗《かつ》テ不《ず》ンバアラ二……一（未然形）

**読み** いまだかつて…(せ)ずんばあらず

**意味** 今まで一度も…しなかったことはない

客至レバ、未ダ三嘗《かつ》テ不ンバアラ二置酒セ一。［唐宋八家文《とうそうはっかぶん》］

読　客至《かくいた》れば、未《いま》だ嘗《かつ》て置酒《ちしゅ》せずんばあらず。

訳　客が来ると、今まで一度も酒を出さなかったことはない。

## 26 二重否定

不三敢《あ》ヘテ不《ず》ンバアラ二……一（未然形）

**読み** あへて…(せ)ずんばあらず

**意味** …しないわけにはいかない

不ル二敢ヘテ不ンバアラレ告ゲ也。［論語《ろんご》］

読　敢《あ》へて告《つ》げずんばあらざるなり。

訳　告げないわけにはいかない。

## 27 二重否定

不レ可カラレ不ル二……一（未然形）

**読み** …(せ)ざるべからず

**意味** …しなければならない

父母之ノ年ハ不ルレ可カラレ不ルレ知ラ也。［論語《ろんご》］

読　父母《ふぼ》の年《とし》は知《し》らざるべからざるなり。

訳　父母の年齢は知っていなければならない。

## 28

部分否定

不二常ニハ……一（未然形）

読み

つねには…(せ)ず

意味

いつも…とは限らない

千里ノ馬ハ常ニ有レドモ伯楽ハ不二常ニハ有ラ一。［雑説《ざっせつ》］

読 千里《せんり》の馬《うま》は常《つね》に有《あ》れども伯楽《はくらく》は常《つね》には有《あ》らず。

訳 名馬はいつもいるが、伯楽はいつもいるとは限らない。

## 29

部分否定

不二復《ま》タ……一（未然形）

読み

また…(せ)ず

意味

二度と再び…しない

兎《うさぎ》不レ可カラ二復《ま》タ得《う》一。［韓非子《かんぴし》］

読 兎《うさぎ》復《ま》た得《う》べからず。

訳 兎は二度と再びつかまえることはできなかった。

## 30

部分否定

不二倶《とも》ニハ……一（未然形）

読み

ともには…(せ)ず

意味

両方とも…とは限らない

両虎《りやうこ》共ニ闘《たたか》ハバ、不二倶《とも》ニハ生キ一。［十八史略《じゅうはっしりゃく》］

読 両虎《りょうこ》共《とも》に闘《たたか》はば、倶《とも》には生《い》きず。

訳 二匹の虎が戦ったら、両方ともには生きていない。

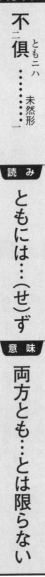

## 31 疑問・反語

…未然形＋ン…乎《や》
…終止形…乎《や》
体言・連体形…乎《か》

**読み**
…(せ)んや
…(す)や
…(する)か

**意味**
…だろうか、いや…ない
…か

若《なんぢハ》非《ズ》二吾《ガ》故人《ニ》一乎《や》。［史記《しき》］

読 若《なんじ》は吾《わ》が故人《こじん》に非《あら》ずや。

訳 おまえは私の昔なじみではないか。

## 32 疑問・反語

何《ゾ》……未然形＋ン(乎《や》)
何《ゾ》……連体形(乎《や》)

**読み**
なんぞ…(せ)ん(や)
なんぞ…(する)(や)

**意味**
どうして…だろうか
(いや…ない)
どうして…か

何《ゾ》前《さきニハ》倨《おごリテ》而後《のちニハ》恭《うやうやシキ》也。［十八史略《じゅうはっしりゃく》］

読 何《なん》ぞ前《さき》には倨《おご》りて後《のち》には恭《うやうや》しきや。

訳 どうして以前は威張っていたのに、後には丁重にするのか。

## 33 疑問・反語

安《クンゾ》……未然形＋ン(乎《や》)
安《クンゾ》……連体形(乎《や》)

**読み**
いづくんぞ…(せ)ん(や)
いづくんぞ…(する)(や)

**意味**
どうして…だろうか
(いや…ない)
どうして…か

燕《えん》雀《じゃく》安《いづクンゾ》知《ラン》二鴻《こう》鵠《こく》之《の》志《ヲ》一哉。［十八史略《じゅうはっしりゃく》］

読 燕雀《えんじゃく》安《いず》くんぞ鴻鵠《こうこく》の志《こころざし》を知《し》らんや。

訳 燕《つばめ》や雀《すずめ》にどうして大きな鳥の志がわかるだろうか。

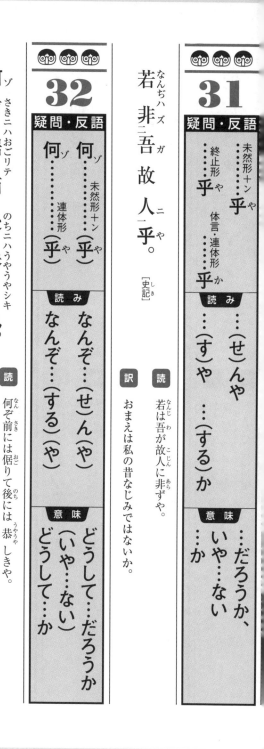

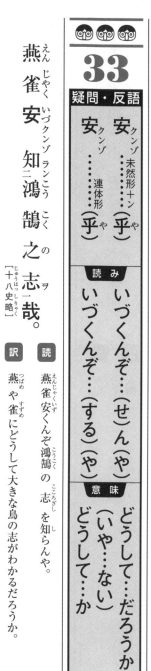

## 34

疑問・反語

誰カ……未然形＋ン（乎）や

誰カ……連体形（乎）や

**読み**

たれか…（せ）ん（や）

たれか…（する）（や）

**意味**

誰が…だろうか（いや誰も…ない）

誰が…か

人生自《より》レ古《いにしへ》誰カ無カランレ死。

［文天祥《ぶんてんしょう》］

**読** 人生《じんせい》古《いにしえ》より誰《たれ》か死《し》無《な》からん。

**訳** 人間は昔から誰《だれ》が死なない者があろうか。

## 35

疑問・反語

何ヲカ……未然形＋ン（乎）や

何ヲカ……連体形

**読み**

なにをか…（せ）ん（や）

なにをか…（する）

**意味**

何を…だろうか（いや何も…ない）

何を…か

夫レ何ヲカ憂ヘ何ヲカ懼《おそ》レン。

［論語《ろんご》］

**読** 夫《そ》れ何《なに》をか憂《うれ》へ何《なに》をか懼《おそ》れん。

**訳** いったい何を心配したり恐れたりすることがあろうか。

## 36

疑問・反語

何以テ（カ）……未然形＋ン（乎）や

何以テ（カ）……連体形（乎）や

**読み**

なにをもって（か）…（せ）ん（や）

なにをもって（か）…（する）（や）

**意味**

どうして…だろうか（いや…ない）

どうして…か

何ヲ以テ為《な》レル二我ガ禽《とりこ》ト一。

［十八史略《じゅうはっしりゃく》］

**読** 何《なに》を以《もっ》て我《わ》が禽《とりこ》と為《な》れる。

**訳** どうして私の捕虜となったのか。

## 37 疑問・反語

如二……ヲ一何セン

**読み** …をいかんせん

**意味** …をどうしたらよいか（いやどうしようもない）

虞《ぐ》ヤ兮虞《ぐ》ヤ兮奈レ若《なんぢ》ヲ何セン。［史記《しき》］

**読** 虞《ぐ》や虞《ぐ》や若《なんじ》を奈何《いかん》せん。

**訳** 虞よ虞よ、おまえをどうしたらよいのか。

## 38 疑問形

何如

**読み** いかん

**意味** どうであるか

以テ二五十歩ヲ一笑ハバ二百歩ヲ一則チ何如《いかん》。［孟子《もうし》］

**読** 五十歩《ごじっぽ》を以《もっ》て百歩《ひゃっぽ》を笑《わら》はば則《すなわ》ち何如《いかん》。

**訳** 五十歩の者が百歩の者を笑ったとしたら、どうでしょうか。

## 39 疑問形

孰《いづ》レカ……連体形

**読み** いづれか…（する）

**意味** どちらが…か

汝《なんぢ》ト与《と》ハレ回也孰《いづ》レカ愈《まさ》レル。［論語《ろんご》］

**読** 汝《なんじ》と回《かい》とは孰《いず》れか愈《まさ》れる。

**訳** おまえと顔回とはどちらがまさっているか。

## 40

反語形

豈《あニ》……未然形＋ン（哉《や》）

読み

あに…（せ）ん（や）

意味

どうして…だろうか（いや…ない）

名《な》ハ豈ニ文章モテ著《あら》ハレンヤ。［杜甫《とほ》］

読 名《な》は豈《あ》に文章《ぶんしょう》もて著《あら》はれんや。

訳 名声はどうして詩文などによってあらわされようか。

## 41

反語形

独《ひとり》……未然形＋ン（哉《や》）

読み

ひとり…（せ）ん（や）

意味

どうして…だろうか（いや…ない）

独リ畏《おそ》レ二廉《れん》将軍ヲ一哉。［十八史略《じゅうはっしりゃく》］

読 独《ひと》り廉将軍《れんしょうぐん》を畏《おそ》れんや。

訳 どうして廉将軍を恐れたりしようか。

## 42

反語形

敢《あヘテ》……未然形＋ン（乎《や》）

読み

あへて…（せ）ん（や）

意味

どうして…だろうか（いや…ない）

百獣之《の》見テレ我ヲ而敢《あ》ヘテ不ランレ走ラ乎《や》。［戦国策《せんごくさく》］

読 百獣《ひゃくじゅう》の我《われ》を見《み》て敢《あ》へて走《はし》らざらんや。

訳 あらゆる獣が私を見て、どうして逃げ出さないだろうか。

## 43

使役形

A使《しム》二BヲシテC一未然形

読み

ABをしてC(せ)しむ

意味

AはBにCさせる

使ム二万人ヲシテ先《ま》ヅ背《せ》ニシテレ水ヲ陣セ一。［十八史略《じゅうはっしりゃく》］

読　万人《ばんにん》をして先《ま》づ水《みず》を背《せ》にして陣《じん》せしむ。

訳　まず一万の兵に川を背にして陣を布《し》かせた。

## 44

使役形

A命ジテレBニC未然形＋シム

読み

ABに命じてC(せ)しむ

意味

AはBに命じてCさせる

命ジテ二竪《じゅ》子《し》ニ一殺シテレ雁ヲ烹《に》シムレ之ヲ。［荘子《そうし》］

読　竪子《じゅし》に命《めい》じて雁《がん》を殺《ころ》して之《これ》を烹《に》しむ。

訳　童僕《どうぼく》に命じて雁を殺して料理させた。

## 45

受身形

見二……一未然形

読み

る・らる

意味

れる・られる・…される

信ニシテ而見《れ》レ疑ハ、忠ニシテ而被《る》レ謗《そし》ラ。［史記《しき》］

読　信《しん》にして疑《うたが》はれ、忠《ちゅう》にして謗《そし》らる。

訳　うそがないのに疑われ、忠節を尽くしながら中傷される。

## 46 受身形

A為《な》ル二B所ノト一レC(連体形)

**読み**

ABのC(する)ところとなる

**意味**

AはBにCされる

為ル二楚《そ》ノ所ト一レ敗《やぶ》ル。

［十八史略《じゅうはっしりゃく》］

読　楚《そ》の敗《やぶ》る所《ところ》と為《な》る。

訳　楚に敗られた。

## 47 受身形

AハC(未然形＋ル・ラル)二於B一ニ

**読み**

AはBにC(せ)らる

**意味**

AはBにCされる

労スレレ力ヲ者ハ治メラル二於人一ニ。

［孟子《もうし》］

読　力《ちから》を労《ろう》する者《もの》は人《ひと》に治《おさ》めらる。

訳　肉体労働をする者は、人に治められる。

## 48 比較形

AハC(ナリ)二於B一ヨリモ

**読み**

AはBよりもC(なり)

**意味**

AはBよりもCである

苛《か》政ハ猛《まう》二於虎一ヨリモ也。

［礼記《らいき》］

読　苛政《かせい》は虎《とら》よりも猛《もう》なり。

訳　苛酷《かこく》な政治は人食い虎よりも恐ろしい。

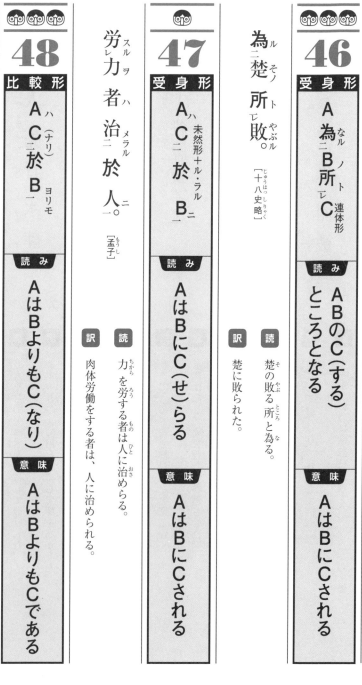

## 49 比較形

Aハ不レ如カレBニ

**読み**

AはBにしかず

**意味**

AはBには及ばない
AよりBのほうがよい

百聞ハ不レ如カ二一見ニ一。［漢書《かんじょ》］

読　百聞《ひゃくぶん》は一見《いっけん》に如《し》かず。

訳　百回聞くよりも、一回見るほうがよい。

## 50 比較形

Aハ無シレ如クハレBニ

**読み**

AはBにしくはなし

**意味**

Aに関しては
Bにまさるものはない

衣ハ莫シレ若クハレ新シキニ。［晏子春秋《あんししゅんじゅう》］

読　衣《ころも》は新《あたら》しきに若《し》くは莫《な》し。

訳　着物に関しては、新しいものにまさるものはない。

## 51 選択形

与《よ》リハレA寧《むし》ロBセヨ

**読み**

AよりはむしろBせよ

**意味**

AするよりもBせよ

喪《も》ハ与リハ二其ノ易《をさ》マラン一也寧ロ戚《いた》メ。［論語《ろんご》］

読　喪《も》は其《そ》の易《おさ》まらんよりは寧《むし》ろ戚《いた》め。

訳　葬儀は形がととのっていて立派であることよりも、むしろ死者をいため。

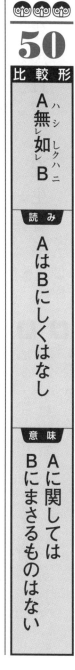

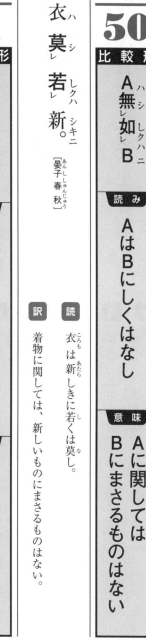

## 52

### 選択形

寧《むしロ》A 終止形＋トモ 無《カレ》レB 連体形＋コト

**読み**

むしろA(す)ともB(する)(こと)なかれ

**意味**

Aしても、Bはするな

寧《むしロ》為《なルトモ》二鶏口《ト》一無《カレ》レ為《ル》二牛後《ト》一。［十八史略《じゅうはっしりゃく》］

読　寧《むし》ろ鶏口《けいこう》と為《な》るとも牛後《ぎゅうご》と為《な》る無《な》かれ。

訳　鶏《にわとり》のくちばしにはなっても、牛の尻《しり》にはなるな。

## 53

### 抑揚形

A《スラ》且《かツ》B、況《いはンヤ》C《ヲ》乎

**読み**

Aすらかつ B、いはんやCをや

**意味**

AでさえBだ、ましてCであればなおさら(B)だ

死馬《スラ》且《ツ》買《フ》レ之《ヲ》、況《ンヤ》生《ケル》者《ヲ》乎。［十八史略《じゅうはっしりゃく》］

読　死馬《しば》すら且《か》つ之《これ》を買《か》ふ、況《いわ》んや生《い》ける者《もの》をや。

訳　死んだ馬でさえ買うのだ。まして生きている馬ならなおさら高く買うだろう。

## 54

### 抑揚形

A《スラ》且《かツ》B、安《いづクンゾ》C 未然形＋ン 乎

**読み**

Aすらかつ B、いづくんぞC(せ)んや

**意味**

AでさえBだ、どうしてCであろうか、(いやBだ)

臣死《スラ》且《ツ》不レ避《ケ》、卮《し》酒《しゅ》安《クンゾ》足《ラン》レ辞《スルニ》。［史記《しき》］

読　臣《しん》死《し》すら且《か》つ避《さ》けず、卮酒《ししゅ》安《いず》くんぞ辞《じ》するに足《た》らん。

訳　私は死ぬことさえ何とも思わない。大杯の酒などどうして辞退しようか。

## 55 累加形

非二《ズ》唯《たダニ》A一《ノミニ》、B

読み

ただにAのみにあらず、B

意味

ただAなだけでなく、(さらに)Bである

非《ズ》二徒《たダニ》無《キノミニ》レ益、而《しかモ》又害《スル》レ之《ヲ》。

［孟子《もうし》］

読　徒《た》だに益《えき》無《な》きのみに非《あら》ず、而《しか》も又之《またこれ》を害《がい》す。

訳　ただ益がないだけでなく、有害なのである。

## 56 累加形

豈《あニ》唯《たダニ》A、《ノミナランヤ》B

読み

あにただにAのみならんや、B

意味

どうしてただAなだけであろうか、(さらに)Bである

豈《ニ》惟《たダニ》怠《ルノミナランヤ》レ之《ヲ》、又従《ヒテ》而盗《ム》レ之《ヲ》。

［唐宋八家文《とうそうはっかぶん》］

読　豈《あ》に惟《た》だに之《これ》を怠《おこた》るのみならんや、又従《またしたが》ひて之《これ》を盗《ぬす》む。

訳　どうしてただ怠けているだけであろうか、それだけでなくさらに盗んでもいるのだ。

## 57 仮定形

如《もシ》……未然形＋バ

読み

もし…(せ)ば

意味

もし…ならば

学若《もシ》無《クンバ》レ成《ル》不二復《まタ》還《かヘラ》一。

［月性《げっしょう》］

読　学若《がくも》し成《な》る無《な》くんば復《ま》た還《かえ》らず。

訳　学問が成就《じょうじゅ》しなければ、二度と故郷へは帰らない。

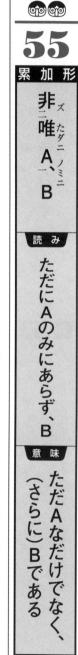

## 58 仮定形

苟《いやシクモ》……　未然形＋バ

**読み**　いやしくも…(せ)ば

**意味**　かりにも…ならば

苟《シクモ》有《ラバ》レ過《あやまチ》人必《ズ》知《ル》レ之《ヲ》。［論語《ろんご》］

読　苟《いや》しくも過《あやま》ち有《あ》らば人必《ひとかなら》ず之《これ》を知《し》る。

訳　かりにもあやまちがあれば、人が必ず気づいてくれる。

## 59 仮定形

縦《たとヒ》……　終止形＋トモ

**読み**　たとひ…(す)とも

**意味**　たとえ…であっても

縦《ヒ》我不《トモ》レ往《ゆカ》、子寧《なんゾ》不《ル》レ来《タラ》。［詩経《しきょう》］

読　縦《たと》ひ我《われ》往《ゆ》かずとも、子寧《しなん》ぞ来《き》たらざる。

訳　たとえ私がたずねて行かなくても、あなたはどうして来てくれないのか。

## 60 仮定形

雖《いへどモ》二……一　体言・終止形＋ト

**読み**　…といへども

**意味**　たとえ…であっても　…とはいっても

雖《モ》二千万人《ト》一吾往《ゆカン》矣。［孟子《もうし》］

読　千万人《せんまんにん》と雖《いえど》も吾往《われゆ》かん。

訳　たとえ相手が千万人であっても、私は行く。

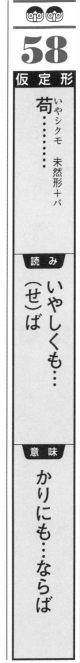

## 61 比況形

如《ごとシ》二……体言＋ノ／連体形＋ガ一

**読み** …の(が)ごとし

**意味** …のようだ

士ノ処《を》ルハレ世ニ若シ三錐《きり》ノ処ルガ二嚢《なう》中ニ一。
[十八史略《じゅうはっしりゃく》]

読 士《し》の世に処《お》るは錐《きり》の嚢中《のうちゅう》に処《お》るがごとし。

訳 有能な人材が世にいるのは、とがった錐が袋の中にあるようなものだ。

## 62 願望形

願《ねが》ハクハ……｛未然形＋ン／命令形｝

**読み** ねがはくは…｛(せ)ん／(せよ)｝

**意味** どうか…させてください／どうか…してください

願ハクハ大王急ギ渡レ。
[史記《しき》]

読 願《ねが》はくは大王《だいおう》急《いそ》ぎ渡《わた》れ。

訳 どうか大王様、急いでお渡りください。

## 63 限定形

唯《ただ》……耳（体言・連体形のみ）

**読み** ただ…のみ

**意味** ただ…なだけだ

直《ただ》ダ不ル二百歩ナラ一耳。
[孟子《もうし》]

読 直《た》だ百歩《ひゃっぽ》ならざるのみ。

訳 ただ百歩でないだけだ。

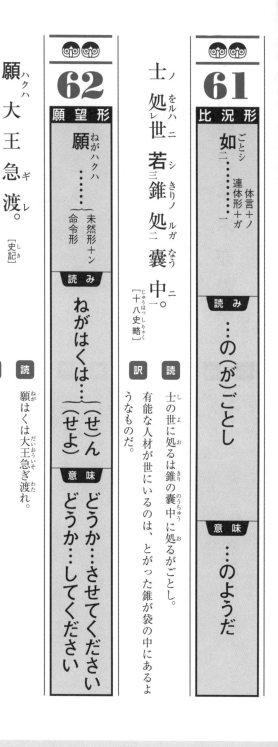

## 64

詠嘆形

嗚《あ》呼《あ》……連体形 矣《かな》

読み

ああ…かな

意味

ああ…だなあ

于《あ》嗟《あ》徂《ゆ》カン兮命之《の》衰ヘタル矣《かな》。[史記《しき》]

読　于《あ》嗟《あ》徂《ゆ》かん命《めい》の衰《おとろ》へたるかな。

訳　ああもう死のう、わが命運も衰えたことだ。

## 65

詠嘆形

何ゾ……連体形……也

読み

なんぞ…や

意味

なんと…なことよ

何ゾ楚《そ》人《ひと》之多キ也。[史記《しき》]

読　何《なん》ぞ楚《そ》人《ひと》の多《おお》きや。

訳　なんと楚の人間の多いことよ。

## 66

詠嘆形

不二亦《また》……未然形……一乎

読み

また…ずや

意味

なんと…ではないか

学ンデ而時ニ習フレ之ヲ、不二亦説《よろこ》バシカラ一乎。[論語《ろんご》]

読　学《まな》んで時《とき》に之《これ》を習《なら》ふ、亦《また》説《よろこ》ばしからずや。

訳　教わったことを折にふれて復習する。なんと喜ばしいことではないか。

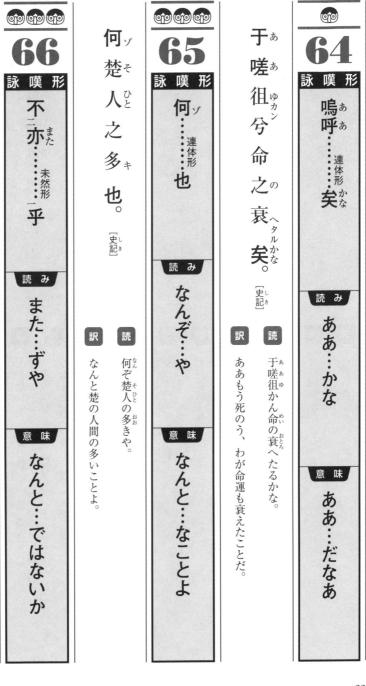

# 「読み」が問われやすい重要語

- **中** 読 あ(つ) 意 あてる。
- **何如** 読 いかん 意 どうであるか。
- **幾何** 読 いくばく 意 どれくらい。
- **些** 読 いささ(か) 意 わずか。
- **徒** 読 いたず(らに) 意 何もせずに。むなしく。
- **所謂** 読 いわゆる 意 世にいうところの。
- **道** 読 い(う) 意 言う。
- **逾〻** 読 いよいよ 意 ますます。
- **以為** 読 おも(えらく) 意 思ったことには。
- **凡** 読 およ(そ) 意 おしなべて。
- **如レ此** 読 か(くの)ごと(し) 意 このようである。
- **且** 読 か(つ) 意 しかも。
- **嘗** 読 かつ(て) 意 以前に。
- **易** 読 か(う) 意 かえる。
- **蓋** 読 けだ(し) 意 思うに。
- **於レ是** 読 ここ(に)お(いて) 意 そこで。

- **是以** 読 ここ(を)もっ(て) 意 だから。
- **対** 読 こた(う) 意 目上の人にお答えする。
- **悉** 読 ことごと(く) 意 のこらずすべて。
- **不者** 読 しか(らずんば) 意 そうでなければ。
- **数〻** 読 しばしば 意 たびたび。
- **寡** 読 すくな(し) 意 少ない。
- **已** 読 すで(に) 意 すでに。
- **乃** 読 すなわ(ち) 意 そこで。
- **抑〻** 読 そもそも 意 さて。
- **夫** 読 そ(れ) 意 そもそも。
- **忽** 読 たちま(ち) 意 急に。
- **偶〻** 読 たまたま 意 思いがけず。
- **事** 読 つか(う) 意 仕える。
- **毎** 読 つね(に) 意 いつも。
- **遂** 読 つい(に) 意 とうとう。
- **具** 読 つぶさ(に) 意 くわしく。
- **与** 読 と 意 と。

- **汝** 読 なんじ 意 おまえ。
- **悪** 読 にく(む) 意 にくむ。
- **俄** 読 にわ(かに) 意 急に。
- **耳** 読 のみ 意 …だけ。
- **私** 読 ひそ(かに) 意 ひそかに。
- **肆** 読 ほしいまま 意 かって気まま。
- **殆** 読 ほとん(ど) 意 もう少しで。
- **方** 読 まさ(に) 意 ちょうど。
- **亦** 読 また 意 …もまた。
- **宜** 読 むべ(なり) 意 もっともだ。
- **固** 読 もと(より) 意 いうまでもなく。
- **之** 読 ゆ(く) 意 行く。
- **故** 読 ゆえ(に) 意 だから。
- **所以** 読 ゆえん 意 理由・わけ。
- **自** 読 よ(り) 意 …から。
- **因** 読 よ(りて)・よ(って) 意 そこで。
- **少** 読 わか(し) 意 若い。

※送り仮名は（ ）で示しています。

# 「意味」が問われやすい重要語

**字**《あざな》　元服のときに、本名とは別につける呼び名。

**海内**《かいだい》　国内。天下。

**寡人**《かじん》　王侯の自称、謙称。

**干戈**《かんか》　武器。戦争。

**諫言**《かんげん》　王などの目上の人の間違いや過ちを諫《いさ》めること。

**奇才**《きさい》　すぐれた才能。すぐれた人物。

**期年**《きねん》　まる一年。一周年。

**尭舜**《ぎょうしゅん》　中国古代の伝説上の聖天子、尭《ぎょう》と舜《しゅん》。

**郷党**《きょうとう》　村里。村。

**君子**《くんし》　人徳のすぐれた立派な人。

**桀紂**《けっちゅう》　夏《か》の桀《けつ》王と殷《いん》の紂《ちゅう》王のこと。暴君の代名詞。

**乾坤**《けんこん》　天地。

**胡**《こ》　中国北西方の異民族。

**光陰**《こういん》　時間。歳月。月日。

**江河**《こうが》　長江と黄河。大きな河。

**古人**《こじん》　昔の人。亡くなっている人。昔の立派な人。

**故人**《こじん》　旧友。昔なじみ。

**左右**《さゆう》　側近の臣。近臣。

**子**《し》　あなた。先生。

**士**《し》　卿《けい》・大夫《たいふ》に次ぐ官吏。学徳のある立派な人物。武士。

**師**《し》　軍隊。都。先生。手本。

**社稷**《しゃしょく》　国家。土地の神と五穀の神をいう。

**豎子**《じゅし》　幼児。子ども。童僕《どうぼく》。小僧《こぞう》。

**須臾**《しゅゆ》　ほんの短い間。わずかな時間。しばらく。

**書**《しょ》　手紙。書物。

**城**《じょう》　城壁をめぐらした町なか。

**小人**《しょうじん》　人格の低い、つまらぬ人間。身分の低い者。

**丈夫**《じょうふ》　一人前の立派な男。すぐれた立派な人物。

**食客**《しょっかく》　客分としてかかえておく家来。いそうろう。

**信**《しん》　うそをつかないこと。まこと。真実。誠実。正直。

**仁**《じん》　いつくしみ。思いやり。愛。儒教の最高の徳目。

**人間**《じんかん》　人間の世界。世の中。世間。俗世間。

**寸毫**《すんごう》　ほんのわずか。

**聖人**《せいじん》　最高の人徳を持った立派な人。

**千乗国**《せんじょうのくに》　兵車千台を出せるほどの諸侯の国。

**千里馬**《せんりのうま》　一日に千里も走る駿馬《しゅんめ》。名馬。俊才。有能な人材。

**粟**《ぞく》　穀物。俸禄《ほうろく》。

**長者**《ちょうじゃ》　年長者。目上の人。徳の高い人。富豪。権勢のある人。

**天年**《てんねん》　寿命。天寿。

**南面**《なんめん》　天子。天子の位。天子として政治をすること。

**二三子**《にさんし》　おまえたち。（師が弟子に呼びかける語）

**白頭**《はくとう》　しらが頭。

**匹夫**《ひっぷ》　一人の男。身分の低い男。つまらぬ男。

**為レ人**《ひととなり》　人柄。性格。

**百姓**《ひゃくせい》　人民。万民。

**布衣**《ふい》　平民。無位無官の者。

**夫子**《ふうし》　先生。あなた。

**不肖**《ふしょう》　おろかなこと。自分の謙称。おろかな息子。

**兵**《へい》　武器。兵士。軍隊。戦争。

**吏**《り》　官吏。役人。

←軽くのりづけされていますので、ゆっくりと取りはずしてお使いください。

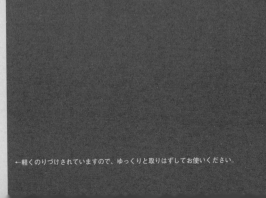